产权保护法律常识系列读本

破解迷局

企业拆迁常见问题与应对策略

北京市盛廷律师事务所◎编著

中国经济出版社
CHINA ECONOMIC PUBLISHING HOUSE
·北京·

图书在版编目（CIP）数据

破解迷局：企业拆迁常见问题与应对策略 / 北京市盛廷律师事务所编著 . -- 北京 ：中国经济出版社，2025. 3. -- ISBN 978-7-5136-8021-9

Ⅰ. D922.181.5

中国国家版本馆 CIP 数据核字第 202444PW96 号

策划编辑 姜 静
责任编辑 丁 楠
责任印制 李 伟
封面设计 任燕飞

出版发行 中国经济出版社
印 刷 者 北京艾普海德印刷有限公司
经 销 者 各地新华书店
开 本 710mm × 1000mm 1/16
印 张 19.75
字 数 289 千字
版 次 2025 年 3 月第 1 版
印 次 2025 年 3 月第 1 次
定 价 78.00 元
广告经营许可证 京西工商广字第 8179 号

中国经济出版社 网址 http://epc.sinopec.com/epc/ 社址 北京市东城区安定门外大街 58 号 邮编 100011
本版图书如存在印装质量问题，请与本社销售中心联系调换（联系电话：010—57512564）

编 委 会

序 言

在城市化浪潮与经济转型的交织中，企业拆迁既是一场关乎土地资源的空间重构，更是一块检验法治文明与社会公平的试金石。企业作为市场经济的主体，其权益保护不仅涉及个体利益的存续，更折射出一个社会的法治成熟度与对创新价值的尊重。如何在公共利益与企业权益之间寻求平衡，既是技术性问题，更是制度性命题。

企业拆迁的核心，本质上是公权力与私权利、社会效益与个体利益的冲突与调和。政府在土地征收中行使的规划权、征收权，与企业享有的财产所有权、土地使用权、企业经营权，构成了现代法治社会必须直面的一组张力。

在企业拆迁的复杂情境中，产权保护往往面临诸多挑战。法律的模糊地带、政策的频繁调整、利益的激烈博弈……这些都可能成为侵蚀企业产权的暗流。一些企业因此遭受不公，甚至面临灭顶之灾，企业家的梦想与努力在瞬间化为泡影。这不仅是对个体权益的侵犯，更是对市场规则的践踏，对法治精神的背离。

《孟子·滕文公上》说："民之为道也，有恒产者有恒心，无恒产者无恒心。"

要构建"恒产—恒心"的良性循环，必须完善产权保护制度，强化对产权的司法保障，优化营商环境，弘扬企业家精神，通过制度设计赋予企业"恒产"，进而激发其"恒心"，使其成为创新驱动与社会进步的持久动力。唯有在法治的阳光下，企业才能安心经营、大胆创新，为经济社会的高质量发展注入不竭活力。这既是对传统文化的传承，也是对现代文明的深刻诠释。

可喜的是，我国已经建立了相对完善的产权保护制度。

党的二十大报告指出：坚持和完善社会主义基本经济制度，毫不动摇巩固和发展公有制经济，毫不动摇鼓励、支持、引导非公有制经济发展；优化民营企业发展环境，依法保护民营企业产权和企业家权益，促进民营经济发展壮大。

《中华人民共和国宪法》第十一条规定，国家保护个体经济、私营经济等非公有制经济的合法权利和利益。《中华人民共和国民法典》第一百一十三条规定，民事主体的财产权利受法律平等保护。第二百零七条规定，国家、集体、私人的物权和其他权利人的物权受法律平等保护，任何组织和个人不得侵犯。这就在法律上宣告了公私财产平等保护的原则，这也是我国物权保护立法的重要亮点。

已经进入征求意见阶段的《中华人民共和国民营经济促进法》更是将“权益保护”单独列为一章，体现了立法层面对企业及企业家权益保护的重视。

不过，企业拆迁法律问题错综复杂，稍有不慎，企业可能就会陷入困境，甚至面临破产的风险。从企业合法财产的认定，到永续经营的安排；从拆迁补偿的合理计算，到拆迁程序的合法性审查；从企业资产的评估，到职工的妥善安置，每一个环节都可能隐藏着法律风险。面对这些问题，企业主往往感到无从下手，因而专业的法律支持显得尤为重要。律师作为法律的践行者和守护者，在企业拆迁维权中发挥着不可替代的作用。他们凭借深厚的法律功底、丰富的实践经验以及敏锐的洞察力，能够为企业提供精准的法律建议，帮助企业规避风险，维护合法权益。

北京市盛廷律师事务所成立18年来，深耕于企业拆迁维权领域，积累了丰富的实务经验。我们深知企业在拆迁过程中所面临的种种困境，也深刻理解企业家们在维护自身权益时的艰难与无奈。因此，我们倾尽全力，将多年积累的案例、解答以及实践经验总结成书，旨在为广大企业及企业主提供一份实用、权威的企业拆迁应对策略指南。

本书围绕企业拆迁中的60个常见问题展开，每个问题都经过精心筛选，涵盖了企业在拆迁过程中可能遇到的各种典型场景。我们不仅提供了清晰明了的解答，还结合具体案例进行深入解读，帮助读者更好地理解问题的本质和解决思路。同时，书中还附上了相关的法条，方便读者在遇到问题时能够快速查阅，做到心中有法、依法维权。

我们希望通过这本书，能够让更多的企业主和法律实务工作者认识到依法维护企业及企业家合法权益的重要性与必要性。在企业拆迁的复杂迷局中，只有依靠法律的力量，才能确保企业自身的合法权益得到充分保障，才能让企业家们在面对拆迁时不再迷茫和无助。

北京市盛廷律师事务所致力于为客户提供专业、高效、优质的法律服务。我们相信，这本书的出版，不仅能够为广大企业及企业主带来实实在在的帮助，也将在推动企业拆迁法治化进程、维护社会公平正义方面发挥积极作用。

在企业拆迁的维权道路上，我们愿与每一位企业家同行，共同破解迷局，守护企业的未来。

二〇二五年二月

编者的话

在城市化进程与产业结构调整的双重驱动下，企业拆迁已从单纯的土地利用问题演化为衡量法治文明与社会治理水平的重要标尺。作为市场经济活动的核心单元，企业的财产权益保护既是《中华人民共和国民法典》《中华人民共和国土地管理法》等法律框架下的技术命题，更是检验产权制度完善性与营商环境竞争力的关键维度。如何在公共利益与私权保障之间构建理性平衡，不仅关乎个案正义的实现，更深刻影响着市场主体对法治环境的信心。

面对这一复杂议题，法律实务中始终存在着三重张力：其一，行政征收权与财产权的边界冲突；其二，补偿标准静态化与市场价值动态化的矛盾；其三，程序正义的制度要求与实施效能的现实落差。企业主在遭遇拆迁时，往往需同时应对财产认定、经营损失核算、职工安置等多重法律风险，任何环节的疏漏都可能导致不可逆的权益减损——这正是本书编纂的现实动因。

中国的产权保护体系建设已取得显著进展。《中华人民共和国宪法》第十三条确立的私有财产保护原则、《中华人民共和国民法典》第二百零七条明确的物权平等保护规则，共同构筑起公私产权保护的法治基石。党的二十大报告更以“两个毫不动摇”重申对非公有制经济的支持，而正在立法进程中的《中华人民共和国民营经济促进法》更专章规定权益保护机制，昭示着产权法治化的持续深化。然而，法律文本的完善并不必然消弭实务操作的复杂性，尤其在土地征收、拆迁补偿等行政干预场景中，规范解释的模糊性与裁量空间的宽泛性仍构成对企业权益的现实挑战。

北京市盛廷律师事务所18年来深耕企业拆迁维权领域，累计处理逾千起政企争议案件。我们深谙企业在征收过程中面临的三重困境：财产权属证明的举证难题、补偿评估方法的认知壁垒、救济程序选择的策略风险。这些实践痛点直接催生了本书的创作——我们系统梳理60个最具代表性的实务问题，涵盖从征收决定合法性审查到补偿协议履行争议的全流程，通过典型案例解析、法律要件解构及风险防控指引，致力为读者提供可操作的维权路径。

本书的出版，承载着三重价值期待：于企业家，是可随时查阅的风险防控手册；于法律人，是体系化的实务操作指南；于社会治理者，则是观察政企良性互动的法治样本。我们深信，当每一个拆迁争议都能在法治轨道上妥善解决时，市场主体自会生发出“恒产—恒心—恒业”的良性循环，这正是中国经济行稳致远最坚实的微观基础。

法治最好的注脚，不只在于文本的完美，更在于每项权利都能得到切实救济。愿本书能成为企业穿越拆迁迷雾的航标，亦期待更多法律同仁共同投身这一领域，以专业力量守护市场经济的法治底色。

本书编写组

二〇二五年二月

目 录

五、企业拆迁与违建拆除

六、特殊类型企业拆迁

一、企业拆迁准备基本常识

1. 企业（主）拆迁前应该了解哪些问题

在企业正常经营过程中，企业经营场所变更或者终止是难免的，其中一个重要原因就是征收。因征收行为，企业或者易地搬迁，或者终止经营，这是企业主必须面对的一个问题。但是，无论是易地搬迁，还是终止经营，企业主都需要考虑合理补偿问题。那么，补偿多少才是合理的？首先要做到“知己知彼”。

知己

确定企业占用土地的性质

企业占用土地的性质是指土地的所有权性质。根据《中华人民共和国宪法》及《中华人民共和国土地管理法》相关规定，我国实行土地社会主义公有制，也就是全民所有制和劳动群众集体所有制。通俗地说，就是土地属于集体所有抑或是国家所有。在征收过程中，土地性质不同，征收主体、征收程序也就不同。

若企业占用土地为国有土地，则征收主体为市、县级人民政府。若企业占用土地为集体所有，则征收主体为县级以上地方人民政府，并且征收土地需要经省级人民政府或者国务院的批准。因此，在征收前了解企业占用土地的性质，对于企业来讲是十分重要且必要的。

了解企业自身经营的合法性

“任何人不因不法行为获利”是一条古老的法谚，放到企业身上仍然适用。企业合规经营是一个系统性问题，但是放到征收这一语境下，企业自身经营的合法性具体指以下两个方面。

用地与建设方面：无论使用国有土地还是集体土地，企业都必须有完备的用地手续，符合土地利用规划和城乡建设规划，并且要有合法的建设手续。

经营方面：企业必须有营业执照，如果为特许经营，则需要有行政机关的行政许可文件。

需要特别注意的是，在征收过程中可能会出现行政机关以企业未合规经营，如因历史原因缺少部分用地、建设手续，或者以环保、消防、税务不合规为由对企业进行查处，迫使企业接受较低的补偿，这些行为都是不合法的。

知彼

了解征收主体与实施主体

不论是国有土地房屋征收还是集体土地征收，征收主体都必须为县级以上人民政府。

征收实施主体为市、县人民政府确定的房屋征收部门，由其组织实施房屋征收与补偿工作。征收部门一般为行政机关，如住房和城乡建设局、自然资源和规划局等，也可以是专门设立的机构，如征收办公室等。若实施主体为村民委员会、居民委员会或者其他民事主体，就需要注意征收的合法性。

在企业征收中，了解征收主体与实施主体的意义在于，企业主知晓在未来的征收拆迁中与谁进行沟通，在沟通无果申请行政复议或提起行政诉讼时，哪个机构作为行政复议的被申请人或者行政诉讼的被告。

了解征收的进度

征收的进度，主要是指征收程序是否已经启动，启动的标志包括但不限于发布冻结产权变动的通知、张贴征收土地预公告或房屋征收决定等。

如果征收开始启动，那么需要明确是否制定了安置补偿方案，方案的制定主体，安置补偿方案包括的补偿内容、各项补偿内容的标准等。如需评估的是否选定了评估公司，并且已经进行了评估测量等工作。

只有了解征收的进度，企业主才能知晓征收的紧迫程度，进而确定必要的应对措施。

案例

上海市某阀门技术开发部诉上海市某区人民政府履行征收补偿法定职责案

关于农村集体土地征收补偿义务主体的确定问题。

…………

依照上述法律规范规定，现行集体土地征收制度的本质是国家基于公共利益需要实施征收，并由国家依法给予公平合理补偿的制度；市、县人民政府及土地管理部门是代表国家负责具体征收与补偿的法定主体。《中华人民共和国土地管理法》《中华人民共和国土地管理法实施条例》《征用土地公告办法》等，虽未明确规定市、县人民政府在取得国务院或者省级人民政府征地批复后，应当依法以自己名义作出征收决定，并在无法就补偿安置达成协议时，另行以自己名义依法作出补偿决定；但前述法律规范规定得不明确，并不能成为市、县人民政府规避履行集体土地征收补偿安置义务的理由。职权所在，即义务所在，亦即责任之所在。市、县人民政府代表国家组织实施征收被征收人合法房屋，也有确保被征收人通过签订协议或者以补偿决定等方式取得公平合理补偿的义务。

考虑到征收与补偿程序的多阶段性、组织实施形式的多样性、地方人民政府与其组成部门分工合作的统一性，以及集体土地征收行政效能等因素，市、县人民政府可以规范性文件或者征地公告方案等方式，要求土地管理部门具体组织实施本行政区域的土地房屋征收补偿工作，甚至委托乡镇人民政府、区（县）征地事务机构等主体参与征收与补偿的协商、与被征收人签订补偿安置协议。但不能认为此类主体因此成为补偿安置的法定义务主体，也不能认为其实际取得了独立实施补偿安置的行政主体资格，更不能认为市、县人民政府因此免除了法定的补偿安置义务；而是应遵循职权法定原则和《最高人民法院关于适用〈中华人民共和国行政诉讼法〉的解释》第二十条第三款规定精神，将此类主体视为接受市、县人民政府等委托从事具体的补偿安置事宜。即使在集体土地征收实践中，与被征收人签订补偿安置协议的主体多元，既包括市、县人民政府及其指定的土地管理部门，也包括乡镇人民政府、区（县）征地事务机构甚至项目指挥部等临时性征收实施单位，基于合同相对性和支持协商对话原则，应当支持市、县人民政府对其他主体签订的补偿协议效力的认可；但仍需坚持在未能与被征收人签订补偿安置协议的情况下，市、县人民政府或其指定的土地管理部门应以书面形式作出补偿安置决定等，履行补偿安置义务。

总之，农村集体土地征收补偿虽然形式多样，参与主体多元，但如果补偿安置问题无法通过协商或签订协议方式解决，且无法定主体作出补偿决定，又无生效裁判对补偿安置问题进行过裁判，则合法房屋的被征收人可以依法请求市、县人民政府或其指定的土地管理部门依法履行补偿安置职责，要求依法作出包含补偿安置内容的决定。**依法发布征收土地方案公告的市、县人民政府**，不能以未实施强制拆除行为为由，否定其应依法进行补偿安置的义务；即使认为被征收人补偿安置诉求“要价过高”，依法无法满足，也应在合理期限内及时作出书面补偿决定，并依法告知救济途径；而不能怠于履行补偿安置职责，或者以反复协商代替书面决定，甚至以拖待变造成安置问题长期无法通过法治化渠道解决，造成既损害被征收人补偿安置权益，又提高补偿安置成本。人民法院也不能以市、县人民政府或其指定的土地管理部门并非补偿安置义务主体甚至并非征收主体为由而裁定不予立案。

法律规定

《中华人民共和国土地管理法》

第四十四条　建设占用土地，涉及农用地转为建设用地的，应当办理农用地转用审批手续。

永久基本农田转为建设用地的，由国务院批准。

在土地利用总体规划确定的城市和村庄、集镇建设用地规模范围内，为实施该规划而将永久基本农田以外的农用地转为建设用地的，按土地利用年度计划分批次按照国务院规定由原批准土地利用总体规划的机关或者其授权的机关批准。在已批准的农用地转用范围内，具体建设项目用地可以由市、县人民政府批准。

在土地利用总体规划确定的城市和村庄、集镇建设用地规模范围外，将永久基本农田以外的农用地转为建设用地的，由国务院或者国务院授权的省、自治区、直辖市人民政府批准。

第四十七条　国家征收土地的，依照法定程序批准后，由县级以上地方人民政府予以公告并组织实施。

县级以上地方人民政府拟申请征收土地的，应当开展拟征收土地现状调查和社会稳定风险评估，并将征收范围、土地现状、征收目的、补偿标准、安置方式和社会保障等在拟征收土地所在的乡（镇）和村、村民小组范围内公告至少三十日，听取被征地的农村集体经济组织及其成员、村民委员会和其他利害关系人的意见。

多数被征地的农村集体经济组织成员认为征地补偿安置方案不符合法律、法规规定的，县级以上地方人民政府应当组织召开听证会，并根据法律、法规的规定和听证会情况修改方案。

拟征收土地的所有权人、使用权人应当在公告规定期限内，持不动产权属证明材料办理补偿登记。县级以上地方人民政府应当组织有关部门测算并落实有关费用，保证足额到位，与拟征收土地的所有权人、使用权人就补偿、安置等签订协议；个别确实难以达成协议的，应当在申请征收土地时如实说明。

相关前期工作完成后，县级以上地方人民政府方可申请征收土地。

《国有土地上房屋征收与补偿条例》

第四条 市、县级人民政府负责本行政区域的房屋征收与补偿工作。

市、县级人民政府确定的房屋征收部门（以下称房屋征收部门）组织实施本行政区域的房屋征收与补偿工作。

市、县级人民政府有关部门应当依照本条例的规定和本级人民政府规定的职责分工，互相配合，保障房屋征收与补偿工作的顺利进行。

2. 企业拆迁前需要做哪些准备工作

企业遇到征收拆迁，企业主固然需要做好必要的准备，但被征收的是企业财产，企业作为独立的主体，才是真正的“被征收人”，因此，企业做足准备比企业主做好准备更有意义，也更能确保自身的拆迁安置利益。

一是了解征收项目情况。了解征收项目情况主要涉及征收的主体、期限和范围，项目的规划、拆迁补偿方案等。这是一个拆迁项目顺利推进的基础性要素。另外，项目的实施还必须符合城乡规划，符合公共利益需要，且有足够的资金保障。

二是了解征收拆迁政策及法律规定。被拆迁企业需要明确知晓在征收拆迁过程中能够依法获取哪些安置补偿项目，如被征收房屋本身的价值，因征收房屋造成搬迁、临时安置的补偿，因征收房屋造成停产停业损失的补偿、奖励补助等内容；征收补偿应遵循的程序；企业资产评估相关规定。被拆迁企业应随时关注征收方发布的相关公告、通知等，及时了解征收政策；还应主动了解、学习征收法律法规，做好应对征收的准备。

三是盘点企业资产与收益。资产方面，需要制作企业动产、不动产等清单，主要是全面掌握企业的土地使用权、房屋、建（构）筑物、机器设备、运输设备、存货、生物性资产等的整体情况。必要时，企业可以自行委托评估公司进行评估。收益方面，主要确定企业的利润情况，作为停产停业损失补偿的计算依据。

四是做好留存证据的工作。对于涉及资产的重要文件、经营往来账目等文件，企业要进行转移和保存；对于企业内设备等要拍照留存，必要时企业可以选择公证机关进行公证。

五是对自身合法性的审查。咨询企业法律顾问或者聘请专业律师，了解土地的用地审批手续等材料，查清企业是否存在违法用地情况，是否有违法建筑，营业执照和经营生产许可证是否齐全，消防和安全生产是否合法合规，是否存在偷税漏税等情形，否则在后续的征收过程中可能会处于被动地位。

案例

上海市某实业有限公司、上海市某区人民政府再审审查与审判监督案

企业在拆迁过程中，对于自身的平均收益、停产停业期限等事实要准备相应的证明材料，否则可能需要承担举证不能的后果。

本案中，上海市某区人民政府根据《上海市 ×× 区 ×× 路 8 号上海

××××实业有限公司国有土地上房屋征收评估报告》确定的被征收房屋市场价值，确定被征收房屋货币补偿金额为9207770元；因上海市某实业有限公司未依法提供房屋被征收前三年的平均效益、停产停业期限等相关证明材料，上海市某区人民政府结合被征收房屋市场评估价的10%确定其停产停业损失为920777元。因上海市某实业有限公司在征收补偿过程中拒绝有关单位实地查勘，上海市某区人民政府结合上海市某实业有限公司产权登记资料以及外部查勘情况等，确定房屋装修、设备搬迁、设备运输、无证房屋、附属物等其他设施补偿共计900000元，同时，明确在人民法院强制执行过程中委托上海市某房地产估价有限公司实地勘查确定具体补偿数额。

法律规定

《国有土地上房屋征收与补偿条例》

第十七条 作出房屋征收决定的市、县级人民政府对被征收人给予的补偿包括：

（一）被征收房屋价值的补偿；

（二）因征收房屋造成的搬迁、临时安置的补偿；

（三）因征收房屋造成的停产停业损失的补偿。

市、县级人民政府应当制定补助和奖励办法，对被征收人给予补助和奖励。

第十九条 对被征收房屋价值的补偿，不得低于房屋征收决定公告之日被征收房屋类似房地产的市场价格。被征收房屋的价值，由具有相应资质的房地产价格评估机构按照房屋征收评估办法评估确定。

对评估确定的被征收房屋价值有异议的，可以向房地产价格评估机构申请复核评估。对复核结果有异议的，可以向房地产价格评估专家委员会申请鉴定。

房屋征收评估办法由国务院住房城乡建设主管部门制定，制定过程中，应当向社会公开征求意见。

第二十三条 对因征收房屋造成停产停业损失的补偿，根据房屋被征收前的效益、停产停业期限等因素确定。具体办法由省、自治区、直辖市制定。

《北京市国有土地上房屋征收停产停业损失补偿暂行办法》

第五条 非住宅房屋停产停业损失补偿评估的计算公式为：

停产停业损失补偿费=（用于生产经营的非住宅房屋的月租金+月净利润×修正系数+员工月生活补助）×停产停业补偿期限

《重庆市国有土地上房屋征收停产停业损失补偿办法（暂行）》

第六条 被征收人选择产权调换的，每月按房屋评估价值的5‰支付停产停业损失补偿费，停产停业期限按实际过渡期限计算。

《贵州省国有土地上房屋征收停产停业损失补偿指导意见》

第四条 征收国有土地上的房屋造成的停产停业损失，按照以下分类和标准进行补偿：

（一）被征收人能够提供税务部门出具的应纳税所得额证明的，按照上一年度月均应纳税所得额计算每月的经营性损失补偿……

3. 企业拆迁前应保存好哪些证据材料

证据的作用

证据在法律和社会治理中扮演着至关重要的角色。证据的基本功能是证明案件事实，是承载案件信息的各种载体，其正确解读和映射案件事实的能力对于实现证据与证明对象之间的精准对接至关重要。

在法治社会中，证据具有三重意义：一是凝结社会共识，提供行动合法性的重要基础；二是将法律上确立的权利义务在社会真实世界有所体现；三是作为案件事实认定的基础，是化解社会纠纷的隐含前提。

证据的重要性还体现在它对当事人进行诉讼活动、维护合法权益，以及法院查明案件事实、依法正确裁判的作用。证据的收集和保存也是实现司法公正的前提条件之一，若离开了证据，司法公正就无从谈起。证据内容和形式是相辅相成的，证据内容反映案件事实，而证据形式是赖以存在的载体。在现代法治社会中，采用证据的合法性标准具有特别重要的意义。因此，在维护自身合法权益提前做好证据保留的同时，也要注意证据形式上的保留要件，如照片或视频证据的原始拍摄载体。

综上所述，证据的作用在于，通过其内容和形式的确保，为案件事实的认定提供依据，从而实现司法公正和社会治理的有效性。证据不仅是法律程序中的关键组成部分，也是形成社会共识和实现权利义务的基础。

企业拆迁前应当保存的证据材料

在企业拆迁中，无论是与征收方进行谈判，主张合理补偿，还是在诉讼中主张赔偿，提供证据证明相关财产、损失都是最基本的要求。这就要求企业在拆迁前做到“未雨绸缪”，提前准备、保存好相关证据材料，以便为后续谈判、诉讼提供充分的支持。企业在拆迁前，一定要准备好以下证据材料。

一是企业相关权属证件。企业相关权属证件是企业在拆迁过程中依法获得补偿安置权利，在权利受到侵害时依法寻求司法救济的前提基础。企业相关权属证件主要包括：

（1）土地合同或土地出让合同、土地使用权证、房屋所有权证书，这是证明企业占地合法和建筑合法，企业系合法权利人，从而取得合法补偿安置的必备要件之一；

（2）组织机构代码和营业执照，这些是企业身份和合法经营的重要证明；

（3）招商引资企业的相关招商引资优惠文件或政策文件；

（4）营业许可证、特殊行业的特殊许可证（如矿山企业）、税务登记及纳税凭证等。

二是企业经营相关票据等证据材料。企业经营相关票据、付款凭证及经营合同等证据材料是能够证明企业经济效益，保障企业在拆迁过程中就停产停业损失获得合理补偿的重要证据，包括企业平时的一些经营台账、纳税发票，以及可能涉及的一些商标、专利等证据材料。

三是企业现有建筑物、构筑物及设备、企业存货等资产的证据材料。企业现有建筑物、构筑物及设备、企业存货等资产是企业的重要财产。因此，企业在面临强拆之前应当就企业现有建筑物、构筑物及设备、企业存货情况进行清点并拍照或录像，保留基础的影像资料，以为后续补偿安置的协商谈判或是行政赔偿程序提供事实性证据。

除此之外，从物品的价值属性来看，关于企业现有建筑物、构筑物及设备、企业存货等资产的评估报告也是重要的证据材料之一。按照正常的征收程序，征收单位在对企业进行征收的过程中，应当依照法定程序选定评估机构并出具评估报告，但也不乏缺失上述程序的情形。在此种情况下，企业在房屋被强制拆除之前也可以自行选定有资质的评估机构进行评估，并保留好相关的评估报告。

四是企业涉及拆迁项目的文件或线索。征收公告是被拆迁人得知征收拆迁项目消息的第一步，在征地拆迁工作开始后，依照法定程序，征收单位应当进行一系列的公示公告工作，被拆迁人在有相关征收拆迁项目信息进行公示时可以通过拍照、保留复印件等方式保存相关线索信息。证据的收集除需要包含企业自身相关信息以外，还需要收集了解案涉项目的相关征收文件及政策材料，了解案涉项目的征收目的、征收组织实施部门、拆迁公告及补偿安置方案等文件，只有知晓具体信息才能更好地了解自身补偿是否合理，同时为权利受到侵害时寻求救济提前固定证据。除此之外，企业在拆迁过程中，相关征收部门向企业送达的法律文书，以及协商谈判交流过程中的相关信息也需要保留，法律文书的送达可能涉及房屋合法性或补偿具体数额的问题，以及具体权利的认定。协商谈判的相关信息则可能会对日后因权利受侵害寻求法律救济提供相关的线索信息。

五是其他。企业在与拆迁方就补偿安置问题达成一致后，应当签订书面的补偿安置协议，并保留一份补偿安置协议的原件，在发生征收方不履行协议落实补偿安置的情况时，可以协议为基础向人民法院提起诉讼，请求征收方履行协议。如果没有协议证据的保留，则难以就其主张的事实进行证明，进而保障自身权益。

案例

1. 某建筑材料厂与某市自然资源局、某市某区征地拆迁所行政协议案

关于案涉承诺是否合法有效，被告是否应当履行承诺义务的问题。行政协议除了本质上的公益性外，还兼具一般民事合同的属性。行政协议的效力应当同时受行政法律规范和民事法律规范的制约。《中华人民共和国合同法》（已废止）第八条第一款规定，依法成立的合同，对当事人具有法律约束力。当事人应当按照约定履行自己的义务，不得擅自变更或者解除合同。第六十条第一款规定，当事人应当按照约定全面履行自己的义务。《中华人民共和国行政诉讼法》第七十八条第一款规定，被告不依法履行、未按照约定履行或者违法变更、解除本法第十二条第一款第十一项规定的协议的，人民法院判决被告承担继续履行、采取补救措施或者赔偿损失等责任。根据上述规定，双方基于真实意思表示达成的行政协议，双方应当按照约定内容履行各自的义务。作为行使行政管理职责的行政机关，在行政协议法律关系中，更应当诚实守信地履行其与公民、法人或者其他组织签订的行政协议。本案中，某市某镇征地拆迁办出具承诺书的目的是促使原告某建筑材料厂带头签订征地拆迁补偿协议。虽然承诺书是由某镇征地拆迁办出具的，但因承诺的内容是某建筑材料厂与某市某区征地拆迁所签订《企业拆迁补偿协议》的前提，故应当将案涉承诺书视为该补偿协议的组成部分。同时，该补偿协议和承诺书的内容，均未违反法律强制性规定，应为合法有效。三被告作为项目的共同实施单位，应当依法履行协议和承诺约定的义务。三被告认为承诺书违反法律规定，对其不产生约束的主张不成立。

关于对原告要求增补拆迁补偿款的诉讼请求是否予以支持的问题。《最高人民法院关于适用〈中华人民共和国民事诉讼法〉的解释》第九十条规定，当事人对自己提出的诉讼请求所依据的事实或者反驳对方诉讼请求所依据的事实，应当提供证据加以证明，但法律另有规定的除外。在作出判决前，当事人未能提供证据或者证据不足以证明其事实主张的，由负有举证责任的当事人承担不利的后果。本案中，承诺书所指的补偿标准不低于其他被征拆企业，应当是指在同等情况下补偿标准不低于其他被征拆企业。原告提出的房屋拆迁补偿费、房屋装修及设施补偿费、电力补偿费、69 型生产线补偿费、企业设施补偿搬迁费、停产停业过渡损失补偿费、按时签约奖和腾地奖部分补偿标准低于某市某碎石场的标准，且遗漏了砂石成品转运、补损补偿费的主张，应当由原告来提供证据予以证明。但是，原告未能提供证据证明其与某市某碎石场存在房屋主体结构、房屋装修及设施状况、电力设备规模、生产线新旧程度、企业生产经营状况等条件相同的情况下，适用补偿标准不同的事实。因此，原告主张增加房屋拆迁补偿费、房屋装修及设施补偿费、电力补偿费、69 型生产线补偿费、企业设施补偿搬迁费、停产停业过渡损失补偿费的诉讼请求，本院不予支持。原告主张遗漏了砂石成品转运、补损补偿费的问题，其亦未能提供证据证明其在被拆迁时存在砂石成品转运、贱卖的基本事实，对其主张增加砂石成品转运、补损补偿费的诉讼请求，本院亦不予支持。

本案中，企业单位建筑材料厂在拆迁过程中除保留了《企业拆迁补偿协议》，还依法保留了拆迁补偿协议签订之前拆迁单位出具的承诺书，使其在协商过程中达成的补偿一致意见落实到书面，从而为其后续主张提供了证据支持。对于原告主张的房屋拆迁补偿费、房屋装修及设施补偿费、电力补偿费、69 型生产线补偿费、企业设施补偿搬迁费、停产停业过渡损失补偿费，以及主张遗漏了砂石成品转运、补损补偿费等诉讼请求，则因为证据不足无法获得法院支持。

2. 安庆市某精密铸造有限公司与安庆市某区人民政府错误执行赔偿行政赔偿判决书

根据查明的事实，第一次评估双方当事人没有达成拆迁补偿协议，原告亦没有提出异议。原告对于第二次评估提出了书面异议。虽然被告未按照法定程序给予原告救济的权利，但自评估后的 2017 年 4 月 21 日，原告及其股东陆续签订了 11 份拆迁补偿协议。2018 年 1 月 19 日，原告法定代表人袁某举的妻子代为签订第 12 份拆迁补偿协议。以上协议中涉及的拆迁财产均由原告处理或者领取。虽然原告提出签订协议非自愿，却陆续签订了 12 份拆迁补偿协议，且领取了拆迁补偿款，对其诉请非自愿签订协议的请求本院不予以支持。本案中，原告的各项损失已经某评估公司出具的皖 ×× 估自 2016 Z

S 05-11 号第一次评估予以确认，为 86903276 元。在本案审理中，原告亦对本案该次评估结果予以了认可。根据本院查明的事实，该次评估对原告被拆迁的财产都按照评估程序、评估要求进行了登记和评估，列有详细财产清单。被告亦未有其他证据证明原告被拆迁的财产价值，且某评估公司系原、被告共同委托的评估公司。因此，本院确认原告财产价值为某评估公司出具的皖 ×× 估自 2016 Z S 05-11 号第一次评估的原告被拆迁财产为 86903276 元合法、有效。

本案中，评估报告为确定安庆市某精密铸造有限公司在征收过程中就其财产损失应当予以补偿范围认定的重要依据。在原告方认可评估程序，被告方未提交其他证据证明财产价值的情况下，评估报告成了唯一反映财产损失价值的证据证明。

法律规定

《中华人民共和国行政诉讼法》

第三十七条 原告可以提供证明行政行为违法的证据。原告提供的证据不成立的，不免除被告的举证责任。

第三十八条 在起诉被告不履行法定职责的案件中，原告应当提供其向被告提出申请的证据。但有下列情形之一的除外：

（一）被告应当依职权主动履行法定职责的；

（二）原告因正当理由不能提供证据的。

在行政赔偿、补偿的案件中，原告应当对行政行为造成的损害提供证据。因被告的原因导致原告无法举证的，由被告承担举证责任。

《最高人民法院关于适用〈中华人民共和国行政诉讼法〉的解释》（法释〔2018〕1 号）

第四十二条 能够反映案件真实情况、与待证事实相关联、来源和形式符合法律规定的证据，应当作为认定案件事实的根据。

第四十六条 原告或者第三人确有证据证明被告持有的证据对原告或者第三人有利的，可以在开庭审理前书面申请人民法院责令行政机关提交。

申请理由成立的，人民法院应当责令行政机关提交，因提交证据所产生的费用，由申请人预付。行政机关无正当理由拒不提交的，人民法院可以推定原告或者第三人基于该证据主张的事实成立。

持有证据的当事人以妨碍对方当事人使用为目的，毁灭有关证据或者实施其他致使证据不能使用行为的，人民法院可以推定对方当事人基于该证据主张的事实成立，并可依照行政诉讼法第五十九条规定处理。

第四十七条 根据行政诉讼法第三十八条第二款的规定，在行政赔偿、补偿案件中，因被告的原因导致原告无法就损害情况举证的，应当由被告就该损害情况承担举证责任。

对于各方主张损失的价值无法认定的，应当由负有举证责任的一方当事人申请鉴定，但法律、法规、规章规定行政机关在作出行政行为时依法应当评估或者鉴定的除外；负有举证责任的当事人拒绝申请鉴定的，由其承担不利的法律后果。

当事人的损失因客观原因无法鉴定的，人民法院应当结合当事人的主张和在案证据，遵循法官职业道德，运用逻辑推理和生活经验、生活常识等，酌情确定赔偿数额。

4. 企业主拆迁前应该保持什么心态

在面临拆迁时，很多企业主容易陷入恐慌，特别是拆迁方有时会用一些特殊方式影响企业正常经营，更甚者以认定违建相威胁，从心理上给企业主造成巨大压力，迫使其接受不合理补偿，尽快完成搬迁。例如，甘肃定西的一家养殖场在遇到拆迁时，前期拆迁方联合当地相关部门多次上门进行检查，甚至给企业发出了一系列《责令改正通知书》《责令限期搬离通知书》等，欲给企业施加压力，迫使其尽快签订协议进行搬迁。此时，企业主需要稳定心态，莫要在恐慌中签字，进而造成无法挽回的后果。在面对不合理的补偿时，企业主要勇敢维护自身合法利益。遇到拆迁时，企业主应该保持如下几种心态。

不卑不亢，不屈不挠

首先，依法获得补偿是企业的正当权利。企业主要明白拆迁方的意图，无外乎让企业以较低的成本完成搬迁事项。尽管征收具有强制性，但应依法推进，被征收企业要求获得相应补偿合法、合理、正当。其次，自身合法经营无须惧怕所谓的“检查”。身正不怕影子斜，不论是城管、税务、环保还是消防等方面，企业都要做到合规经营。如果相关行政机关的检查明显超出必要的限度和频次，就有间接参与拆迁事项的嫌疑，涉嫌滥用职权，企业可以采取措施对其进行投诉举报。最后，即便是拆迁方采用强制措施进行拆除，企业也未丧失获得补偿的权利，依然可以通过合法的途径获得补偿。

认清自身，摆正位置

在面临拆迁时，企业主要了解自身实际情况，对企业各个部分的具体建筑面积以及机器设备等内容做一个系统统计，做到心中有数。在面对拆迁方的调查登记时，企业主应对调查登记的具体内容进行仔细确认，避免过程中的遗漏和错算。另外，企业主还要了解所涉拆迁项目是具有强制力的征收，还是普通的协议搬迁，以采取不同的应对策略。在面对征收时，企业是一定会被拆掉的，即便是达不成补偿协议，拆迁方也可以基于后期作出的补偿决定或者责令交出土地决定申请强制执行。协议搬迁中，主要是双方在自愿协商的基础上签订补偿安置协议，企业主对补偿不满意的，可以选择不签。在企业主不签订补偿安置协议的情况下，拆迁方是不能强制搬迁的。

审时度势，适可而止

在拆迁过程中，并不是拖得越晚拿到的补偿越多，而是要结合企业与拆迁方在协商谈判中的进展具体分析。首先，企业主要考虑到拆迁方的支付能力，如果拆迁方本身就没有充裕的资金储备，在保证自身利益的情况下，企业主可以适当降低预期。其次，大部分案件在协商解决中拿到的补偿金额普遍要高于通过法院最终判决所得的金额，法院支持的仅是最低标准。实际拆迁中，拆迁方在签订协议时，依据被拆迁方情况的不同会有不同的考虑。最后，当前征收拆迁的规范化程度日臻完善，企业主不要有通过一次拆迁“捞一把”的想法，要懂得适可而止。

案例

上海市某交通技术有限公司、遵义市某机动车驾驶人考试服务有限公司诉遵义市某区人民政府行政赔偿案

遵义市某区人民政府与上海市某交通技术有限公司签订了投资协议，上海市某交通技术有限公司注册遵义市某机动车驾驶人考试服务有限公司，具体负责项目的投资建设。后遵义市某机动车驾驶人考试服务有限公司和遵义市某村村委会签订土地租赁合同，遵义市某区人民政府向遵义市公安交通管理局致函，称该项目为招商引资项目，实施得到了国土、规划、环保等部门的大力支持，现已建成，请对验收予以大力支持。该交管局作出转发省公安厅交管局批复同意在遵义市某机动车驾驶人考试服务有限公司设立科三驾驶人考场的通知。2016年8月3日、10月13日，遵义市环境保护局、遵义市国土资源局某区分局分别认定遵义市某机动车驾驶人考试服务有限公司违反《中华人民共和国水污染防治法》和《中华人民共和国土地管理法》，对遵义市某机动车驾驶人考试服务有限公司作出罚款30万元、罚款150926.6元的处罚决定。同年9月23日，遵义市城乡规划局认定遵义市某机动车驾驶人考试服务有限公司违建住房，限期自行拆除，又于2017年4月7日认定遵义市某机动车驾驶人考试服务有限公司违法建设驾驶员科三考场配套设施项目，限期自行拆除。2017年4月25日、4月27日，遵义市某区人民政府将遵义市某机动车驾驶人考试服务有限公司前述建筑物、构筑物予以强制拆除。在拆除时，遵义市某机动车驾驶人考试服务有限公司将可移动设备、车辆等全部搬离并租场地保管。关于未签订补偿协议而被强制拆除问题，行政机关对企业根据招商投资协议建设的建筑物、构筑物等，以建设行为违法为由予以强制拆除，且该强制拆除行为已实际导致企业不能继续正常生产经营，即双方签订的投资协议因该强制拆除行为已无法实际继续履行。在强制拆除行为被依法判决确认违法后，针对企业据此提起的赔偿范围包含违法强拆造成的财产损害和招商投资协议无法继续履行产生的财产损害的诉讼请求，人民法院经全面审查后认为，企业的损失范围难以按照“一案一诉”原则具体分割处理时，基于法律竞合的考虑，从实质化解争议、减少诉累和节约有限司法资源角度，可以考虑在一案中一并予以解决。

法律规定

《国有土地上房屋征收与补偿条例》

第四条 市、县级人民政府负责本行政区域的房屋征收与补偿工作。

市、县级人民政府确定的房屋征收部门（以下称房屋征收部门）组织实施本行政区域的房屋征收与补偿工作。

市、县级人民政府有关部门应当依照本条例的规定和本级人民政府规定的职责分工，互相配合，保障房屋征收与补偿工作的顺利进行。

第五条 房屋征收部门可以委托房屋征收实施单位，承担房屋征收与补偿的具体工作。房屋征收实施单位不得以营利为目的。

房屋征收部门对房屋征收实施单位在委托范围内实施的房屋征收与补偿行为负责监督，并对其行为后果承担法律责任。

5. 如何应对企业拆迁中可能遇到的“行政处罚”

企业拆迁中可能遇到哪些“行政处罚”

实务中，被拆迁企业遭遇“行政处罚”的案例并不少见。有些行政机关对被拆迁企业施加行政处罚的真实意图是向待拆迁企业及企业主施压，以达到迫使企业搬迁或者接受不合理补偿的目的。

具体来说，拆迁方可能以自身名义或者联合、协调其他行政机关，对被拆迁企业作出行政处罚，执法手段包括但不限于：以待拆迁建筑不符合《中华人民共和国城乡规划法》、属于违建为由，对待拆迁建筑下达限期拆除决定书，也就是所谓的“以拆违代拆迁”；为了配合拆迁，对待拆迁企业作出不符合消防相关法律法规、不符合安全生产要求的设施设备规定或在环评中存在重大瑕疵等认定，进而责令待拆迁企业关闭或停产整顿；以待拆迁企业在缴纳土地使用税、房产税、营业税等时存在瑕疵为由，对企业或企业主进行罚款或者行政拘留等处罚。

不难看出，在企业拆迁过程中，行政机关动用行政处罚等手段，实际上是为其拆迁目的服务的。因此，被拆迁企业一定要注意辨别，什么是正常、正当的执法检查、行政处罚，什么是为达到施压被拆迁企业而进行的不正常、不正当的执法检查、行政处罚。对于前者，依法应对即可；而对于后者，相关行政机关有滥用权力之嫌，需要被拆迁企业及时提出行政复议或者行政诉讼，确保自己的合法补偿利益不因不正当执法、处罚而受到侵蚀。

企业拆迁中遇到这些“行政处罚”应当如何应对

行政机关实施行政处罚不仅要遵循《中华人民共和国行政处罚法》规定的原则和程序，一些特殊的行政处罚作出还要符合诸如《生态环境行政处罚办法》《安全生产违法行为行政处罚办法》《自然资源行政处罚办法》等部门规章的规定。因此，企业在拆迁过程中遇到上述行政处罚，可以试着从这些法律法规中找到应对之道。

以城乡规划部门或综合执法部门以待拆迁建筑不符合《中华人民共和国城乡规划法》为由对待拆迁建筑下达限期拆除决定书为例。首先，企业要确定相关主体是否具有认定违建的职权，具有该项职权部门主要包括县级以上人民政府的城乡规划主管部门、综合行政执法部门、乡 / 镇人民政府。其次，企业要关注相关机关是否依法定程序进行认定，如是否履行了完整的立案程序，是否正确履行了询问、现场检查、勘验等程序，是否履行了合规的案件调查终结报告和审批程序，是否听取了利害关系人的陈述及申辩，是否进行了集体讨论以及听证，是否以合法的方式送达了相关文书。最后，在维权时，企业可以适当运用行政法上的程序正当原则、比例原则和信赖保护原则，为自己进行陈述、申辩或者申请行政复议、提起行政诉讼程序充实法理依据。

在此类案件中，“拆违”只是手段，“拆迁”才是目的。在这个大前提下，被拆迁企业更应该勇敢地拿起法律武器维护自己的合法权益。需要特别注意的是，即使相关行政机关送达的文件中没有告知被拆迁企业陈述、申辩或者申请行政复议、提起行政诉讼程序的期限，在判断送达的文件可能会对合法权益造成实际影响的情况下，企业也应当及时进行陈述、申辩或者申请行政复议（60 日）、提起行政诉讼程序（6 个月），以免错过期限。

案例

1. 张某某诉某区（出口加工区）城市管理局撤销行政处罚案

由于本案涉案的建筑某市人民政府已经决定征收，原告长期未能与征收人达成安置协议，影响征收进度，本案需要判断的核心问题是对人民政府决定征收的建筑仍然按照违法建筑的一般处理程序作出处理，即“以拆违促拆迁”的方式是否不符合“程序正当”这一依法行政的基本原则。行政机关作出行政行为采取的管理手段与其管理目的相一致，是程序正当原则的内容之一。

就本案而言，本应由征收法律关系调整的事项，交由城市规划管理进行调整，尤其是曾经对如何补偿进行协商，由于没能达成补偿协议转而又通过“拆违”程序进行拆除并不予补偿，其结果不但不利于被征收人权益的保护，而且导致后续补偿问题更难解决、影响行政效率。这种管理手段与立法目的相悖的行政行为，直接损害行政权威，应归类为行政行为不符合程序正当的基本要求。集体土地进入征收程序后，对集体土地上建（构）筑物的补偿，应当由市、县人民政府土地行政主管部门组织实施。本案中，原告涉案房屋虽未经审批建设多年且未有管理部门立案调查处理，但被纳入征收范围，并且在征收进入房屋补偿阶段时就被立案调查，某区管委会对原告的房屋应该按照征收补偿程序组织实施，而不是另外以城市管理局实施拆除违法建筑的行政处罚程序责令拆除。显然，被告的执法目的并不是严格城市建设的管理，而是避开法定的征收程序，加快征收进程，以拆违的形式逼迫拆迁，明显不当。故被告作出的行政处罚超越职权、明显不当，应予以撤销。

2. 傅某某诉北京市某镇政府责令限期拆除案

本院认为，行政机关作出行政行为应当事实清楚。本案中，原告主张涉案建筑物用于养殖和仓储。本院认为，因设施农业用地管理体系具有特殊性及较强的政策性，故行政机关在查处违法建设过程中，对于可能涉及农业设施的建筑物，应当按照不同时期的设施农业用地管理规范，对涉案建筑物是否取得过审批或备案、是否符合农业用途、是否存在可区分性及涉案土地地类性质是否发生过变化等问题进行调查核实。本案中，被告在对涉案建筑物进行查处时未就上述事项进行充分调查，仅依据案件协查复函即认定涉案建筑物属于违法建设，缺乏事实与法律依据，本院不予支持。虽涉案建筑物已部分被拆除，但被诉限拆决定仍具有可撤销性。综上所述，依照《中华人民共和国行政诉讼法》第七十条第（一）项规定，判决撤销案涉限期拆除决定书。

3. 李某彬、李某添、李某森与广州市某区城市管理和综合执法局行政处理决定案

本院认为，根据已查明的事实，包括案涉房屋在内的广州市某区某村某经济社村民住宅已在 2017 年 9 月被纳入政府土地收储和开发建设范围，并在 2017 年 9 月开始了征收补偿签约工作。鉴于案涉房屋已被列入征收拆迁范围，应遵循政府相关征收拆迁补偿规定处理案涉房屋的拆除和补偿问题。被上诉人应知晓案涉房屋的上述情况，仍在案涉地块的征收补偿工作已开展 8 个多月，案涉屋无人居住的情况下，以案涉房屋涉嫌违法建设为由进行立案查处，属于重复处理。因此，对于被上诉人作出的被诉违法建设行政处理决定，本院予以撤销。原审判决处理不当，本院予以纠正。综上所述，依照《中华人民共和国行政诉讼法》第八十九条第一款第（二）项规定，判决撤销被上诉人广州市某区城市管理和综合执法局作出的《违法建设行政处理决定书》（穗综 × 处字〔2018〕16003-1 号）。

法律规定

《中华人民共和国行政处罚法》

第二条 行政处罚是指行政机关依法对违反行政管理秩序的公民、法人或者其他组织，以减损权益或者增加义务的方式予以惩戒的行为。

第四条 公民、法人或者其他组织违反行政管理秩序的行为，应当给予行政处罚的，依照本法由法律、法规、规章规定，并由行政机关依照本法规定的程序实施。

第五条第二款 设定和实施行政处罚必须以事实为依据，与违法行为的事实、性质、情节以及社会危害程度相当。

第七条 公民、法人或者其他组织对行政机关所给予的行政处罚，享有陈述权、申辩权；对行政处罚不服的，有权依法申请行政复议或者提起行政诉讼。

公民、法人或者其他组织因行政机关违法给予行政处罚受到损害的，有权依法提出赔偿要求。

第九条 行政处罚的种类：

（一）警告、通报批评；

（二）罚款、没收违法所得、没收非法财物；

（三）暂扣许可证件、降低资质等级、吊销许可证件；

（四）限制开展生产经营活动、责令停产停业、责令关闭、限制从业；

（五）行政拘留；

（六）法律、行政法规规定的其他行政处罚。

第五十八条 有下列情形之一，在行政机关负责人作出行政处罚的决定之前，应当由从事行政处罚决定法制审核的人员进行法制审核；未经法制审核或者审核未通过的，不得作出决定：

（一）涉及重大公共利益的；

（二）直接关系当事人或者第三人重大权益，经过听证程序的；

（三）案件情况疑难复杂、涉及多个法律关系的；

（四）法律、法规规定应当进行法制审核的其他情形。

行政机关中初次从事行政处罚决定法制审核的人员，应当通过国家统一法律职业资格考试取得法律职业资格。

《中华人民共和国城乡规划法》

第四十条第一款 在城市、镇规划区内进行建筑物、构筑物、道路、管线和其他工程建设的，建设单位或者个人应当向城市、县人民政府城乡规划主管部门或者省、自治区、直辖市人民政府确定的镇人民政府申请办理建设工程规划许可证。

第四十一条第一款 在乡、村庄规划区内进行乡镇企业、乡村公共设施和公益事业建设的，建设单位或者个人应当向乡、镇人民政府提出申请，由乡、镇人民政府报城市、县人民政府城乡规划主管部门核发乡村建设规划许可证。

《住房和城乡建设行政处罚程序规定》

第十六条 执法人员询问当事人及有关人员，应当个别进行并制作笔录，笔录经被询问人核对、修改差错、补充遗漏后，由被询问人逐页签名或者盖章。

第二十九条 执法机关应当自立案之日起九十日内作出行政处罚决定。因案情复杂或者其他原因，不能在规定期限内作出行政处罚决定的，经本机关负责人批准，可以延长三十日。案情特别复杂或者有其他特殊情况，经延期仍不能作出行政处罚决定的，应当由本机关负责人集体讨论决定是否再次延期，决定再次延期的，再次延长的期限不得超过六十日。

案件处理过程中，听证、检测、检验、鉴定等时间不计入前款规定的期限。

6. 企业家权益保护有哪些注意事项

党的二十大报告指出，优化民营企业发展环境，依法保护民营企业产权和企业家权益，促进民营经济发展壮大。依法保护民营企业产权和企业家权益，是党中央一贯坚持的方针。特别是党的十八大以来，我国已经基本形成现代产权制度和产权保护的法律框架。党的十九大把“两个毫不动摇”写入新时代坚持和发展中国特色社会主义的基本方略。习近平总书记在主持召开民营企业座谈会时，明确要求保护企业家人身和财产安全，强调要大力支持民营企业发展壮大。

在征收拆迁中，企业及企业家的权益保护包括两个方面：一是对企业及企业家财产权依法保护，二是对企业家人身权益的保护。

企业及企业家财产权保护

作为征收方的行政机关，在保护企业及企业家财产权益方面责无旁贷。

行政机关保护企业家财产权益，最基本的要求就是依法行政。这就要求行政机关在推进征收拆迁的过程中，依照法定程序、遵循法律法规的要求，从行政征收公告、调查、评估、协商谈判到补偿决定、强制拆除等程序，都依法进行，保障企业及企业家陈述、申辩的权利，保障其依法申请行政复议、提起行政诉讼的权利。

作为被征收方的企业及企业家，在保护自身财产权益方面要积极、有为，依法进行。

待拆迁企业往往是企业家个人或企业家集体毕生心血的结晶，对于待拆迁企业及企业家来说，如何在拆迁前做好全局谋划，以避免倾注心血的事业毁于一旦，更是需要认真对待的。我们总结了在企业拆迁过程中企业家权益保护需要注意的事项供大家参考。

第一，应当重视与行政机关及其工作人员的每次接触和沟通，并做好留证工作。一个拆迁项目从启动到完结一般会历经较长的时间，在此过程中，被拆迁企业免不了与实施单位或其他有权机关进行各种形式、多轮次的接触和沟通，这也要求企业家在面对行政机关及其工作人员时时刻保持谨慎的态度，养成留痕的习惯。比如，在遇到不能现场答复的问题时，既不能含糊其词，也不宜仓促作答，正确做法是，告知对方求证后再做答复；又如，不管是当面接触，还是电话、网络沟通，都要养成录音、录像等留痕习惯；再如，面对行政机关的要求、指示等，应尽可能要求对方作出书面形式的材料，有可能的话还应要求对方签名或者盖上公章。上述种种应对实际上都是为了尽可能避免陷入不利境地，而又尽可能地在每次接触和沟通中积累、保存日后能为我所用的信息甚至证据。

第二，要尤其注意法律中的时效性规定。所谓“法律不保护躺在权利上睡觉的人”就是这个道理。由于拆迁过程往往持续时间较长，行政机关可能会作出数量较多且形式多样的具体行政行为，待拆迁企业及企业家一定要足够重视并积极应对。例如，被拆迁企业不能在法定的救济期限内启动法律程序，即使行政机关对违建的认定事实上是错误的，也会导致该文书自然生效，进而致使企业在此后争取赔偿、补偿过程中陷入被动局面。

第三，作出承诺尤其是在协议上签字时要慎之又慎。在企业拆迁过程中，相关各方签订的补偿协议属于行政协议，具有民事和行政双重属性。因为行政协议具有实现行政管理和公共服务的目标，法律赋予行政机关行政优益权，甚至可以单方面解除协议，加之行政协议双方本身地位就不平等，所以待拆迁企业及企业家在签订协议之前一定要做到对协议内容了然于胸并且全部认可，切莫相信“签字后仍可维权”的说法。因为，协议一旦签订，就会被推定是双方真实的意思表示，日后想要撤销协议或确认协议无效在很大程度上需要依赖强有力的证据来证明，即便走到诉讼程序，法院也会倾向于以协议内容为参考确定赔（补）偿。

第四，调动一切可以运用的资源。选择通过法律程序维权是一种有力的维权手段，但并非唯一途径。作为拆迁的亲历者，企业家也应当调动一切可以运用的资源，其目的既可以是争取赔（补）偿，也可以是拖慢项目推进节奏以争取谈判筹码。总而言之，条条大路通罗马，多种渠道齐头并进更利于实现目标。

第五，企业拆迁因为被拆迁主体情况的复杂性和所牵涉群体的广泛性等特征，远超个人房地征收拆迁的复杂性和专业性。如果在应对过程中一步行差踏错，其影响可能就会牵一发而动全身。因此，对于企业家来说，在遇到拆迁时，可以尽早寻求专业人士的介入，及早谋划，让专业的人去做专业的事，才有望做到步步为营，避免“越拆越穷”。

企业家人身权益保护

在征收拆迁过程中，不排除个别行政机关或者相关人员为快速、低成本推进征收，采取强力机关介入、以刑事手段向被征收企业家施压等，严重危及企业家人身权益。

这就要求司法和监察机关在使用搜查、查封、扣押、冻结、拘留、逮捕等强制措施时慎之又慎，最大限度减少对企业家合法权益和正常经营活动的损害与影响。

案例

崔某超与某市公路管理局物权保护纠纷案

本院经审查认为，本案再审审查阶段的争议焦点为：崔某超请求某市公路管理局返还公司印章、账册和公司资产及支付租赁费的主张能否得到支持。

第一，关于公路某公司的性质。根据已经生效的二审法院（2001）豫法审监刑字第44号刑事判决认定，公路某公司虽登记为集体企业，但应认定是“挂靠”在某市公路管理局名下的个体私营企业，崔某超是该企业的业主。某市公路管理局主张公路某公司资产属国有资产，与已经生效的刑事判决认定不符，其提交的证据亦不足以推翻刑事判决的认定。在这种情形下，公路某公司的企业性质应当根据已生效刑事判决的认定确定。二审判决要求先对公路某公司进行清理甄别、变更企业性质，没有法律依据。

第二，关于某市公路管理局是否有返还印章、账册和公司资产的义务。根据一、二审法院查明事实，在崔某超被限制人身自由后，某市公路管理局对公路某公司的领导班子进行了重新组建，对公路某公司进行实际管理和控制。2004年，崔某超与某市公路管理局签订《清产核资业务约定书》，约定对公路某公司进行清产核资并进行交接，某市公路管理局也主动向上级部门请示。这说明，双方认可公路某公司现由某市公路管理局实际控制的事实。在这种情形下，二审判决仍认定崔某超未提供充分证据证明某市公路管理局存在侵占公路某公司资产、印章、账册等的行为，显属不当。

第三，关于某市公路管理局应返还的财产范围界定。公路某公司作为私营企业，其原有资产除去双方协议约定归某市公路管理局所有的部分，其他部分应归崔某超所有。在崔某超已经提交《固定资产明细表》等初步证据的情形下，某市公路管理局如果认为其中包含不应属于崔某超所有的财产，应当承担相应的举证责任。**另外，2004年，崔某超与某市公路管理局签订《清产核资业务约定书》后，为何没有实际履行，亦需进一步查明。况且，2016年3月，**一审法院组织某市公路管理局、崔某超对公路某公司现有机械设备进行查看，已经确认现存一部分车辆、机械设备和房屋等财产为公路某公司的原有财产。所以，根据当事人举证或通过鉴定评估等方式，本案可以依法认定应当予以返还或折价返还的财产范围。**二审判决以需当事人先行核资析产为由判决驳回崔某超的全部诉讼请求，认定事实和适用法律均有不当。**

法律规定

《中华人民共和国行政诉讼法》

第四十五条 公民、法人或者其他组织不服复议决定的，可以在收到复议决定书之日起十五日内向人民法院提起诉讼。复议机关逾期不作决定的，申请人可以在复议期满之日起十五日内向人民法院提起诉讼。法律另有规定的除外。

第四十六条 公民、法人或者其他组织直接向人民法院提起诉讼的，应当自知道或者应当知道作出行政行为之日起六个月内提出。法律另有规定的除外。

因不动产提起诉讼的案件自行政行为作出之日起超过二十年，其他案件自行政行为作出之日起超过五年提起诉讼的，人民法院不予受理。

第四十七条 公民、法人或者其他组织申请行政机关履行保护其人身权、财产权等合法权益的法定职责，行政机关在接到申请之日起两个月内不履行的，公民、法人或者其他组织可以向人民法院提起诉讼。法律、法规对行政机关履行职责的期限另有规定的，从其规定。

公民、法人或者其他组织在紧急情况下请求行政机关履行保护其人身权、财产权等合法权益的法定职责，行政机关不履行的，提起诉讼不受前款规定期限的限制。

第四十八条 公民、法人或者其他组织因不可抗力或者其他不属于其自身的原因耽误起诉期限的，被耽误的时间不计算在起诉期限内。

公民、法人或者其他组织因前款规定以外的其他特殊情况耽误起诉期限的，在障碍消除后十日内，可以申请延长期限，是否准许由人民法院决定。

《中华人民共和国行政复议法》

第二十条 公民、法人或者其他组织认为行政行为侵犯其合法权益的，可以自知道或者应当知道该行政行为之日起六十日内提出行政复议申请；但是法律规定的申请期限超过六十日的除外。

因不可抗力或者其他正当理由耽误法定申请期限的，申请期限自障碍消除之日起继续计算。

行政机关作出行政行为时，未告知公民、法人或者其他组织申请行政复议的权利、行政复议机关和申请期限的，申请期限自公民、法人或者其他组织知道或者应当知道申请行政复议的权利、行政复议机关和申请期限之日起计算，但是自知道或者应当知道行政行为内容之日起最长不得超过一年。

第二十一条 因不动产提出的行政复议申请自行政行为作出之日起超过二十年，其他行政复议申请自行政行为作出之日起超过五年的，行政复议机关不予受理。

《最高人民法院关于审理行政协议案件若干问题的规定》

第二条 公民、法人或者其他组织就下列行政协议提起行政诉讼的，人民法院应当依法受理：

（一）政府特许经营协议；

（二）土地、房屋等征收征用补偿协议；

（三）矿业权等国有自然资源使用权出让协议；

（四）政府投资的保障性住房的租赁、买卖等协议；

（五）符合本规定第一条规定的政府与社会资本合作协议；

（六）其他行政协议。

第十条 被告对于自己具有法定职权、履行法定程序、履行相应法定职责以及订立、履行、变更、解除行政协议等行为的合法性承担举证责任。

原告主张撤销、解除行政协议的，对撤销、解除行政协议的事由承担举证责任。

对行政协议是否履行发生争议的，由负有履行义务的当事人承担举证责任。

第十一条 人民法院审理行政协议案件，应当对被告订立、履行、变更、解除行政协议的行为是否具有法定职权、是否滥用职权、适用法律法规是否正确、是否遵守法定程序、是否明显不当、是否履行相应法定职责进行合法性审查。

原告认为被告未依法或者未按照约定履行行政协议的，人民法院应当针对其诉讼请求，对被告是否具有相应义务或者履行相应义务等进行审查。

二、企业拆迁程序常见事项

（一）征收决定公告阶段

7. 未登记（无证）建筑应如何处理

未登记建筑的含义和类型

未登记建筑，又称“无产权建筑”。我国实行不动产权登记制度，未登记建筑是未取得所有权登记的建筑物，广义上也包含未取得合法建设手续的建筑物，如未取得规划手续或者建筑手续等许可手续的建筑物。

实践中，未登记建筑一般有以下几种类型。一是未经规划部门许可建造的建筑，如未取得规划部门核发的建设工程规划许可证建造的房屋，或者超出建设工程规划许可证规定的建造范围建造的建筑。二是未经自然资源部门许可建造的建筑，如非法占用农用地、耕地建造的建筑。三是未经建设部门许可建造的建筑，如未办理建设工程施工许可证建造的建筑。四是未经房屋产权登记部门登记的建筑，如为了规避税费故意不登记，或者因为行政区划调整等客观原因无法办理登记，等等。五是未经其他有权部门许可建造的建筑物或者构筑物，如违反《中华人民共和国公路法》第五十六条第一款的规定，未经公路行政主管部门的批准，在公路两侧建筑控制区内建造的建筑。[①]

未登记建筑与违法建筑的区别

“违法建筑”这一表述首次出现是在 1989 年颁布的《中华人民共和国城

---

① 江苏省常州市中级人民法院课题组．关于未经登记建筑征收问题的若干思考［J/OL］．人民司法，2013（21）:44–48.DOI:10.19684/j.cnki.1002–4603.2013.21.011.

市规划法》[①]，其中取消了“违章建筑”的表述，改为“违法建筑”。根据《中华人民共和国城市规划法》第四十条的规定，违法建筑是未取得建设工程规划许可或违反建设工程规划许可的建筑。

从法律规定的适用以及概念内涵来看，“无证建筑”与“违法建筑”并不完全等同。从文义上看，“无证建筑”是未取得相关证件的建筑，但未取得相关证件并不等于违法。由于我国关于建筑管理的法律法规出台较晚，实践中存在大量建筑，虽未取得建设工程规划许可证，但建造年份久远，或者建造完成于城市规划之前，或者它的存在兼具特殊的历史背景和政策因素，此种建筑在法律上并未直接被予以否定性评价。

在征收过程中，无证建筑需要经过有权机关认定后，才能作出处理。依据《国有土地上房屋征收与补偿条例》的规定，市、县级人民政府作出房屋征收决定前，应当组织有关部门依法对征收范围内未经登记的建筑进行调查、认定和处理。由此可见，认定违法建筑不仅要有法律依据，还要符合一定的程序，即首先进行相关的调查；其次按照相关职权进行认定；最后作出处理，向行政相对人送达，或者在征收范围公示。

未登记建筑的补偿问题

在企业拆迁过程中，涉未登记（无证）建筑的情形不在少数，其形成原因较为复杂，是否予以补偿应区分以下不同情形。

给予补偿的情形

房屋征收过程中未登记建筑的补偿问题主要规定于《国有土地上房屋征收与补偿条例》，对于无证建筑，首先需要由有关部门进行认定，若认定为合法建筑或未超批准期限的临时建筑，则予以补偿。

---

① 参见《中华人民共和国城市规划法》第四十条：在城市规划区内，未取得建设工程规划许可证件或者违反建设工程规划许可证件的规定进行建设，严重影响城市规划的，由县级以上地方人民政府城市规划行政主管部门责令停止建设，限期拆除或者没收违法建筑物、构筑物或者其他设施；影响城市规划，尚可采取改正措施的，由县级以上地方人民政府城市规划行政主管部门责令限期改正，并处罚款。

实践中，无证建筑给予补偿的类型、补偿标准以及补偿数额的确定均存在较大差异，主要有以下几种情形：第一，因信赖利益产生的公平补偿；第二，无证建筑被强制拆除后酌情补偿；第三，行政相对人与行政机关协商确定补偿。

第一，因信赖利益产生的公平补偿。

因信赖利益产生的公平补偿，是指行政相对人基于对行政机关先前行为的信赖，或基于行政机关的承诺，未办理建筑相关手续，在行政许可撤回后，并不因未办理手续而认定为违法建筑，而是基于信赖利益对无证建筑给予公平补偿。行政机关先前行为包括招商引资承诺、作出相关行政许可等，比如，前期招商引资时，承诺先用地、先建设，后补办相关手续。

第二，无证建筑被强制拆除后酌情补偿。

在征收过程中，由于行政机关加快征收进程的需要，针对无证建筑，往往会要求被征收人限期关闭企业或限期自行拆除。在此种情况下，征收方可能会实施违法强拆，而出现行政补偿和行政赔偿并存的情况。

第三，行政相对人与行政机关协商确定补偿。

在协商补偿的情况下，由于补偿由企业和行政机关协商确定，行政机关往往会给予企业一定的政策支持或用地优惠，对无证建筑也会作出相应的安排。此种情况下，企业为了长期发展需要，往往会愿意与行政机关达成协议，补偿数额通常也会出现很大差异。

不予补偿的情形

《国有土地上房屋征收与补偿条例》规定了针对无证建筑，若有关机关认定为违法建筑或超过批准期限的临时建筑，则不予补偿。实践中，无证建筑完全不予补偿的情况也大量存在，主要情形是以无证建筑未取得合法证照、不属于合法建筑物为由，不予补偿。但是，对于违法建筑的认定，不能简单粗暴地认为无证等于违法，而是要符合相关法律规定的实体和程序要求。

案例

1. 长沙市某建材厂与长沙市某区城市管理和综合执法局等行政赔偿案

关于案涉建（构）筑物及附属设施等不动产的赔偿问题。

关于应否赔偿的问题。案涉建（构）筑物及设施等虽无用地许可、规划许可等手续，但各方当事人均认可当地其他已给予补偿的工厂也并无用地、规划等手续，同时，这些厂房、设施等建成使用多年，上诉人以其为基础办理了各类证照且合法经营多年，当地政府及有关部门也不要求其办理相关手续，未取得用地许可和规划许可的原因不能完全归于上诉人。事实上，当地政府及有关部门一直是认可其合法性的，拆除前还与上诉人就补偿问题进行过多次协商。综合考虑这些因素，本着公平合理的原则，对案涉建（构）筑物及附属设施等不动产不应作违法建筑处理。被上诉人称这些财产属违法建筑应不予赔偿，与当地政府及有关部门此前的行为表示不一致，将责任完全归于上诉人也不公平，不予采信。国土、规划等部门所作鉴定意见不是可诉行政行为，不具有确认效力，不能作为认定相关建筑是否合法的依据，被上诉人据此认定相关建筑属违法建筑，理由不成立。一审认定这部分财产不属上诉人的合法利益不当，应予纠正。上诉人请求对这部分损失予以赔偿，具有事实根据和法律依据，应予支持。关于赔偿范围、标准的问题。案涉建（构）筑物及附属设施等不动产的价值现客观上已无法准确界定，参照《最高人民法院关于审理民事、行政诉讼中司法赔偿案件适用法律若干问题的解释》第十二条第二款“财产不能恢复原状或者灭失的，应当按照侵权行为发生时的市场价格计算损失；市场价格无法确定或者该价格不足以弥补受害人所受损失的，可以采用其他合理方式计算损失”的规定，对上诉人的这部分损失予以赔偿，应采用其他合理方式进行。具体采用何种方式，被上诉人对此具有裁量权。同时，案涉建（构）筑物未取得用地许可、规划许可，上诉人自身也有原因，对于行政机关应承担多大比例的责任，被上诉人也具有裁量权。在上诉人请求赔偿的损失根据本案证据客观上无法判断，且行政机关具有裁量权的情况下，本案不宜直接作出判决，应由被上诉人调查、裁量后作出赔偿决定。上诉人和被上诉人可在赔偿决定的作出过程中充分协商，以利于实质解决问题。

2. 某矿业有限公司诉四川省某县级市人民政府行政补偿案

对有关厂房及构筑物、设备设施等实际投入的补偿，因四川省某县级市人民政府的拆除行为，某矿业有限公司无法就现有厂房和设备设施等进行评估，可以在参考陕西省汉中市中级人民法院在执行案件中所委托评估形成评估报告中明确的财产明细基础上，考虑2015年12月31日至2017年12月期间的设备设施折旧情况，通过协商或者评估确定补偿金额和补偿范围。

3. 黄山市黄山区某兔业家庭农场诉黄山市黄山区某镇人民政府行政赔偿案

建筑物及附属物损失。

国家赔偿制度设立的初衷，在于弥补公民因国家行政权或者司法权的违法运用而遭受的损失，使之恢复到未被侵害前的状态。本案中，黄山区某兔业家庭农场依法领取营业执照以及动物防疫条件合格证，合法养殖、销售长毛兔，因其污染环境问题，有群众向相关部门进行投诉，环保部门亦下达整改通知。该兔业家庭农场本不在黄山区确定的禁养区范围内，政府本不予按《黄山区禁养区畜禽养殖场（户）关停补偿标准》进行补偿，但黄山市黄山区某镇人民政府考虑到其主动配合政府进行关闭确实存在一定损失，故将其纳入禁养区内，并安排在第二批拆迁计划中，按禁养区拆迁补偿标准给予补偿。后双方对于补偿问题进行协商，但未达成一致意见，在此情况下，某镇政府以某兔业家庭农场未办理规划用地许可和规划建设工程许可手续，属违法建设为由，强制对其进行拆除。因此，在某兔业家庭农场的赔偿标准上，应当秉持的基本原则是体现对违法拆除行为的惩戒，最大限度地保护被强拆人的合法权益，对其建筑物及附属物赔偿不应低于其原应得的相关拆迁安置补偿权益，而不能仅因其系违法建设不予赔偿。某镇政府在违法强拆前，曾委托评估机构对某兔业家庭农场的建筑物及附属物按奖补标准进行了评估，在诉讼中，某兔业家庭农场也以上述评估报告的结果进行主张，故对于该部分损失，可以参照该评估结果予以认定，即127954.5元。

4. 曾某兵诉广东省某县人民政府及某镇人民政府关闭、拆除养殖场并行政赔偿案

本院经审查认为，《中华人民共和国行政强制法》第三十四条至第三十八条、第四十四条规定，行政强制执行只能由经法律授权、依法享有行政强制执行权的行政机关行使；行政机关实施行政强制执行行为前，应当以书面形式催告当事人履行义务，并给予当事人陈述和申辩的权利；经催告，当事人无正当理由逾期仍不履行的，行政机关应当作出书面强制执行决定送达当事人。对违法的建筑物、构筑物、设施等需要强制拆除的，应当由行政机关予以公告，限期当事人自行拆除。当事人在法定期限内不申请行政复议或者提起行政诉讼，又不拆除的，行政机关可以依法强制拆除。本案中，广东省某镇人民政府以曾某兵的养殖场属无牌无证养殖场为由，作出责令关闭通知，责令曾某兵限期自行关闭养殖场，否则采取强制措施。通知作出后，某镇人民政府实施关闭并强制拆除曾某兵的养殖场。曾某兵起诉的是“强行关闭、拆除其养殖场的行为”，系对行政强制执行行为提起的诉讼。但是，并没有法律授权乡、镇人民政府对其作出的强制关闭、拆除养殖场行为，享有行政强制执行的法定职权，某镇人民政府的强制关闭、拆除，属于超越职权的行为；同时，某镇人民政府在责令关闭通知规定的自行拆除期限尚未届满的情况下实施强制关闭、拆除行为，且未履行书面催告义务，未依法告知曾某兵享有陈述、申辩的权利，亦未作出书面的行政强制执行决定书，强制拆除行为违反法定程序。一、二审判决确认强制关闭、拆除行为违法，并无不当。违法关闭、强制拆除行为造成曾某兵合法财产损失，依法应当予以赔偿。但是，曾某兵建设的养殖场用地未按照155号通知要求补办相关审批手续，地上房屋及附属设施未取得合法证照；强制拆除养殖场时，曾某兵持有的《个体工商户营业执照》《种畜禽生产经营许可证》《动物防疫条件合格证》也已经超过有效期而失效。因此，曾某兵在养殖场范围内建设的房屋及附属设施不属于合法建筑物、构筑物，其在相关许可失效后从事的养殖经营活动，亦不属于合法的经营活动。曾某兵请求赔偿养殖场房屋和附属设施损失，以及三个月停产停业经营性损失，不属于应予赔偿的合法权益损失，赔偿请求不符合法律规定。考虑到曾某兵养殖场始建于155号通知发布之前的20世纪90年代，当时的法律规范并未对开办养殖场设施农业用地作出明确的审批要求，一、二审判决按照曾某兵自行委托评估的房屋和附属设施价格的10%酌定对其建筑材料予以赔偿，并准予赔偿搬迁费用，合乎情理，不违反法律规定，本院予以支持。曾某兵主张养殖场建筑系历史形成，并经过政府整改处理，属于合法建筑，应全额赔偿，缺乏事实和法律根据，本院不予支持。

法律规定

《国有土地上房屋征收与补偿条例》

第二十四条 市、县级人民政府及其有关部门应当依法加强对建设活动的监督管理，对违反城乡规划进行建设的，依法予以处理。

市、县级人民政府作出房屋征收决定前，应当组织有关部门依法对征收范围内未经登记的建筑进行调查、认定和处理。对认定为合法建筑和未超过批准期限的临时建筑的，应当给予补偿；对认定为违法建筑和超过批准期限的临时建筑的，不予补偿。

《中华人民共和国城乡规划法》

第六十四条 未取得建设工程规划许可证或者未按照建设工程规划许可证的规定进行建设的，由县级以上地方人民政府城乡规划主管部门责令停止建设；尚可采取改正措施消除对规划实施的影响的，限期改正，处建设工程造价百分之五以上百分之十以下的罚款；无法采取改正措施消除影响的，限期拆除，不能拆除的，没收实物或者违法收入，可以并处建设工程造价百分之十以下的罚款。

《深圳经济特区处理历史遗留生产经营性违法建筑若干规定》

第八条 依照本规定可以确认产权的违法建筑，违法建筑行为人按照本规定补办有关手续，接受处理后，不动产登记机构应当按照《深圳经济特区房地产登记条例》规定的时限确认产权，发放不动产权证书。

《深圳市人民代表大会常务委员会关于农村城市化历史遗留违法建筑的处理决定》

五、经普查记录的违法建筑，市人民政府应当区别其违法程度，根据本决定以及土地利用总体规划、城市规划和土地利用计划的要求，分别采用确认产权、依法拆除或者没收、临时使用等方式，分期分批处理。

九、具有下列情形之一的违法建筑应当依法拆除：

（一）存在严重安全隐患，又不能整改消除的；

（二）非法占用已完成征、转地补偿手续的国有土地，严重影响城市规划，又不能采取措施加以改正的；

（三）占用基本农田的；

（四）占用一级水源保护区用地的；

（五）占用公共道路、广场、绿地、高压供电走廊、公共设施和公益项目用地，压占地下管线或者其他严重影响城市规划，又不能采取措施加以改正的；

（六）其他依法应当拆除的情形。

具有前款第三项、第四项、第五项情形之一的违法建筑，其建设行为发生在土地用途依法确定前的，拆除时应当予以适当补偿。具体补偿办法由市人民政府另行制定。

8. 临时建筑应如何处理

临时建筑的概念与特征

对于临时建筑，与之相关的一个概念是“临时用地”，是因为临时性用地进行的建设行为，并且得到了法律许可，但是要受一定条件限制，尤其是时间限制，强调其为临时性而非永久性。《中华人民共和国城乡规划法》第四十四条规定了我国城乡临时建筑需要经过有关部门的审批，且有使用期限限制。《国有土地上房屋征收与补偿条例》第二十四条规定，在房屋征收过程中，对于未超过批准期限的临时建筑，应当给予补偿。2006年，深圳市人民政府颁布实施《深圳市临时用地和临时建筑管理规定》，其中，第二条对临时建筑进行了明确规定："临时建筑是指单位和个人因生产、生活需要搭建的结构简易并在规定期限内必须拆除的建筑物、构筑物或其他设施。"由此，可以总结出临时建筑具备以下特征。

第一，从建筑工程上看，临时建筑最突出的特征就是其临时性，具备使用年限。根据《中华人民共和国城乡规划法》的规定，临时建筑的使用年限由地方性法规进行规定，但大多数地方性法规规定了使用年限为2年，可以申请延期，延期一般不超过1年。①

第二，临时建筑必须按照规定办理审批手续。《中华人民共和国城乡规划法》第四十四条规定了临时建筑的审批。首先，临时建筑不得影响市容市貌；其次，临时建设用地不能根本性破坏土地性质，如挖塘养鱼、取土、采砂等；最后，临时建设不得违反规划。

第三，从功能设计上看，临时建筑具备辅助性。无论是生产需要的工棚，还是生活需要的棚屋，主要功能都是辅助生产和生活。

临时建筑与违法建筑、合法建筑的联系

从文义上看，违法建筑与合法建筑是相对应的一组概念。违法建筑，是指未依法取得建筑工程规划许可或未按照规划许可内容建设的建筑物和构筑物，以及超过规划期限未拆除的临时建筑物和构筑物。具体包括：违法侵占经政府规划部门规划为公共场所、公共设施用地或公共绿地的建筑，未报建或报建未批准的建筑，不按批准的设计图纸施工、擅自改建加建的建筑，逾

① 参见《江苏省城乡规划条例》第四十七条：临时建设的使用期，一般不得超过两年；确需延长的，应当在期限届满之日的三十日前，向城乡规划主管部门申请办理延期手续。延长的期限不得超过一年。临时建设应当在批准的使用期限内自行拆除，恢复场地原有状况。《海南省城乡规划条例》第四十九条第二款：进行临时建设应当经市、县、自治县人民政府规划主管部门批准，使用期限不得超过二年；需要延期的，应当向市、县、自治县规划主管部门申请延期，经批准可以延期一次，最长期限不得超过一年。

期未拆除的临时建筑等。与此对应，合法建筑，是指符合有关法律法规，在建设前均取得相关主管部门的批准且未超过规划许可期限的建筑。

临时建筑与违法建筑、合法建筑并非对应的概念，但根据《国有土地上房屋征收与补偿条例》的规定，对于未超过批准期限的临时建筑，给予补偿，即此种临时建筑为合法建筑，但若超过批准期限，则与违法建筑相同处理，不予补偿。因此，与合法建筑、违法建筑相比，临时建筑的特殊性在于有时效性，即临时建筑在不同状态下，既可转为合法建筑，也可转为违法建筑。

临时建筑的补偿问题

关于临时建筑的补偿问题，《国有土地上房屋征收与补偿条例》进行了明确规定，即是否超过了批准期限，决定是否予以补偿。

违法临时建筑的补偿

由于未经批准、未按照批准内容进行建设和超过批准期限未拆除三种情况的临时建筑均被归为违法建筑[①]，而对于违法建筑的处理，我国的规定也非常明确。临时建筑的拆除分为限期自行拆除和责令限期拆除。一般情况下，在超过批准期限后，临时建筑权利人应当自行拆除；若权利人超期未自行拆除，则城乡规划主管部门会告知权利人限期拆除；若在期限内仍未拆除，则会强制拆除。

因此，在临时建筑转为违法建筑的情况下，在征收过程中，按规定一般是不予补偿的。但在实践中，有些地方法院考虑到历史原因，并不会“一刀切”，而是对不同时期的建筑认定有不同的标准，更符合当地实际情况。

合法临时建筑的补偿

第一，临时建筑是否合法需经有关部门认定。

《国有土地上房屋征收与补偿条例》第二十四条第二款规定：“市、县级人民政府作出房屋征收决定前，应当组织有关部门依法对征收范围内未经登记的建筑进行调查、认定和处理。”因此，对于临时建筑是否予以补

① 参见《深圳经济特区规划土地监察条例》第三十五条。

偿，首先需要由行政机关进行认定。《国有土地上房屋征收与补偿条例》规定了房屋征收部门有对被征收房屋进行调查登记的权力，但实践中，房屋征收调查工作并非仅靠一个部门完成的，而是涉及多个部门，一般由市、县级人民政府牵头，由城乡建设、规划、自然资源、城市管理等多部门对被征收房屋进行调查。

总之，对于临时建筑的补偿问题，首先必须进行认定，而不能在未经认定的基础上直接不予补偿。

第二，合法临时建筑的补偿范围。

土地及房屋征收补偿的方式大致分为两类，即货币补偿和产权置换。对于临时建筑，由于其使用时间有限，各地方政府对于未超批准期限的临时建筑，一般只给予货币补偿。货币补偿的标准主要分为以下两大类。

一是临时建筑物的建筑成本加剩余批准期限。此补偿标准从实质上对应了审批的期限性以及被征收人仅对临时建筑物享有物权的特征。对于剩余批准期限的认定，实践中，一般会将建设用地规划许可或临时建设工程规划许可的发证日期作为临时建筑的批准日期，剩余批准日期就是征收决定公告之日起至许可证有效期届满。对于临时建筑物的建筑成本，各地方政府则存在较大差异。

二是仅补偿临时建筑物的建筑成本。此补偿标准对于剩余批准期限不进行审查，仅仅对临时建筑本身进行评估，而后进行补偿。

案例

1. 五家渠市某建材有限责任公司和新疆生产建设兵团某师等房屋征收与补偿行政协议纠纷案

《征收与补偿协议书》不存在放弃五家渠市某建材有限责任公司（以下简称“五家渠市某建材公司”）部分房屋价值的补偿，损害其合法权益问题。庭审查明，五家渠市某建材公司承诺自建临时设施按要求拆除，不向新疆生产建设兵团某师残疾人联合会索取补偿和赔偿；同时，其作为本案征收与补偿行政法律关系的利害关系人，收到了征收与补偿办送达的《房屋分户评估结果表》，表中已详细列明该公司应受补偿利益的房屋建筑面积和其他资本，并注明超期临时建筑不予补偿。该房屋补偿面积与《征收与补偿协议书》中确定的房屋补偿面积相对应。证实《征收与补偿协议书》确定的五家渠市某建材公司应获得的房屋价值和资本补偿款项合法有据，该公司对该项补偿是予以认可的。

2. 某铝业有限公司与某市国土资源局土地房屋征收补偿协议案

案涉《征收补偿合同》虽系被告在法定职责范围内，为实现行政管理目标与原告签订，但兼具合同属性，故合同当事人理应恪守诚信，按约履行。《征收补偿合同》第三条、第四条分别就补偿项目和明细及补偿金支付期限、条件作了约定，且案涉地块已于2016年5月11日挂牌出让，因此，被告在约定条件成就后未按约付清补偿金，显属违约。根据《国有土地上房屋征收与补偿条例》第二十四条第二款有关“市、县级人民政府作出房屋征收决定前，应当组织有关部门依法对征收范围内未经登记的建筑进行调查、认定和处理。对认定为合法建筑和未超过批准期限的临时建筑的，应当给予补偿；对认定为违法建筑和超过批准期限的临时建筑的，不予补偿”之规定，应当由有关部门依法定程序对案涉收回土地范围内未经登记的建筑是否是违法建筑或超过批准期限的临时建筑进行调查并作出认定和处理，但被告未经有关部门依法定程序进行调查、认定和处理，径行将案涉未登记发证房产认定为违法建筑或超过批准期限的临时建筑而不予补偿，系对上述规定的理解错误。

3. 荆门市某钢构有限公司、荆门市某区房屋征收管理办公室不履行房屋征收补偿协议案

被告系荆门市某区国有土地房屋征收部门。2013年3月10日，原告与第三人某居委会签订了一份《国有土地上房屋征收与补偿协议书》。协议书上载明，第三人某居委会为房屋征收实施单位，原告为被征收人，双方约定征收原告土地及地上建筑物，以货币和房屋产权调换方式进行补偿。其中，货币补偿3000万元，还建房屋1500平方米，原告需在征收公告规定的期限内签订协议书，征收方给予原告签约时限奖励300万元，搬迁补助费、停产停业损失、临时安置补助费、装饰装修补偿、临时建筑补偿及其他补偿均以第三方评估为准。

法律规定

《中华人民共和国土地管理法》

第五十七条 建设项目施工和地质勘查需要临时使用国有土地或者农民集体所有的土地的，由县级以上人民政府自然资源主管部门批准。其中，在城市规划区内的临时用地，在报批前，应当先经有关城市规划行政主管部门同意。土地使用者应当根据土地权属，与有关自然资源主管部门或者农村集体经济组织、村民委员会签订临时使用土地合同，并按照合同的约定支付临时使用土地补偿费。

临时使用土地的使用者应当按照临时使用土地合同约定的用途使用土地，并不得修建永久性建筑物。

临时使用土地期限一般不超过二年。

《中华人民共和国土地管理法实施条例》

第二十条 建设项目施工、地质勘查需要临时使用土地的，应当尽量不占或者少占耕地。

临时用地由县级以上人民政府自然资源主管部门批准，期限一般不超过二年；建设周期较长的能源、交通、水利等基础设施建设使用的临时用地，期限不超过四年；法律、行政法规另有规定的除外。

土地使用者应当自临时用地期满之日起一年内完成土地复垦，使其达到可供利用状态，其中占用耕地的应当恢复种植条件。

《中华人民共和国城乡规划法》

第四十四条 在城市、镇规划区内进行临时建设的，应当经城市、县人民政府城乡规划主管部门批准。临时建设影响近期建设规划或者控制性详细规划的实施以及交通、市容、安全等的，不得批准。

临时建设应当在批准的使用期限内自行拆除。

临时建设和临时用地规划管理的具体办法，由省、自治区、直辖市人民政府制定。

《国有土地上房屋征收与补偿条例》

第二十四条 市、县级人民政府及其有关部门应当依法加强对建设活动的监督管理，对违反城乡规划进行建设的，依法予以处理。

市、县级人民政府作出房屋征收决定前，应当组织有关部门依法对征收范围内未经登记的建筑进行调查、认定和处理。对认定为合法建筑和未超过批准期限的临时建筑的，应当给予补偿；对认定为违法建筑和超过批准期限的临时建筑的，不予补偿。

9. 不服征收决定有哪些救济途径

征收决定的含义

房屋征收决定（以下简称“征收决定”），是指人民政府为了公共利益需要，依照法律程序作出将某一区域内的公民、法人或者其他组织国有土地上的房屋所有权及其所附土地使用权收归国家所有的行政决定。

根据《国有土地上房屋征收与补偿条例》和相关地方实施细则，征收决定应当由市、县级人民政府作出，并且在作出决定时，必须附有房屋征收补偿安置方案，同时告知被征收人申请行政复议和提起行政诉讼的权利。

不服征收决定的救济途径

如不服征收决定，可以申请行政复议；如不服复议结果，可以提起行政诉讼，也可以直接针对征收决定提起行政诉讼。值得强调的是，复议和诉讼只能二选一，不能同时进行；也不可以先诉讼，诉讼结果不服再进行复议，因为诉讼程序是司法程序，是争议的最终解决程序。

可直接诉讼

根据《中华人民共和国行政诉讼法》第十二条第（十二）项规定，公民、法人或者其他组织认为行政机关的行政行为侵犯其人身权、财产权等合法权益的，该行政行为属于可诉的行政行为。征收决定直接关系到被征收人及其他利害关系人的房屋所有权和土地使用权等财产权利，征收决定属于可诉的行政行为。故如被征收人不服征收决定，可直接提起行政诉讼。

可直接复议

根据《中华人民共和国行政复议法》第十一条第（五）项规定，对行政机关作出的征收征用决定及其补偿决定不服的，公民、法人或者其他组织可以依照该法申请行政复议。故如被征收人不服征收决定，可直接提起行政复议。

案例

1. 江西某彩色印务有限公司诉南昌市某区人民政府不予行政征收案

法院认为，国有土地上房屋征收是人民政府为了保障国家安全、促进国民经济和社会发展等公共利益需要，确需征收群众房屋时，经过规划、论证、评估、补偿等一系列法定程序后作出的行政决定。人民政府是否决定征收，如何征收，征收多少，是其基于对国家利益、社会公共利益考量后作出的决策，并不受人民法院的审查、监督。但人民政府对外作出的征收决定由于对被征收人及其利害关系人的权利义务产生了实际影响，并对他们直接产生了法律效果，故征收决定是可诉的，而本案的变更决定亦对上诉人的权利义务直接产生了实际影响，因而其也具有可诉性。

2. 切某等 154 人与西宁市某区人民政府房屋行政征收及行政复议案

法院认为，征收决定是人民政府为了公共利益的需要，依照法定程序作出将某一区域内的公民、法人或者其他组织国有土地上的房屋所有权及其所附土地使用权收归国家所有的行政决定。对征收决定的合法性主要从作出征收决定的行政机关是否拥有法定职权、是否符合公共利益的需要及是否遵循法定程序予以审查。房屋征收补偿方案作为征收决定的一部分，在审查征收决定时，应一并对房屋征收补偿方案的合法性进行审查，重点审查内容是否完整，制定程序是否合法。房屋征收补偿决定是国家为了公共利益的需要，在依法征收公民、法人或者其他组织房屋过程中，由市、县级人民政府依照有关规定，按照房屋征收补偿方案确定的标准作出的行政决定。对房屋征收补偿决定的合法性则从补偿事实和程序予以审查。

（二）征收补偿决定阶段

10. 企业拆迁如何选定评估机构

在企业拆迁中，企业房屋、土地等不动产价值的确定，机器、生产资料价值的确定，乃至企业停产停业损失的确定，都有赖于专业评估机构做出的评估报告。因此，选择一家能够做出公正评估的评估机构，对于被拆迁企业获得公平合理的补偿，有着不可替代的作用。那么，如何选定一家征收双方都能接受并且能公正评估财产价值的评估机构呢？

评估机构选择的一般规定

总体而言，在征收拆迁中，评估机构由被征收人协商选定，协商不成的，再通过多数决定、随机选定等方式确定，各省、自治区、直辖市人民政府对此问题的规定有所不同。

这里需要着重强调的是，只有先作出征收决定，才可以由被征收人选定评估机构，很多违法情况是先选定了评估机构，甚至作出了评估报告，再发布征收决定。因为，法律规定的是被征收人选定评估机构，“被征收人”这个概念的确定，必须是征收决定作出以后，才产生被征收人。

评估机构选择的特殊规定（以上海、北京为例）

在征收拆迁中，房地产价格评估机构的选择应遵循《国有土地上房屋征收评估办法》的一般规定，但是对于各地在具体实施中如何选定，该办法指出，由各省、自治区、直辖市自行制定相关选定办法。

《上海市国有土地上房屋征收评估管理规定》第六条规定："从事房屋征收评估的估价机构，应当具有估价机构一级、二级、三级备案等级，但三级备案在暂定期内的除外。"第九条规定："房屋征收部门应当向自愿报名的估价机构出具回执，并将经审核符合条件的估价机构名单在房屋征收范围内张贴公示。对于经审核不符合条件的估价机构，应当书面告知并说明原因。"第十条规定："房屋征收部门组织被征收人、公有房屋承租人在5个工作日内，在张贴公示的估价机构名单中协商选定估价机构。协商不成的，房屋征收部门应当组织被征收人、公有房屋承租人在张贴公示的估价机构名单中进行投票，按照简单多数的原则，以得票数多少的顺位确定估价机构，也可以采取摇号、抽签等随机方式确定估价机构。"

《北京市国有土地上房屋征收房地产价格评估机构选定办法》第四条规定："市住房城乡建设委根据房地产价格评估机构的资质、从业经历、监管记录、社会反映等情况，建立房屋征收房地产价格评估机构名录，并向社会公布。进入名录的房地产价格评估机构应具备以下条件：（一）具备房地产价格评估资质；（二）无不良监管记录。未列入房屋征收房地产价格评估机构名录的，不得承接本市房屋征收评估业务。"第九条规定："区县房屋征收部门组织被征收人在规定期限内协商选定房地产价格评估机构，并将协商选定结果在征收范围内和市住房城乡建设委网站公布。"第十条规定："协商不成的，区县房屋征收部门可以在公布的机构中采取投票方式，通过产生的多数意见选定房地产价格评估机构，也可以采取公开摇号的方式随机选定。通过投票方式无法形成多数意见的，通过摇号方式选定。投票或摇号选定的房地产价格评估机构要在征收范围内和市住房城乡建设委网站公布。"因此，房地产价格评估机构除本身应当具备资质外，还应当符合上述有关规定。具体来说，一是按照上海的规定房地产价格评估机构应当具有一、二级评估资质，按照北京的规定房地产价格评估机构不应有不良记录；二是房地产价格评估机构应当进入公布供选择的房屋征收房地产价格评估机构名录；三是应当通过先协商，协商不成再通过多数人选定或者随机的方式确定房地产价格评估机构。

案例

1. 最高院征收拆迁十大案例：案例 5 文某安诉信阳市某县人民政府房屋征收补偿决定案

信阳市中级人民法院认为，本案被诉征收补偿决定的合法性存在以下问题：评估机构选择程序不合法。信阳市某县房屋征收部门于 2012 年 12 月 8 日发布《关于 ××× 棚户区房屋征收评估机构选择公告》，但该县人民政府直到 2012 年 12 月 24 日才作出《关于 ××× 安置区改造建设房屋征收的决定》，即先发布房屋征收评估机构选择公告，后作出房屋征收决定。这不符合《国有土地上房屋征收与补偿条例》第二十条第一款有关“房地产价格评估机构由被征收人协商选定；协商不成的，通过多数决定、随机选定等方式确定，具体办法由省、自治区、直辖市制定”的规定与《河南省实施〈国有土地上房屋征收与补偿条例〉的规定》第六条的规定，违反法定程序。

2. 刘某旭与北京市某区人民政府等房屋征收补偿决定案

《国有土地上房屋征收与补偿条例》第二十条第一款规定，“房地产价格评估机构由被征收人协商选定；协商不成的，通过多数决定、随机决定等方式确定，具体办法由省、自治区、直辖市制定”。《北京市国有土地上房屋征收与补偿实施意见》第五条规定，“房屋征收部门发布暂停公告后，可以委托房屋征收实施单位或属地街道办事处（乡镇人民政府）组织被征收人在规定期限内协商选定房地产价格评估机构；协商不成的，根据多数被征收人意见确定；若无法形成多数意见，则由房屋征收部门通过公开摇号的方式随机选定，结果应当在征收范围内公布”。《北京市国有土地上房屋征收房地产价格评估机构选定办法》作为本市国有土地上房屋征收房地产价格评估机构选定工作的适用依据。本案中，被征收人以投票方式协商选定了评估机构，选定结果亦在征收范围内公布，房屋征收房地产价格评估机构选定程序符合上述规定。

法律规定

《国有土地上房屋征收与补偿条例》

第二十条 房地产价格评估机构由被征收人协商选定；协商不成的，通过多数决定、随机选定等方式确定，具体办法由省、自治区、直辖市制定。

房地产价格评估机构应当独立、客观、公正地开展房屋征收评估工作，任何单位和个人不得干预。

《国有土地上房屋征收评估办法》

第四条 房地产价格评估机构由被征收人在规定时间内协商选定；在规定时间内协商不成的，由房屋征收部门通过组织被征收人按照少数服从多数的原则投票决定，或者采取摇号、抽签等随机方式确定。具体办法由省、自治区、直辖市制定。

11. 企业拆迁需要评估的项目有哪些

企业在拆迁过程中需要进行的评估项目主要包括：土地使用权的补偿、企业经营性房屋的补偿、房屋附属物的补偿、装饰装修的补偿、停产停业损失的补偿、机器设备的补偿、搬迁费用补偿、搬迁奖励以及特许经营权补偿等。

集体土地上的评估项目

根据《中华人民共和国民法典》第二百四十三条第二款规定，征收集体所有的土地，应当依法及时足额支付土地补偿费、安置补助费以及农村村民住宅、其他地上附着物和青苗等的补偿费用，并安排被征地农民的社会保障费用，保障被征地农民的生活，维护被征地农民的合法权益。《中华人民共和国土地管理法》及《中华人民共和国土地管理法实施条例》也作了相应规定。

但需要明确的是，上述规定主要是针对集体所有的农用地及农村宅基地，对于集体建设用地的征收，并没有十分明确的规定，只是在《中华人民共和国土地管理法》第四十八条第四款规定，征收农用地以外的其他土地、地上附着物和青苗等的补偿标准，由省、自治区、直辖市制定。

合法的企业占地一般为集体建设用地（农业设施用地属于农用地范畴），特别是，随着《中华人民共和国土地管理法》及《中华人民共和国土地管理法实施条例》的修订，集体经营性建设用地入市规定以及同地同权规则逐步完善。未来，集体建设用地的补偿规范将更趋完善。

综上所述，若企业的建设符合用地、建设规划，并取得相应权属证明，就应当对土地使用权、地上附着物进行补偿，这也是在企业拆迁过程中需要计算在内的评估项目。

国有土地上的评估项目

对于企业使用国有土地的，法律法规对补偿时应当评估的项目作了明确规定。《中华人民共和国土地管理法》第五十八条规定，为实施城市规划进行旧城区改建以及其他公共利益需要，确需使用土地，收回国有土地使用权的，对土地使用权人应当给予适当补偿。这里的“适当补偿”，依据最高人民法院公布的典型案例观点来看，应当理解为按照市场价值给予公平补偿。

《国有土地上房屋征收与补偿条例》第十七条规定，“作出房屋征收决定的市、县级人民政府对被征收人给予的补偿包括：（一）被征收房屋价值的补偿；（二）因征收房屋造成的搬迁、临时安置的补偿；（三）因征收房屋造成的停产停业损失的补偿。市、县级人民政府应当制定补助和奖励办法，对被征收人给予补助和奖励”。第二十二条规定，“因征收房屋造成搬迁的，房屋征收部门应当向被征收人支付搬迁费；选择房屋产权调换的，产权调换房屋交付前，房屋征收部门应当向被征收人支付临时安置费或者提供周转用房”。第二十三条规定，“对因征收房屋造成停产停业损失的补偿，根据房屋被征收前的效益、停产停业期限等因素确定。具体办法由省、自治区、直辖市制定”。第二十五条规定，“房屋征收部门与被征收人依照本条例的规定，就补偿方式、补偿金额和支付期限、用于产权调换房屋的地点和面积、搬迁费、临时安置费或者周转用房、停产停业损失、搬迁期限、过渡方式和过渡期限等事项，订立补偿协议”。

原国务院法制办、住房城乡建设部负责人就《国有土地上房屋征收与补偿条例》答记者问中，对于补偿及评估的内容也有所解释：“按照保证房屋被征收群众居住条件有改善、生活水平不降低的原则，条例规定，对被征收人的补偿包括：被征收房屋价值的补偿，因征收房屋造成的搬迁与临时安置的补偿，停产停业损失的补偿。市、县级人民政府应当制定补助和奖励办法，对被征收人给予补助和奖励。对被征收房屋价值的补偿，不得低于房屋征收决定公告之日被征收房屋类似房地产的市场价格，市场价格包含了土地使用权的价值，不低于市场价格就可以保证被征收人所得补偿在市场上能买到区位、面积、用途、结构相当的房屋。”

最后，《国有土地上房屋征收评估办法》第十四条规定，被征收房屋价值评估应当考虑被征收房屋的区位、用途、建筑结构、新旧程度、建筑面积以及占地面积、土地使用权等影响被征收房屋价值的因素。被征收房屋室内装饰装修价值，机器设备、物资等搬迁费用，以及停产停业损失等补偿，由征收当事人协商确定；协商不成的，可以委托房地产价格评估机构通过评估确定。

综上所述，国有土地上企业的征收补偿评估项目包括土地使用权剩余期限的补偿、房屋价值的补偿、装饰装修的补偿、机器设备的补偿、物资搬迁费用的补偿、停产停业损失等。

司法实践中的其他补偿评估项目

在司法实践中，对于企业拆迁需要评估或者应当考虑评估的项目，如项目开发投入、特许经营权补偿也有相关案例予以认定。

比如，某房地产开发有限公司诉某市自然资源和规划局土地补偿决定案中，法院认为被征收企业除应当获得的土地使用权补偿外，对于项目开发的投入，如苗木绿化、工程设计、勘察设计、工程建设（打桩）、施工及监理（合同取消后的补偿）等也应当评估并获得相应补偿。

又如，某砂石厂诉某市人民政府行政赔偿纠纷案，对于企业的特许经营权是否补偿作了明确解释。

综上所述，不论涉迁企业所在地的土地性质是集体土地还是国有土地，对于拆迁中的补偿评估项目都有明确规定，且涉迁企业依法取得探矿权、采矿权、取水权，以及使用水域、滩涂从事养殖、捕捞的权利也受法律保护，行政机关及其工作人员在行使行政职权时，若侵害该企业权益，则应当对该权益的价值进行评估并补偿。

案例

1. 某房地产开发有限公司诉某市自然资源和规划局土地补偿决定案

裁判要旨：因公共利益需要收回国有土地使用权的，行政机关应当及时作出补偿决定，以土地收回决定公告之日作为评估时点对土地价值进行评估，把土地剩余价值、项目开发投入的费用等合理支出补偿给土地使用权人。行政机关延迟作出补偿决定导致土地使用权人的权益迟迟得不到保障的，人民法院可通过调整利息的方式给予适当弥补。

2. 某砂石厂诉某市人民政府行政赔偿纠纷案

裁判要旨：行政征收涉及国家利益和社会公共利益，在考虑具体案件赔偿数额时，应在依法保护当事人合法权益的同时兼顾国家利益的保护。对于采矿权损失应合理确定补偿或赔偿范围，明确在采矿权剩余有效期内合理确定采矿权损失，既符合客观实际，又合情合理，在依法保护当事人合法权益的同时，也避免了国家利益的损失。

法律规定

《国有土地上房屋征收评估办法》

第十四条　被征收房屋价值评估应当考虑被征收房屋的区位、用途、建筑结构、新旧程度、建筑面积以及占地面积、土地使用权等影响被征收房屋价值的因素。

被征收房屋室内装饰装修价值，机器设备、物资等搬迁费用，以及停产停业损失等补偿，由征收当事人协商确定；协商不成的，可以委托房地产价格评估机构通过评估确定。

12. 补偿协议签订时有哪些事项需要特别注意

补偿协议的概念及意义

补偿协议是拆迁方与被拆迁企业就补偿安置事宜协商并达成一致后签订的文件。补偿协议直接约定了拆迁实施主体、被拆迁标的物的情况（如位置、面积、结构、范围等）以及获得补偿的方式、具体的补偿等内容，是拆迁过程中直接涉及被拆迁企业补偿利益最重要的文件之一。企业在签订补偿协议前，应先行了解签订补偿协议的注意事项，审查补偿协议的内容，是规避补偿安置不合理、补偿安置无法顺利获得等风险的有效手段。

签订补偿协议时应注意的事项

了解政府制定的拆迁政策

政府负有公布拆迁政策文件的法定义务，以保证被拆迁企业的知情权、异议权、听证权等权利。被拆迁企业在签订补偿协议前应仔细了解、查阅拆迁公告、拆迁补偿方案等文件，一方面确认企业是否在拆迁范围内，另一方面提前了解补偿事宜，如对补偿方式和标准有异议也可以及时行使异议权、听证权等进行反馈，为之后争取合理的补偿打下基础。企业应避免在不了解任何拆迁政策的情况下签订补偿协议，知己知彼才能做到游刃有余。

不能签订空白的补偿协议

在拆迁过程中，拆迁方通过各种手段强迫、诱使、欺骗被拆迁企业签订空白补偿协议的情况并不少见。企业在拆迁过程中，不应轻信口头承诺，不要签订空白协议，坚持要求将各类补偿事项约定在补偿协议中，且尽量做到协议内容明确具体。签订空白协议可能会产生拆迁方随意填写补偿项目、金额等不利后果，将极大增加被拆迁企业补偿利益受损的风险。如果是被迫签订空白协议，则被拆迁企业应注意保存相关证据。

注意审查签订补偿协议的主体

根据相关法律规定，签订补偿协议的主体一般应为发布拆迁公告的市、县级人民政府或相关征收部门。如果签订补偿协议的主体为没有行政主体资格的单位或者机构（如村民委员会、居民委员会、开发商等民事主体），则可能使行政协议变成民事协议。民事协议的维权成本很高，双方的举证责任对等，起诉需要对自己的主张有充分证据，诉讼费用按标的收取。本来是政府征收行政行为，结果变成平等主体之间的民事关系，是征收补偿案件中的大忌，企业一定要注意。

注意审查补偿协议内容是否明确、正确、全面

补偿协议的内容应当明确具体，记载事项应正确。例如，被拆迁的标的物位置、范围、面积应正确且具体，被拆迁企业应获得的补偿款项类型应明确，补偿款项的支付时间或者安置房的位置、面积、土地性质等也应明确。另外，补偿协议中应当包含违约责任条款。因补偿协议多为格式条款，企业在签订补偿协议时应注重对格式条款的审核，避免减损自身权益。如未对合同具体内容进行审查，导致合同内容含混不清，则双方在履行协议过程中可能产生较大争议，进而导致补偿协议无法全面履行，损害被拆迁企业的合法权益。

重点审查补偿协议关于履行期限及违约责任的约定

补偿协议具有行政管理的性质，也体现了双方具体协商的性质。所以，在补偿协议的签订过程中，如果被拆迁企业对协议相对方将来履约存在担忧，则可以依法利用违约金等条款约束对方的行为。《最高人民法院关于审理行政协议案件若干问题的规定》第十九条第二款明确规定，“原告要求按照约定的违约金条款或者定金条款予以赔偿的，人民法院应予支持”。在签订补偿协议过程中，双方可以依据事情情况，约定相对应的违约责任，将法律风险降到最低。

补偿协议中关于履行期限的约定十分重要，实务中在何时履行、未按协议及时履行违约方需承担何种责任等方面存在争议。履行期限约定不明可能导致补偿或安置权益迟迟无法实际获得，进而严重影响企业的生产经营，甚至最终要通过诉讼的方式解决上述问题，增加企业在征收过程中耗费的时间、人力、财力等维权成本。违约责任的约定，一方面有利于促使征收方积极履行补偿安置义务，另一方面在征收方实际违约的情况下保证全面弥补企业遭受的损失。因此，履行期限和违约责任是补偿协议中的关键条款，需要在签订补偿协议时着重审查，如补偿协议中履行期限不明、未约定违约责任的，企业有权要求增加相关条款。

被拆迁企业需要留存协议原件

补偿协议作为约定拆迁方和被拆迁企业权利义务的文件，是被拆迁企业维护自身合法权益、要求拆迁方给付拆迁补偿的重要证据材料。补偿协议签订后拆迁方不及时履行，而被拆迁企业又没有保留协议原件的，一旦拆迁方随意变更协议内容，就会因缺乏充足的证据，增加被拆迁企业的维权难度。

以上是被拆迁企业在签订补偿协议时应注意的事项。被拆迁企业在面临征收签订补偿协议时，可以参考以上事项对征收协议进行审查，及时修正协议中不合理的内容，保证被拆迁企业得到合理合法的补偿。

案例

徐州铁路运输法院发布行政审判典型案例之四：陈某诉某市房屋征收办公室及某评估公司行政协议案

裁判要旨：徐州铁路运输法院认为，在房屋征收补偿过程中，原告陈某在某评估公司制作的勘察表及总额为157640元的装修及附属物评估分户报告单上签字确认，某评估公司亦对原告租用场地的装修及附属物进行了找补，评估金额从157640元增加到238084元。由上述事实可见，原告实际参与了其房屋的价值评估及补偿协议内容的磋商。现原告以“租赁合同即将到期，不签协议不予补偿”“签订时协议是空白的”等为由，主张协议系被胁迫签订应属无效。但由于缺乏有效证据证明，原告关于协议无效的主张不能成立，法院遂判决驳回原告陈某的诉讼请求。陈某不服，提起上诉。二审法院审理后判决驳回上诉，维持原判。

法律规定

《最高人民法院关于审理行政协议案件若干问题的规定》

第十九条 被告未依法履行、未按照约定履行行政协议，人民法院可以依据行政诉讼法第七十八条的规定，结合原告诉讼请求，判决被告继续履行，并明确继续履行的具体内容；被告无法履行或者继续履行无实际意义的，人民法院可以判决被告采取相应的补救措施；给原告造成损失的，判决被告予以赔偿。

原告要求按照约定的违约金条款或者定金条款予以赔偿的，人民法院应予支持。

13. 补偿协议签订后如果对补偿不满意可否反悔

补偿协议作为拆迁方与被拆迁方就补偿安置事宜协议达成一致后形成的文件，一经签字即生效，对协议双方均具有法律约束力，任何一方未因法定事由、经法定程序不得擅自变更合同内容。

补偿协议并非绝对不可以推翻。补偿协议具有以下情形的，被拆迁企业可以通过主张合同无效、可撤销来否认合同的效力。

补偿协议无效的情形

适用《中华人民共和国行政诉讼法》第七十五条判定行政协议效力

《最高人民法院关于审理行政协议案件若干问题的规定》第十二条规定，“行政协议存在行政诉讼法第七十五条规定的重大且明显违法情形的，人民法院应当确认行政协议无效”。

《中华人民共和国行政诉讼法》第七十五条规定，“行政行为有实施主体不具有行政主体资格或者没有依据等重大且明显违法情形，原告申请确认行政行为无效的，人民法院判决确认无效”。

《最高人民法院关于适用〈中华人民共和国行政诉讼法〉的解释》第九十九条对《中华人民共和国行政诉讼法》第七十五条规定的“重大且明显违法”情形进行了列举：“（一）行政行为实施主体不具有行政主体资格；（二）减损权利或者增加义务的行政行为没有法律规范依据；（三）行政行为的内容客观上不可能实施；（四）其他重大且明显违法的情形。”

被拆迁人可以从上述四个方面入手，判断行政协议签订主体是否适格、减损自身权利或者增加义务是否有法律依据、协议内容是否能够履行等，判定行政协议的效力。

适用民事规范判定行政协议效力

《最高人民法院关于审理行政协议案件若干问题的规定》第十二条第二款规定，人民法院可以适用民事法律规范确认行政协议无效。相关民事法律规范主要指《中华人民共和国民法典》合同编的相关规定。

行为人与相对人以虚假的意思表示订立的合同，如“阴阳合同”，这种合同因缺乏真实的意思表示而无效。(《中华人民共和国民法典》第一百四十六条）

违反法律、行政法规的强制性规定的合同，即合同内容与法律、行政法规的强制性规定相抵触，导致合同无效。(《中华人民共和国民法典》第一百五十三条）

违背公序良俗的合同，即合同的内容违反了社会的公共秩序和良好风俗，因此无效。(《中华人民共和国民法典》第一百五十三条）

行为人与相对人恶意串通，损害他人合法权益的合同，在这种情况下，合同双方的行为损害了第三人的合法权益，合同无效。(《中华人民共和国民法典》第一百五十四条）

补偿协议可撤销的情形

《最高人民法院关于审理行政协议案件若干问题的规定》第十四条规定，“原告认为行政协议存在胁迫、欺诈、重大误解、显失公平等情形而请求撤销，人民法院经审理认为符合法律规定可撤销情形的，可以依法判决撤销该协议”。

胁迫，一方或第三方使用胁迫手段，迫使对方在违背真实意思的情况下订立合同。(《中华人民共和国民法典》第一百五十条）

欺诈，一方使用欺诈手段，使对方在违背真实意思的情况下订立合同。(《中华人民共和国民法典》第一百四十八条、第一百四十九条）

重大误解，一方对合同的性质、对方当事人或标的物等方面存在错误认识，并基于这种误解订立合同。(《中华人民共和国民法典》第一百四十七条）

显失公平，一方利用对方处于危困状态或缺乏判断能力等情形，致使合同成立时显失公平。(《中华人民共和国民法典》第一百五十一条)

企业需要注意的事项

根据上述规定，补偿协议存在无效或者可撤销情形的，被拆迁企业可以反悔，并通过诉讼的手段请求法院撤销补偿协议或者确认补偿协议无效，被拆迁企业如须通过诉讼推翻已经存在的补偿协议，则需要注意以下问题。

注意收集征收部门存在欺诈、胁迫等行为的证据

在实务中，被拆迁企业往往会因为不能提供充足的证据证明补偿协议存在无效、可撤销的情形而使维权陷入被动的境地，所以，在签订补偿协议过程中存在欺诈、胁迫等情形的，被拆迁企业应注重收集、固定证据。

行使撤销权有期限的限制，要在法律规定的期限内行使

根据《中华人民共和国民法典》第一百五十二条规定，撤销权人未在下列期限内行使撤销权的，撤销权消灭：当事人自知道或者应当知道撤销事由之日起一年内没有行使撤销权；当事人受胁迫，自胁迫行为终止之日起一年内没有行使撤销权；当事人知道撤销事由后明确表示或者以自己行为表明放弃撤销权。当事人自民事法律行为发生之日起五年内没有行使撤销权的，撤销权消灭。

注意撤销权的行使方式

被拆迁企业基于上述情形行使撤销权的，应优先通过诉讼的形式行使，需要注意的是，仅单方通知不能发生撤销补偿协议的效果。

因此，补偿协议存在上述情形的，被拆迁企业应当及时通过法律规定方式并在法定期限内积极行使撤销权，以维护自身合法权益。如果补偿协议不存在上述无效、可撤销的情形，被拆迁企业仅单纯对补偿不满意的，也不能随意反悔。这就要求被拆迁企业在签订补偿协议时慎重对待，积极了解拆迁政策，在不同意补偿协议内容时不签订与补偿相关的文件。在此，建议被拆迁企业在面临拆迁时，积极向专业机构和专业律师进行咨询、寻求帮助，以降低被拆迁企业在征收过程中的风险。

案例

1. 樊某宝与无锡市某区人民政府房屋征收办公室行政协议案

房屋征收补偿协议，是房屋征收部门与被征收人就被征收房屋补偿问题达成的协议。不同于一般民事协议，房屋征收补偿协议是因公共利益需要，强制征收引发的补偿问题，补偿对象、补偿标准、补偿范围、补偿程序等都是由法律事先作出规定的。《国有土地上房屋征收与补偿条例》第二条规定，“为了公共利益的需要，征收国有土地上单位、个人的房屋，应当对被征收房屋所有权人（以下称被征收人）给予公平补偿”。第二十五条第一款规定，“房屋征收部门与被征收人依照本条例的规定，就补偿方式、补偿金额和支付期限、用于产权调换房屋的地点和面积、搬迁费、临时安置费或者周转用房、停产停业损失、搬迁期限、过渡方式和过渡期限等事项，订立补偿协议”。根据上述规定，被征收人应当是被征收房屋的所有权人，补偿协议应当由房屋征收部门与被征收人订立。本案中，《补偿协议》所涉房屋所有权证载明的所有权人为已去世的任某昌，而无锡市某区人民政府房屋征收办公室在被征收房屋所有权人尚未明确的情况下，与上诉人樊某宝订立的《补偿协议》违反《国有土地上房屋征收与补偿条例》的相关规定。《中华人民共和国合同法》（已废止）第五十二条第（五）项规定，违反法律、行政法规的强制性规定的，合同无效。因此，无锡市某区人民政府房屋征收办公室与上诉人樊某宝订立的《补偿协议》违反行政法规强制性规定，应属于无效协议，不能产生法律效力，依法应当确认无效。一审法院在原审原告提起诉讼时的诉讼请求是要求确认《补偿协议》无效的情况下，虽是在征求原审原告意愿的基础上依职权变更诉讼请求为撤销《补偿协议》，程序上并无不当，但判决撤销《补偿协议》与上述法律、行政法规的规定不符，依法应予改判。上诉人樊某宝所称的“一审判决事实不清”等上诉理由无事实和法律依据，本院不予采信。

2. 某天然气有限公司与某市城市管理局、某市人民政府等确认行政协议无效案

本案被诉协议是否存在行政诉讼法规定的无效情形？

《中华人民共和国行政诉讼法》第七十五条规定：“行政行为有实施主体

不具有行政主体资格或者没有依据等重大且明显违法情形，原告申请确认行政行为无效的，人民法院判决确认无效。”根据行政诉讼法的规定可知，无效行政行为是指该行为存在“重大且明显”的违法情形。“重大”一般是指行政行为的实施将给公民、法人或者其他组织的合法权益带来重大影响，而“明显”一般是指行政行为的违法性已经明显到任何有理智的人都能够作出判断的程度。行政行为只有同时存在“重大且明显”的违法情形，才能被认定为无效。《最高人民法院关于适用〈中华人民共和国行政诉讼法〉的解释》对行政行为无效情形也作了列举式规定。该解释第九十九条规定：“有下列情形之一的，属于行政诉讼法第七十五条规定的‘重大且明显违法’：（一）行政行为实施主体不具有行政主体资格；（二）减损权利或者增加义务的行政行为没有法律规范依据；（三）行政行为的内容客观上不可能实施；（四）其他重大且明显违法的情形。”

本案中，被诉协议约定了某天然气有限公司在某市特许经营管道燃气的区域、年限等内容。《城镇燃气管理条例》第五条第二款规定：“县级以上地方人民政府燃气管理部门负责本行政区域内的燃气管理工作。”《市政公用事业特许经营管理办法》第四条第三款规定：“直辖市、市、县人民政府市政公用事业主管部门依据人民政府的授权（以下简称主管部门），负责本行政区域内的市政公用事业特许经营的具体实施。”据此，某市城市管理局（以下简称“某市城管局”）具有负责某市包括城市供气在内的市政公用事业特许经营管理工作的职权。根据《建设部关于印发〈关于加快市政公用行业市场化进程的意见〉的通知》关于“城市市政公用行业主管部门代表城市政府与被授予特许经营权的企业签订特许经营合同”的规定，某市城管局作为城市市政公用行业主管部门，与某天然气有限公司签订被诉协议，具有法律依据，因此，该协议不存在“签订主体没有行政主体资格或者超越法定权限”的情形。此外，该协议中也不存在《最高人民法院关于适用〈中华人民共和国行政诉讼法〉的解释》第九十九条规定的“减损权利或者增加义务的行政行为没有法律规范依据”、“行政行为的内容客观上不可能实施”或者“其他重大且明显违法的情形”。因此，法院认为，被诉协议不存在《中华人民共和国行政诉讼法》第七十五条规定的无效情形。

被诉协议是否存在民事法律规范规定的无效情形？

本案被诉协议签订时有效的《中华人民共和国合同法》第五十二条规定："有下列情形之一的，合同无效：（一）一方以欺诈、胁迫的手段订立合同，损害国家利益；（二）恶意串通，损害国家、集体或者第三人利益；（三）以合法形式掩盖非法目的；（四）损害社会公共利益；（五）违反法律、行政法规的强制性规定。"本案中，某天然气有限公司未提出被诉协议违反前述法律规定的主张，且被诉协议作为在某市城管局和该公司之间签订的政府特许经营协议，也不存在《中华人民共和国合同法》第五十二条规定的无效情形。

3. 苏某涛诉被申请人某县人民政府、某县某镇人民政府集体土地征收补偿订立行政协议行为案

法院经审查认为，《最高人民法院关于审理行政协议案件若干问题的规定》第二十七条规定，人民法院审理行政协议案件，应当适用行政诉讼法的规定；行政诉讼法没有规定的，参照适用民事诉讼法的规定。人民法院审理行政协议案件，可以参照适用民事法律规范关于民事合同的相关规定。行政协议同时具有行政性和协议性，但是将其明确为行政诉讼受案范围，主要是基于其行政性特质，而非协议性。因此，前述司法解释规定，人民法院审理行政协议案件要优先适用行政法律规范。行政法律规范没有规定时，在不与行政法、行政诉讼法的基本原则相抵触的情况下，可以适用民事法律规范。因为行政协议既有行政性又有协议性，所以既可以适用行政法律规范，也可以适用民事法律规范。当事人请求确认行政协议无效，实质是对订立行政协议行为不服提起的行政诉讼，起诉是否符合法定起诉条件，应当依照行政诉讼法规定进行审查判断；订立行政协议行为是否合法有效，应当依照行政诉讼法和相关行政实体法律规范进行审查判断，民事法律规范的适用仅仅是行政法和行政诉讼法没有相应规定情形下的一种补充适用。本案中，苏某涛的诉讼请求是确认补偿协议无效，实质是对订立行政协议行为不服提起的行政诉讼，其起诉是否符合法定起诉条件，应当依照行政诉讼法规定的法定起诉条件进行审查判断，不能根据合同法规定判断是否符合起诉条件。

14. 如果征收方作出房屋征收补偿决定，如何进行救济

作出房屋征收补偿决定需要一定的前提条件。在司法实践中，被征收人因不服政府作出的房屋征收补偿决定而诉至法院的行政案件屡见不鲜，法院在对被诉房屋征收补偿决定进行合法性审查时，要准确把握作出房屋征收补偿决定应具备的三个前提条件：其一，有生效的房屋征收决定；其二，房屋征收部门与被征收人在征收补偿方案确定的签约期限内达不成补偿协议，或者被征收房屋所有权人不明确；其三，在保障了被征收人补偿安置选择权的情况下，依法应该给予补偿各项目之金额、保障住房、用于产权调换房屋以及提供的周转用房已经确定并到位。①

在企业拆迁过程中，如果被拆迁企业收到征收补偿决定，应该如何进行救济?

要清楚征收补偿决定的内容

补偿决定书主要包括以下内容：

（1）房屋征收部门、房屋征收实施单位及被征收人的基本情况。

（2）征收项目的基本情况。

（3）被征收房屋的基本情况，包括产权性质、权利人、房屋用途、建筑面积、产权证编号。

（4）房屋评估价格确定，包括评估机构、估价时点、评估单价、分户评估报告送达情况，当事人是否申请复核评估、鉴定。

（5）根据相关法律法规及地块征收补偿方案确定被征收房屋的价格，确定价格的计算公式，包括房屋估价、补贴、补助、装饰装修、临时安置费、搬迁费、家用设备移装费、奖励等。

（6）协商、调解过程。

---

① 唐竞.政府作出征收补偿决定的必要条件［EB/OL］.（2017-12-29）.http://hngy.hunancourt.gov.cn/article/detail/2018/01/id/3154319.shtml.

（7）未达成协议及作出补偿决定的法律依据。

（8）最终补偿决定的内容，包括补偿方式，产权调换房屋的具体地址、面积、价值，产权调换房屋结算价差，装饰装修费、临时安置费、搬迁费等。

（9）被征收人腾空房屋的期限。

（10）被征收人对决定不服的救济途径，包括申请行政复议或提起行政诉讼，在法定期限内不复议或诉讼将面临的后果。

要清楚了解补偿标准

房屋拆迁补偿计算标准

房屋拆迁货币补偿 = 合法拥有房产评估价格 + 房屋装修装饰商定补偿金额（或经评估确定的房屋装修装饰补偿金额）

房屋拆迁补偿差价 = 合法拥有房产评估价格 + 房屋装修装饰商定补偿金额（或经评估确定的房屋装修装饰补偿金额）– 被拆迁人获得调换产权的房屋的评估价格

房屋拆迁安置费计算标准

（被拆迁人或承租人）房屋拆迁安置费 = 搬迁补助费 + 没有提供周转房情况下的临时安置补助费 + 超过过渡期限的临时安置补助费 + 非住宅房屋因停产、停业造成的损失赔偿费

如果拆迁人提供周转房且供被拆迁人或承租人居住，则公式第二项补助费为零；如果拆迁房屋属住宅房屋，则公式第四项赔偿费为零；被拆迁人获得补偿，表明该房屋由其自用。

不服补偿决定的救济方式

补偿决定是行政机关针对未达成补偿协议的被征收人作出的行政决定，属于具体行政行为。对行政机关的具体行政行为不服的，可以申请行政复议，也可以不经复议直接提起行政诉讼。但一定要注意行政复议及行政诉讼救济期限的问题。

行政复议的期限

公民、法人或者其他组织认为具体行政行为侵犯其合法权益的，可以自知道该具体行政行为之日起六十日内提出行政复议申请；但是法律规定的申请期限超过六十日的除外。因不可抗力或者其他正当理由耽误法定申请期限的，申请期限自障碍消除之日起继续计算。

行政诉讼的期限

公民、法人或者其他组织不服复议决定的，可以在收到复议决定书之日起十五日内向人民法院提起诉讼。复议机关逾期不作决定的，申请人可以在复议期满之日起十五日内向人民法院提起诉讼。法律另有规定的除外。公民、法人或者其他组织直接向人民法院提起诉讼的，应当自知道或者应当知道作出行政行为之日起六个月内提出。法律另有规定的除外。

案例

吉林省某村砂场、吉林省某县人民政府城乡建设行政管理案

法院认为，本案的争议焦点为案涉1号补偿决定的合法性。

首先，《中华人民共和国行政诉讼法》第二十六条第一款规定，“公民、法人或者其他组织直接向人民法院提起诉讼的，作出行政行为的行政机关是被告”。本案中，被诉行政行为是1号补偿决定，作出该补偿决定的是吉林省某县人民政府（以下简称“某县人民政府”），故某县人民政府为本案适格被告。高速拆迁办并非作出1号补偿决定的主体，其向某县国土资源局（以下简称“某县国土局”）出具的《关于终止续签采矿权出让合同的函》（×拆迁办函〔2017〕1号），属于行政机关在行政程序内部所作的内部沟通行为，并不对外发生法律效力，不对某村砂场合法权益产生影响，因此不属于可诉的行为。因此，高速拆迁办并非本案适格被告，一、二审法院没有对此向某村砂场予以解释明确有不当，予以指正。

其次，关于1号补偿决定的合法性。某县人民政府在与某村砂场多次协商未能达成补偿协议的情况下，具有依法作出1号补偿决定的法定职权。1号补偿决定依据的评估报告分为两部分，即案涉项目房屋及附属物的评估和案涉项目前期投入费用，油条、刺槐、表土剥离费用，设备搬迁费用等，并分别由征收部门依法定程序选定的评估机构和某村砂场自行选定的评估机构予以评估，某村砂场未对上述评估结果提出异议，并实际领取了相关补偿款。

2010年9月8日，国土资源部印发的《国土资源部关于进一步做好建设项目压覆重要矿产资源审批管理工作的通知》（国土资发〔2010〕137号）规定，不压覆重要矿产资源的，由省级国土资源行政主管部门出具未压覆重要矿产资源的证明；同时，规定建设项目压覆矿产资源时的补偿范围原则上应包括矿业权人被压覆资源储量在当前市场条件下所应缴的价款（无偿取得的除外），所压覆的矿产资源分担的勘查投资、已建的开采设施投入和搬迁相应设施等直接损失。本案中，2017年9月18日，吉林省国土资源厅《关于集安至双辽高速公路××至××工程压覆矿产资源的意见》，已经明确案涉高速公路建设项目不压覆已查明的重要矿产资源。2018年1月17日，某县国土局作出情况说明，某村砂场取得采矿许可证后，未履行工矿用地（建设用地）报批程序，不能定性为采矿用地。在1号补偿决定中，对其矿产资额、水土保持、储量核实报告、开发利用方案、环境评估报告、剥离工程、刻章费、资格钥匙及挖掘机、铲车、办公座椅、金柜等的搬运费用均给予了补偿，基本上包括了建设项目压覆重要矿产资源时所应补偿的范围，故对某村砂场的权益已经进行了较好保障。且根据上述规定，建设项目压覆重要矿产资源时所应补偿的是直接损失，故该村砂场要求对其机械设备、剩余采矿量、停产停业损失、交通费、误工费等予以补偿无法律和事实依据，某县人民政府作出案涉1号补偿决定并无不当。

法律规定

《国有土地上房屋征收与补偿条例》

第二十六条 房屋征收部门与被征收人在征收补偿方案确定的签约期限内达不成补偿协议，或者被征收房屋所有权人不明确的，由房屋征收部门报请作出房屋征收决定的市、县级人民政府依照本条例的规定，按照征收补偿方案作出补偿决定，并在房屋征收范围内予以公告。

补偿决定应当公平，包括本条例第二十五条第一款规定的有关补偿协议的事项。

被征收人对补偿决定不服的，可以依法申请行政复议，也可以依法提起行政诉讼。

《中华人民共和国土地管理法实施条例》

第三十一条 征收土地申请经依法批准后，县级以上地方人民政府应当自收到批准文件之日起十五个工作日内在拟征收土地所在的乡（镇）和村、村民小组范围内发布征收土地公告，公布征收范围、征收时间等具体工作安排，对个别未达成征地补偿安置协议的应当作出征地补偿安置决定，并依法组织实施。

《中华人民共和国行政诉讼法》

第十二条 人民法院受理公民、法人或者其他组织提起的下列诉讼：

…………

（五）对征收、征用决定及其补偿决定不服的；

…………

除前款规定外，人民法院受理法律、法规规定可以提起诉讼的其他行政案件。

（三）强制拆除阶段

15. 企业拆迁遭遇断水、断电、断路等逼迁行为怎么办

在征收拆迁过程中遇到恶意断水、断电、断路等违法情况，对于被拆迁企业来说可能是致命的。一旦出现断水、断电、断路等情况，企业就会很难再经营下去，等于被判了“死刑”。在这种情况下，企业主要冷静对待，切勿

强力对抗，应选取合法途径解决相关问题。

通过断水、断电、断路等方式逼迁违法

《中华人民共和国行政强制法》第四十三条第二款规定，“行政机关不得对居民生活采取停止供水、供电、供热、供燃气等方式迫使当事人履行相关行政决定”。

《国有土地上房屋征收与补偿条例》第三十一条还规定了相应的法律责任，“采取暴力、威胁或者违反规定中断供水、供热、供气、供电和道路通行等非法方式迫使被征收人搬迁，造成损失的，依法承担赔偿责任”。

《中共中央纪委办公厅、监察部办公厅关于加强监督检查进一步规范征地拆迁行为的通知》要求，加大查办违法违规强制征地拆迁案件的力度，重点查处采取中断供水、供热、供气、供电和道路通行等非法方式迫使搬迁行为。

从上述规定不难发现，通过断水、断电、断路等方式逼迫企业搬迁的属于违法行为。

遇到断水、断电、断路等情况应如何应对

在遇到断水、断电、断路等情况时，企业应第一时间拨打供水、供电等企业或者市政部门的报修电话，说明情况，要求抢修，且拨打电话时应当录音。拨打电话的首要目的是，要求其进行抢修，但是很可能遇到相关部门推诿、拖延的情况。这时候，被拆迁企业一定要让其明确断水、断电、断路等的真正原因是什么，区分不同情况采取不同的应对措施。

如果发现有人蓄意破坏，应立即报警

在征收拆迁过程中，不排除一些拆迁方或者具体实施拆迁的单位雇用或者利用不法分子破坏企业的水路、电路等公用设施。这种行为轻者违反《中华人民共和国治安管理处罚法》，构成故意损毁公私财物的违法行为；重者可能涉嫌违反《中华人民共和国刑法》，构成故意损毁公私财物罪、寻衅滋事罪等。

如果系相关单位接行政机关通知断水、断电、断路等，可申请行政复议或提起行政诉讼

一般情况下，相关企业并不会随意中断供水、供电等，这不符合企业营利的最终目标。如果停止供水、供电等行为是征收拆迁工作的一部分，供水、供电等企业作出终止相关服务的行为仅是辅助或者配合行政机关完成征拆工作，实施该行为不是其真实意思表示，则造成的法律后果不应当由其承担，而应当由作出指示命令的行政机关承担。

如果相关企业是面临来自行政机关的压力，接到行政机关通知、函件而停止供水、供电等，则应视为一种行政命令，对被拆迁企业的权利产生了影响，属于独立的行政行为，同样具有可诉性。

如果系相关供水、供电企业擅自停止供水、供电的，可以提起民事诉讼，要求相关企业履行合同义务

作为用电、用水方的被拆迁企业与作为供电、供水方的电力公司、自来水公司之间是民事合同关系，供用电合同具有公益性、买卖合同与服务合同的双重性以及履行方式上的继续性等特征，供用电合同的签订及履行不仅与合同双方利益密切相关，也直接影响公共利益，公私法融合、私权行为公法化等。因此，《中华人民共和国民法典》在供电合同的内容上进一步明确了供电人的强制缔约义务和供电人中止供电的通知义务：第六百四十八条第二款明确规定，向社会公众供电的供电人，不得拒绝用电人合理的订立合同要求；第六百五十四条第二款规定，供电人依据前款规定中止供电的，应当事先通知用电人。

因此，供电企业未经通知用电企业，也没有其他合理理由，擅自中断供电，造成用电企业损失的，应当承担赔偿责任。

所以，不管是基于征收，还是基于违建、环保等各种原因的拆迁，在没有达成协议之前，有关部门有违法断水、断电、断路等行为的，企业都要通过法律途径维护自己的合法权益。

案例

1. 海东市某区某医院、海东市某区某宾馆不服海东市某区人民政府房屋行政强制案

法院认为，本案应重点审查海东市某区某医院、海东市某区某宾馆起诉请求确认海东市某区人民政府对其经营场所停水、停电、停气并拆除供水、供电和燃气设备的行为违法之诉求是否属于行政诉讼受案范围，及其起诉是否符合法定起诉条件的问题。

《中华人民共和国行政诉讼法》第二条规定："公民、法人或者其他组织认为行政机关和行政机关工作人员的行政行为侵犯其合法权益，有权依照本法向人民法院提起诉讼。"第二十五条第一款规定："行政行为的相对人以及其他与行政行为有利害关系的公民、法人或者其他组织，有权提起诉讼。"第四十九条第（一）项规定，提起诉讼应当符合下列条件："（一）原告是符合本法第二十五条规定的公民、法人或者其他组织。"本案系在国有土地上房屋征收过程中，因上诉人租赁的房屋被采取停水、停电等措施而引发的行政争议。在征收拆迁工作中，停水、停电、停气等行为，属于拆迁工作的一部分，作为供水、供电、供气等企业作出终止相关服务的行为就是辅助和配合行政机关完成征迁工作，实施该行为不属于其真实意思表示，造成的法律后果也不应当由其承担，而应当由作出指示命令的行政机关承担。在国有土地上房屋征收过程中，仅有市、县级人民政府及其确定的房屋征收工作部门具有依法实施征收拆迁相关行为的法定职权，属于适格的责任主体。如果停水、停电、停气的行为发生后，行政机关并未实施后续的拆迁工作，也未作出与停水、停电、停气相关联的其他行政行为，停水、停电、停气就是一种行政事实行为。行政机关通过行政命令形式通知相关企业采取停水、停电、停气等措施改变了当事人与供水、供电、供气等企业的权利义务关系，对当事人的实际生产、生活产生了影响，属于独立的行政行为，具有可诉性。本案即如此，停水、停电、停气行为于2019年7月发生后，上诉人未得到补偿，其房屋也一直未被拆除，直至2019年12月达成补偿安置协议后才被拆除。根据查明的事实来看，海东市某区征地拆迁指挥部分别向原审第三人送达《关于拆除××区××医院、××宾馆（谢×昌）供水设备、电力设备、天然气设备的函》，可以证实停水、停电、停气等行为的发生系受政府拆迁工作指示安排，并非第三人基于合同关系停止供水、供电、供气。海东市某区征地拆迁指挥部属于海东市某区人民政府批准成立的临时机构，不属于能够独立承担责任的行政主体，故其作出相关行为的法律后果应由海东市某区人民政府承担。因此，海东市某区人民政府作为涉案片区的征收主体，通过其批准成立的某区征地拆迁指挥部通知相关企业实施了停水、停电、停气行为，系该行为的适格责任主体。

上诉人提供了对承租房屋进行装修、予以经营活动的初步证据材料证明海东市某区人民政府实施停水、停电、停气的行为有可能侵犯其合法财产权益，并以海东市某区人民政府为被告提起本案行政诉讼，其起诉符合《中华人民共和国行政诉讼法》规定的相关起诉条件。一审法院以本案第三人对涉案片区实施停水、停电、停气的行为属于民事行为，上诉人对该停水、停电、停气行为不服，应以第三人为被告提起民事诉讼予以解决为由，认为本案不属于行政诉讼受案范围，进而裁定驳回上诉人的起诉，属于适用法律错误，法院依法予以纠正。

2. 北京市某商场有限公司诉北京市某区人民政府行政处理案

第一，北京市某区人民政府作出《停止供电函》的行为依法属于行政诉讼受案范围，北京某商场有限公司具有针对该行政行为提起行政诉讼的主体资格。……本案中，北京市某区人民政府于2020年4月20日向该区供电公司作出《停止供电函》，要求供电公司配合对涉案建筑办理停止供电相关事宜。该区供电公司于2020年4月22日向北京市某商场有限公司送达《停电通知书》，并在《停电通知书》中载明以北京市某区人民政府作出的《停止供电函》为依据，还向该公司一并送达了《停止供电函》的复印件。此外，该区供电公司向北京市某商场有限公司出示了《停电工作单》，该工作单上亦加盖了北京市某区人民政府的公章。尽管《停止供电函》是北京市某区人民政府向该区供电公司作出的，北京市某区人民政府并未直接向北京市某商场有限公司送达《停止供电函》，但《停止供电函》的内容涉及对涉案建筑停止供电问题，北京市某商场有限公司又是与该区供电公司就涉案建筑签订了《高压供用电合同》的用电人，且该区供电公司在送达《停电通知书》、《停止供电函》的复印件并出示《停电工作单》的基础上对涉案建筑停止了供电。因此，北京市某区人民政府作出《停止供电函》的行为对北京市某商场有限公司的权利义务产生了实际影响，该行为依法属于行政诉讼的受案范围。同时，北京市某商场有限公司的权利义务受到该行为的实际影响，其与该行为具有利害关系，依法具有针对该行为提起行政诉讼的主体资格。北京市某区人民政府认为，《停止供电函》只是其向该区供电公司提出的建议，并非行政诉讼受案范围，且北京市某商场有限公司不具有提起行政诉讼的主体资格的主张，于法无据，不予支持。

第二，北京市某区人民政府向该区供电公司作出《停止供电函》的行为具有相应的事实根据和法律依据。……依据上述规定（《中华人民共和国行政诉讼法》第六十三条，《北京市城乡规划条例》第八条第一款、第六十二条第一款、第六十五条，《北京市禁止违法建设若干规定》第四条第一款、第二十一条第三款），北京市某区人民政府依法负责本行政区域内禁止违法建设工作，组织、协调有关行政机关制止和查处违法建设。同时，市政公用服务单位在办理供电等服务手续时，依法负有查验建设工程的规划许可证件或者不动产登记证明的法定义务；对于没有规划许可证件或者不动产登记证明，但已办理相关服务手续或者提供服务的情形，依法负有采取合理措施予以纠正的法定义务。从本案查明的事实来看，北京市某区某街道办是对涉案建筑涉嫌违法建设予以立案调查并作出1号限拆决定的行政机关。但国网北京公司在本案庭审中明确述称，“如果要求其配合停止供电，需要区级以上政府向其发出通知”。北京市某区供电公司填制的《停电工作单》亦载明，“区县级及以上政府部门提供《行政处罚决定书》”是对违法建设采取停电措施应当满足的条件之一。基于以上法规和规章的规定以及实际情况，在北京市规划和自然资源委员会已作出1号函，认定涉案建筑未依法取得建设工程规划许可证，且北京市某区某街道办已认定涉案建筑属于违法建设并作出1号限拆决定的情况下，北京市某区人民政府向该区供电公司发出《停止供电函》，告知其涉案建筑未取得建设工程规划许可证且北京市某区某街道办作出1号限拆决定等相关事实，并明确援引《北京市禁止违法建设若干规定》第二十一条第三款规定，要求该区供电公司配合街道办对涉案建筑办理停止供电相关事宜。北京市某区人民政府作出该行政行为具有相应的事实根据和法律依据，与其依法承担的“负责本行政区域内禁止违法建设工作，组织、协调有关行政机关制止和查处违法建设”的行政管理职能并不相悖，也不违反《北京市城乡规划条例》和《北京市禁止违法建设若干规定》的相关规定。

第三，北京市某商场有限公司以北京市某区人民政府作出《停止供电函》时“涉案建筑属性未作出依法认定”等为由，认为被诉行政行为违法的意见不能成立。……从《北京市禁止违法建设若干规定》第二十一条第三款规定来看，市政公用服务单位负有“对没有规划许可证件或者房屋产权证明的，不得提供相应服务”的义务。《北京市城乡规划条例》第六十五条也规定，“已办理相关服务手续或者提供服务的，市政公用服务单位应当采取合理措施予以纠正”。不难看出，北京市某区人民政府向该区供电公司作出《停止供电函》是以市政公用服务单位本就具有的相关法定义务为基础的。北京市某区人民政府作出《停止供电函》的行为与其直接对涉案建筑“中断供电”的行为并不完全等同。另外，在北京市某区人民政府作出《停止供电函》之前，北京市规划和自然资源委员会已作出1号函，认定涉案建筑未依法取得建设工程规划许可证，且北京市某区某街道办已认定涉案建筑属于违法建设并作出1号限拆决定。该街道办作出的1号限拆决定并未被有权机关予以撤销，亦未被有权机关认定为违法或无效。因此，北京市某商场有限公司认为，北京市某区人民政府作出《停止供电函》时“涉案建筑属性未作出依法认定”的主张与事实不符，依法不予支持。北京市某商场有限公司又提出，涉案建筑具有补办手续的极大可能，不能简单地被认定为违法建设。就此问题，经北京市某商场有限公司经理部针对1号限拆决定提起行政诉讼，人民法院已作出生效判决，驳回了该公司经理部要求撤销1号限拆决定的诉讼请求。显然，北京市某商场有限公司的上述主张也缺乏事实根据和法律依据，不予支持。综上所述，北京市某商场有限公司要求确认北京市某区人民政府作出《停止供电函》的行政行为违法并予以撤销的诉讼请求缺乏事实根据和法律依据，依法应予驳回。依照《中华人民共和国行政诉讼法》第六十九条规定，判决驳回北京市某商场有限公司的诉讼请求。

法律规定

《中华人民共和国行政强制法》

第四十三条 行政机关不得在夜间或者法定节假日实施行政强制执行。但是，情况紧急的除外。

行政机关不得对居民生活采取停止供水、供电、供热、供燃气等方式迫使当事人履行相关行政决定。

《国有土地上房屋征收与补偿条例》

第二十七条第三款 任何单位和个人不得采取暴力、威胁或者违反规定中断供水、供热、供气、供电和道路通行等非法方式迫使被征收人搬迁。禁止建设单位参与搬迁活动。

《中共中央纪委办公厅、监察部办公厅关于加强监督检查进一步规范征地拆迁行为的通知》（中纪办发〔2011〕8号）

四、严肃查办案件，严格追究有关责任人的责任。

（一）加大查办违法违规强制征地拆迁案件的力度，重点查处采取中断供水、供热、供电和道路通行等非法方式迫使搬迁行为，采取暴力、威胁手段或突击、“株连”等方式强制征地拆迁行为，以及《国有土地上房屋征收与补偿条例》颁布后仍然组织实施行政强制拆迁等问题。对有令不行、有禁不止的，违规动用警力参与征地拆迁的，因工作不力、简单粗暴、失职渎职引发恶性事件和群体性事件的，对违法违规征地拆迁行为不制止、隐瞒不报、压案不查的，要严肃追究有关领导人员的责任。涉嫌犯罪的，移送司法机关依法追究刑事责任。对征地拆迁中官商勾结、权钱交易的，要发现一起、查处一起，绝不姑息。

《中华人民共和国民法典》

第六百四十八条 供用电合同是供电人向用电人供电，用电人支付电费的合同。

向社会公众供电的供电人，不得拒绝用电人合理的订立合同要求。

第六百五十一条 供电人应当按照国家规定的供电质量标准和约定安全供电。供电人未按照国家规定的供电质量标准和约定安全供电，造成用电人损失的，应当承担赔偿责任。

第六百五十二条 供电人因供电设施计划检修、临时检修、依法限电或者用电人违法用电等原因，需要中断供电时，应当按照国家有关规定事先通知用电人；未事先通知用电人中断供电，造成用电人损失的，应当承担赔偿责任。

16. 对企业进行强制拆除的程序

在企业拆迁过程中，拆迁程序启动后，最终的结果都是拆除。合法的拆除程序有两种：一是签订安置补偿协议之后，被征收人依照协议的约定，将不动产交付给征收方，由征收方拆除；二是征收方依法作出补偿决定，并申请法院强制执行，经司法审查后强制拆除。但很多征收方往往绕过合法拆迁的程序，“以拆违促拆迁”就是实践中惯用的违法拆迁变种，希望广大企业主能对其有足够的重视。

完成征收程序

国有土地上房屋征收：市、县级人民政府作出房屋征收补偿决定——当事人具有依法复议或诉讼的权利（复议期限六十日，诉讼期限六个月）。

集体土地征收：县级以上人民政府作出补偿决定和责令交出土地决定书——当事人具有依法复议或诉讼的权利（复议期限六十日，诉讼期限六个月）。

《国有土地上房屋征收与补偿条例》第二十六条第一款规定，“房屋征收部门与被征收人在征收补偿方案确定的签约期限内达不成补偿协议，或者被征收房屋所有权人不明确的，由房屋征收部门报请作出房屋征收决定的市、县级人民政府依照本条例的规定，按照征收补偿方案作出补偿决定，并在房屋征收范围内予以公告”。第二十八条第一款规定，“被征收人在法定期限内不申请行政复议或者不提起行政诉讼，在补偿决定规定的期限内又不搬迁的，由作出房屋征收决定的市、县级人民政府依法申请人民法院强制执行”。

《中华人民共和国土地管理法实施条例》第六十二条规定，“违反土地管理法律、法规规定，阻挠国家建设征收土地的，由县级以上地方人民政府责令交出土地；拒不交出土地的，依法申请人民法院强制执行”。

申请人民法院强制执行

第一，催告

《中华人民共和国行政强制法》第五十四条规定，“行政机关申请人民法院强制执行前，应当催告当事人履行义务。催告书送达十日后当事人仍未履行义务的，行政机关可以向所在地有管辖权的人民法院申请强制执行；执行对象是不动产的，向不动产所在地有管辖权的人民法院申请强制执行”。

第二，提出申请

自催告函送达被征收人起十个工作日后，被征收人仍然拒绝搬迁的，作出补偿决定的市、县级人民政府可以向人民法院申请强制执行。也就是说，即使被征收人依然没有履行征收补偿决定，征收方也不能擅自强拆。

申请强制执行时，征收方应当递交以下材料：

（1）强制执行申请书；

（2）征收补偿决定及相关证据和所依据的规范性文件；

（3）征收补偿决定送达凭证、催告情况及房屋被征收人、直接利害关系人的意见；

（4）社会稳定风险评估材料；

（5）申请强制执行的房屋状况；

（6）被执行人的姓名或者名称、住址及与强制执行相关的财产状况等具体情况；

（7）法律、行政法规规定应当提交的其他材料。

强制执行的申请应当自被执行人的法定起诉期限届满之日起三个月内提出；逾期申请的，除有正当理由外，人民法院不予受理。

第三，受理申请

人民法院认为强制执行的申请符合形式要件且材料齐全的，应当在接到申请后五日内立案受理，并通知申请机关；不符合形式要件或者材料不全的应当限期补正，并在最终补正的材料提供后五日内立案受理；不符合形式要件或者逾期无正当理由不补正材料的，裁定不予受理。

申请机关对不予受理的裁定有异议的，可以自收到裁定之日起十五日内向上一级人民法院申请复议，上一级人民法院应当自收到复议申请之日起十五日内作出裁定。

第四，裁定

《中华人民共和国行政强制法》第五十七条、第五十八条规定，人民法院对行政机关强制执行的申请进行书面审查，对符合行政强制法第五十五条规定，且行政决定具备法定执行效力的，除存在“（一）明显缺乏事实根据的；（二）明显缺乏法律、法规依据的；（三）其他明显违法并损害被执行人合法权益的”这三种情形外，人民法院应当自受理之日起七日内作出执行裁定。

根据《最高人民法院关于办理申请人民法院强制执行国有土地上房屋征收补偿决定案件若干问题的规定》，征收补偿决定存在明显缺乏事实根据等情形的，人民法院应当裁定不准予执行。

案例

1. 南宁市某木业有限公司诉广西壮族自治区南宁市某开发区管理委员会行政强制拆除及行政赔偿案

法院经审查认为，《中华人民共和国行政强制法》第五条规定，“行政强制的设定和实施，应当适当”。第十三条规定，“行政强制执行由法律设定。法律没有规定行政机关强制执行的，作出行政决定的行政机关应当申请人民法院强制执行”。第三十五条第一款规定，“行政机关作出强制执行决定前，应当事先催告当事人履行义务”。第四十四条规定，“对违法的建筑物、构筑物、设施等需要强制拆除的，应当由行政机关予以公告，限期当事人自行拆除。当事人在法定期限内不申请行政复议或者提起行政诉讼，又不拆除的，行政机关可以依法强制拆除”。《中华人民共和国城乡规划法》第六十八条规定，“城乡规划主管部门作出责令停止建设或者限期拆除的决定后，当事人不停止建设或者逾期不拆除的，建设工程所在地县级以上地方人民政府可以责成有关部门采取查封施工现场、强制拆除等措施”。根据上述规定，建设工程所在的市、县级以上人民政府责成的有关部门，有权按照《中华人民共和国行政强制法》的规定强制拆除违法建筑；强制拆除违法建筑应当事先予以公告，并在法定申请行政复议和提起行政诉讼的期限届满后实施；实施强制拆除前，应当发出催告履行通知书，要求被处罚人在合理的期限内自行拆除；实施强制执行行为方式、方法应当合理、适当，不得实施野蛮强拆。本案中，根据中共南宁市委办公厅、南宁市人民政府办公厅印发的《中共南宁××××开发区工作委员会南宁××××××开发区管理委员会主要职责、内设机构和人员编制规定》第一部分“主要职责”第（九）项规定，南宁市某开发区管理委员会负责该区城市管理综合行政执法工作。该项规定中的“城市管理综合行政执法工作”，包括依照《中华人民共和国城乡规划法》第六十四条规定对违法建筑依法作出行政处罚，以及第六十八条规定受南宁市人民政府“责成”实施强制拆除违法建筑的法定职权。但是，南宁市某开发区管理委员会在2014年7月24日作出处罚决定，仅给予南宁市某木业有限公司1天的自行强制执行期限；26日即作出强制执行决定，并实施强制拆除。上述行为违反《中华人民共和国行政强制法》第四十四条关于“当事人在法定期限内不申请行政复议或者提起行政诉讼，又不拆除的，行政机关可以依法强制拆除”的规定；催告履行通知书给予南宁市某木业有限公司自行履行期限严重不合理，行政强制执行行为明显不当；在实施强制执行过程中，未采取适当方式对房屋内的物品进行清点、登记造册，妥善保管，采取野蛮方式实施强制拆除，违反了《中华人民共和国行政强制法》规定的实施行政强制应当适当的原则。一、二审判决确认南宁市某开发区管理委员会强制拆除行为违法，并无不当。南宁市某木业有限公司主张，南宁市某开发区管理委员会认定违法建筑并作出557号强制执行决定超越职权，其主张与本案事实不符，法院不予支持。

2. 某酒店有限公司诉某市人民政府拆迁行政强制暨行政赔偿案

法院认为，《国有土地上房屋征收与补偿条例》第二十六条规定：“房屋征收部门与被征收人在征收补偿方案确定的签约期限内达不成补偿协议，或者被征收房屋所有权人不明确的，由房屋征收部门报请作出房屋征收决定的市、县级人民政府依照本条例的规定，按照征收补偿方案作出补偿决定，并在房屋征收范围内予以公告。补偿决定应当公平，包括本条例第二十五条第一款规定的有关补偿协议的事项。被征收人对补偿决定不服的，可以依法申请行政复议，也可以依法提起行政诉讼。”第二十八条规定：“被征收人在法定期限内不申请行政复议或者不提起行政诉讼，在补偿决定规定的期限内又不搬迁的，由作出房屋征收决定的市、县级人民政府依法申请人民法院强制执行。”本案中，某酒店有限公司（以下简称“某酒店”）所有涉案房屋于2011年10月依法被征收，因房屋征收部门与某酒店未达成补偿协议，某市人民政府作出《30号征收补偿决定》，并送达某酒店。某酒店未在法定期限内申请行政复议或提起行政诉讼，也没有实施搬迁，故某市人民政府向某市人民法院申请强制执行。某市人民法院经依法审查并作出《3号行政裁定书》，裁定对《30号征收补偿决定》准予强制执行，并由某市人民政府组织实施。因此，某市人民政府根据《3号行政裁定书》对涉案房屋组织实施强制拆除，具有事实根据和法律依据。

关于某市人民政府实施强制拆除行为是否合法的问题。某市人民政府在强制拆除涉案房屋前，已履行了催告、公告等程序。在强制拆除涉案房屋过程中，有街道和社区工作人员及公证处公证人员在现场进行见证、监督，并制作现场笔录，由街道工作人员签字确认。同时，执行人员对强制搬迁过程进行摄像，对涉案房屋内的物品进行清点并制作物品清单，公证处公证人员在物品清单上签字确认。屋内相关物品被搬迁至另外地点保存，并事后通知某酒店领取。物品搬出后，执行人员对涉案房屋进行了拆除。因此，某市人民政府实施强制拆除涉案房屋符合法定程序，未对某酒店的合法权益造成损害，某酒店也未有证据证明强制拆除过程存在违法情形。

法律规定

《最高人民法院关于办理申请人民法院强制执行国有土地上房屋征收补偿决定案件若干问题的规定》

为依法正确办理市、县级人民政府申请人民法院强制执行国有土地上房屋征收补偿决定（以下简称征收补偿决定）案件，维护公共利益，保障被征收房屋所有权人的合法权益，根据《中华人民共和国行政诉讼法》、《中华人民共和国行政强制法》、《国有土地上房屋征收与补偿条例》（以下简称《条例》）等有关法律、行政法规规定，结合审判实际，制定本规定。

第一条 申请人民法院强制执行征收补偿决定案件，由房屋所在地基层人民法院管辖，高级人民法院可以根据本地实际情况决定管辖法院。

第二条 申请机关向人民法院申请强制执行，除提供《条例》第二十八条规定的强制执行申请书及附具材料外，还应当提供下列材料：

（一）征收补偿决定及相关证据和所依据的规范性文件；

（二）征收补偿决定送达凭证、催告情况及房屋被征收人、直接利害关系人的意见；

（三）社会稳定风险评估材料；

（四）申请强制执行的房屋状况；

（五）被执行人的姓名或者名称、住址及与强制执行相关的财产状况等具体情况；

（六）法律、行政法规规定应当提交的其他材料。

强制执行申请书应当由申请机关负责人签名，加盖申请机关印章，并注明日期。

强制执行的申请应当自被执行人的法定起诉期限届满之日起三个月内提出；逾期申请的，除有正当理由外，人民法院不予受理。

第三条 人民法院认为强制执行的申请符合形式要件且材料齐全的，应当在接到申请后五日内立案受理，并通知申请机关；不符合形式要件或者材料不全的应当限期补正，并在最终补正的材料提供后五日内立案受理；不符合形式要件或者逾期无正当理由不补正材料的，裁定不予受理。

申请机关对不予受理的裁定有异议的，可以自收到裁定之日起十五日内向上一级人民法院申请复议，上一级人民法院应当自收到复议申请之日起十五日内作出裁定。

第四条 人民法院应当自立案之日起三十日内作出是否准予执行的裁定；有特殊情况需要延长审查期限的，由高级人民法院批准。

第五条 人民法院在审查期间，可以根据需要调取相关证据、询问当事人、组织听证或者进行现场调查。

第六条 征收补偿决定存在下列情形之一的，人民法院应当裁定不准予执行：

（一）明显缺乏事实根据；

（二）明显缺乏法律、法规依据；

（三）明显不符合公平补偿原则，严重损害被执行人合法权益，或者使被执行人基本生活、生产经营条件没有保障；

（四）明显违反行政目的，严重损害公共利益；

（五）严重违反法定程序或者正当程序；

（六）超越职权；

（七）法律、法规、规章等规定的其他不宜强制执行的情形。

人民法院裁定不准予执行的，应当说明理由，并在五日内将裁定送达申请机关。

第七条 申请机关对不准予执行的裁定有异议的，可以自收到裁定之日起十五日内向上一级人民法院申请复议，上一级人民法院应当自收到复议申请之日起三十日内作出裁定。

第八条 人民法院裁定准予执行的，应当在五日内将裁定送达申请机关和被执行人，并可以根据实际情况建议申请机关依法采取必要措施，保障征收与补偿活动顺利实施。

第九条 人民法院裁定准予执行的，一般由作出征收补偿决定的市、县级人民政府组织实施，也可以由人民法院执行。

第十条 《条例》施行前已依法取得房屋拆迁许可证的项目，人民法院裁定准予执行房屋拆迁裁决的，参照本规定第九条精神办理。

第十一条 最高人民法院以前所作的司法解释与本规定不一致的，按本规定执行。

17. 企业面临强制拆除的救济途径有哪些

相较于自然人，企业在面临强制拆除时，情况更为复杂。

首先，企业作为法人类主体，通常拥有更复杂的法律关系和经济利益。企业的资产、经营活动以及员工的就业都可能受到强制拆除的直接影响。这种影响不仅关乎企业的生存与发展，还可能波及上、下游的供应链，甚至影响地区的经济稳定。因此，企业在面临强制拆除时，往往需要综合考虑商业利益和社会责任，制定更周全的应对策略。

其次，企业在法律救济方面的资源相对丰富。与自然人相比，一些企业本身就拥有专业的法律团队，也更有意愿聘请专业的律师团队，进行专业化的法律咨询和诉讼。企业可以通过行政复议、行政诉讼等法律途径，争取合法权益。自然人在法律知识和资源上往往相对有限，维权能力较弱，难以有效应对强制拆除带来的挑战。

最后，企业在公众舆论和社会影响力方面，往往具备更大的话语权。大型企业尤其容易引起媒体和社会的关注，能够通过舆论渠道寻求支持，促使政府和相关部门重新审视拆迁决策。而普通自然人缺乏这种资源，往往难以通过舆论渠道保护自身权益。

企业在面临强制拆除时，还需要考虑自身社会责任和形象。强制拆除往往伴随着社会矛盾，企业需要考虑的因素较多，比如，与地方政府、社区维护良好关系，寻求合理的解决方案。相反，普通自然人可能更注重自身的权益保护，无须考量社会整体利益。

总之，企业在面临强制拆除时，情况复杂，涉及面广。企业应积极探索合法合理的救济途径，利用自身的资源和能力，最大限度地维护自身合法权益，同时兼顾社会责任，为实现企业的可持续发展努力。

企业在遭遇非法强制拆除时，可以通过如下途径进行救济。

投诉举报

根据《国有土地上房屋征收与补偿条例》规定，任何组织和个人对违反本条例规定的行为，都有权向有关人民政府、房屋征收部门和其他有关部门举报。接到举报的有关人民政府、房屋征收部门和其他有关部门对举报应当及时核实、处理。

《最高人民法院关于适用〈中华人民共和国行政诉讼法〉的解释》第十二条第（五）项规定，为维护自身合法权益向行政机关投诉，具有处理投诉职责的行政机关作出或未作出处理，举报人不服提起行政诉讼的，具有原告资格。这也从侧面印证了被征收人具有投诉举报的权利。

接到举报、投诉后，相关部门如果没有第一时间核实并处理，那么被征收人可以通过法律途径维护自己的权益，避免在征地拆迁中遭受损失。

实践中，在涉及违法征收拆迁时，很多被拆迁人不知道该找谁举报。一般来说，被拆迁人可以向市、县级及以上人民政府负责本次征收补偿，并由市、县级人民政府确定的征收部门举报。除此之外，被拆迁人可以向相关政府部门、建设主管部门、自然资源部门、发展改革部门、公安局、检察院、法院等机关举报。

报警求助

企业在遇到拆迁，尤其是未事先告知的情况下进行强制拆除时，一般缺乏应对强拆的准备，对相关财产也没有先行处置，可能造成较大的财产损失，甚至造成员工等人身安全的损害。在这种情况下，企业应当通过拨打 110 报警电话或者委派工作人员到公安机关报案的方式，请求公安机关履行保护公民、法人人身财产安全的职责。

报警后，如果警方出警到现场，就会形成相应的记录，包括警员到场的时间、现场情况、参与人员及其行为等。这些记录在将来的法律救济中，可以作为重要证据，帮助受影响方证明其遭受的损害及事件的真实情况。如果警方不出警，则应要求其出具不予出警的说明，口头说明原因的应录音，以便日后维权作为证据。

申请复议或提起诉讼

申请行政复议或提起行政诉讼。《中华人民共和国行政强制法》第八条规定："公民、法人或者其他组织对行政机关实施行政强制，享有陈述权、申辩权；有权依法申请行政复议或者提起行政诉讼；因行政机关违法实施行政强制受到损害的，有权依法要求赔偿。"强制拆除作为一种行政行为，具有可诉性，即使对违法建筑物、设施、构筑物等的行政处罚决定和强制执行决定本身合法有效，也可能存在实施主体不适格，执行对象错误，擅自扩大执行范围，没有采取适当的动产登记、封存、保管等措施，造成被执行人或其他人合法财产损失，以及违反《中华人民共和国行政强制法》第四十三条规定，在夜间或法定节假日实施，或者对居民生活采取停止供水、供电、供热、供燃气等方式实施等情形，可依法申请行政复议或提起行政诉讼。

刑事诉讼。在未经被拆迁人同意的情况下，对他人的房屋进行暴力拆除的，暴力拆迁人有可能构成破坏生产经营罪、故意毁坏财物罪。

一般来说，行政机关实施的暴力拆除行为，由于无法追究行政机关的刑事责任，不按照犯罪处理，但行政机关需要承担赔偿责任。对于民事主体实施暴力拆除行为的，要么推定为行政机关的委托；要么涉嫌故意毁坏财物罪，需要承担刑事责任。

请求取得国家赔偿

公民、法人和其他组织的合法权益因国家机关与国家机关工作人员行使职权遭受损害的，有权请求国家赔偿。

向强拆主体提出赔偿申请。被强拆企业向赔偿义务机关申请国家赔偿，应当先向赔偿义务机关提出，也可以在对强拆行为申请行政复议或提起行政诉讼时一并提出。

向人民法院提起行政赔偿诉讼。赔偿义务机关对被强拆企业的国家赔偿申请作出不予赔偿决定，或者作出赔偿决定但被强拆企业对赔偿的方式、项目、数额有异议的，或者根本就没有作出是否赔偿决定的，被强拆企业可以在三个月内向人民法院提起行政赔偿诉讼。

需要强调的是，对于赔偿义务机关作出的不予赔偿决定，或者对于赔偿的方式、项目、数额有异议的，或者没有作出是否赔偿决定的，都不能再申请行政复议，而是应提起国家赔偿的行政诉讼。

案例

1. 上海市某酒店管理有限公司诉上海市某区人民政府土地房屋行政强制案

《中华人民共和国行政诉讼法》第四十九条第（二）项规定，提起诉讼应当有明确的被告。所谓“有明确的被告”，主要是指起诉状所列被告的名称等信息足以使被告与其他行政机关或者法律法规规章授权的组织相区别，以使人民法院能够送达起诉状副本，保障诉讼程序顺利进行。在立案登记制背景下，起诉人在起诉无书面决定的事实行为时，只要能提供初步证据证明事实行为存在且极有可能系起诉状所列被告实施，应视为已经初步履行了适格被告的举证责任。除非起诉状所列被告明显不适格，或者为规避法定管辖而多列被告，或者原告明显存在滥用诉讼权利情形。案涉房屋为合法建筑，强拆前无任何书面征收决定、限期拆除决定等行政法律文书送达上海市某酒店管理有限公司（以下简称“某酒店”），强拆后也无任何主体主动承担强制拆除责任。某酒店和上海某公司曾以上海市某镇人民政府为被告提起民事侵权诉讼，但生效民事裁定以案涉地块被纳入建设项目征收土地范围，所诉争议不属于平等主体之间的人身、财产争议为由驳回起诉。而且，不论是农村集体土地还是国有土地上的房屋征收、强制搬迁、收回国有土地使用权以及随后的土地出让金收取等，都为政府及其职能部门的法定职权。因此，对合法建筑的拆除首先应推定为行政强制行为，除非有证据足以推翻。某酒店提起本案诉讼时，提供的上海市某区人民政府2010年征收土地公告等文件，已经能够初步证明上海市某区人民政府在案涉土地周边地块进行征收，因而极有可能实施或者通过书面、口头等形式委托相关主体实施强制拆除，所以以上海市某区人民政府为被告提起诉讼，符合立案登记条件，一审法院应予登记立案。即使上海市某区人民政府否认曾实施强制拆除行为，并主张系基层群众自治组织强制拆除，人民法院也应先行立案并在其后的审理程序查明。由于现行《中华人民共和国土地管理法》和《国有土地上房屋征收与补偿条例》仅规定政府及其职能部门具有征收房屋、收回国有土地使用权及强制拆除合法建筑的职权，民事主体或基层群众自治组织并无实施强制拆除权力，上海市某区人民政府如不能举证证明确系其他主体违法实施的强制拆除，将可能被推定为实施强制拆除的主体，并承担相应的赔偿责任。由于我国法律并不认可私力救济，民事主体等或自治组织负责人违法强制拆除他人合法房屋，涉嫌构成故意毁坏财物罪的，权利人可以依法请求公安机关履行相应职责；人民法院经审查认为有犯罪行为的，应当依据《中华人民共和国行政诉讼法》第六十六条第一款规定，将有关材料移送公安、检察机关。

2. 谢某诉江西省某市人民政府行政复议案

法院认为，再审申请人谢某向被申请人江西省某市人民政府申请行政复议的请求主要是：撤销某房地产管理局作出的行政赔偿决定书，并责令其承担行政赔偿责任。因某房地产管理局对再审申请人作出的不予赔偿决定仅系赔偿义务机关对赔偿请求人的赔偿请求进行先行处理的程序性行为，故并非独立可复议和诉讼的行政行为。赔偿请求人即使在诉讼中提出撤销不予赔偿决定，其实质还是申请行政赔偿。《中华人民共和国国家赔偿法》第十四条第二款对单独提起行政赔偿诉讼作了规定，赔偿请求人对赔偿义务机关作出的不予赔偿决定不服的，应向人民法院提起行政赔偿诉讼。因此，本案再审申请人向被申请人提出行政复议申请，要求撤销上述不予赔偿决定，缺乏法律依据。被申请人对再审申请人的行政复议申请经审查后，依据《中华人民共和国行政复议法》第十七条第一款规定，决定不予受理，并无不当。再审申请人提出的其他相关请求均已经人民法院作出处理，并受生效裁判所羁束。一审法院判决驳回再审申请人的诉讼请求，二审法院判决驳回上诉、维持原判，均无不当。再审申请人提出的申请再审理由不能成立，法院不予支持。

法律规定

《国有土地上房屋征收与补偿条例》

第三十一条 采取暴力、威胁或者违反规定中断供水、供热、供气、供电和道路通行等非法方式迫使被征收人搬迁，造成损失的，依法承担赔偿责任；对直接负责的主管人员和其他直接责任人员，构成犯罪的，依法追究刑事责任；尚不构成犯罪的，依法给予处分；构成违反治安管理行为的，依法给予治安管理处罚。

《中华人民共和国刑法》

第二百七十五条 故意毁坏公私财物，数额较大或者有其他严重情节的，处三年以下有期徒刑、拘役或者罚金；数额巨大或者有其他特别严重情节的，处三年以上七年以下有期徒刑。

《中华人民共和国国家赔偿法》

第十三条 赔偿义务机关应当自收到申请之日起两个月内，作出是否赔偿的决定。赔偿义务机关作出赔偿决定，应当充分听取赔偿请求人的意见，并可以与赔偿请求人就赔偿方式、赔偿项目和赔偿数额依照本法第四章的规定进行协商。

赔偿义务机关决定赔偿的，应当制作赔偿决定书，并自作出决定之日起十日内送达赔偿请求人。

赔偿义务机关决定不予赔偿的，应当自作出决定之日起十日内书面通知赔偿请求人，并说明不予赔偿的理由。

第十四条 赔偿义务机关在规定期限内未作出是否赔偿的决定，赔偿请求人可以自期限届满之日起三个月内，向人民法院提起诉讼。

赔偿请求人对赔偿的方式、项目、数额有异议的，或者赔偿义务机关作出不予赔偿决定的，赔偿请求人可以自赔偿义务机关作出赔偿或者不予赔偿决定之日起三个月内，向人民法院提起诉讼。

三、安置补偿应知问题

18. 企业拆迁补偿包括哪些补偿项目

从短期来看，拆迁必然会造成正常经营的企业短期内停产停业，经济损失在所难免；从长期来看，部分企业可能因用地、建设、员工安置问题，面临关停、永久歇业的命运。在此过程中，企业可能会面临一系列的挑战和困难。为了缓解企业在拆迁过程中的压力，国家制定了相对完善的企业拆迁补偿政策，旨在为被拆迁企业提供必要的支持和帮助，确保其顺利度过因拆迁造成的暂时困难，并继续稳健发展。

企业的拆迁补偿项目包括以下几个方面。

企业不动产价值补偿

不动产是企业最重要的资产，包括土地使用权、建筑物（构筑物）所有权等。需要注意的是，企业土地、房屋获得补偿的前提是企业的用地、建设合法，如果土地使用手续不全或者房屋被认定为违建，取得相关补偿就会面临较大的困难。

搬迁、临时安置补偿

根据《国有土地上房屋征收与补偿条例》规定，被征收企业可以获得因征收房屋造成的搬迁、临时安置的补偿。

停产停业损失补偿

根据《国有土地上房屋征收与补偿条例》规定，被征收企业可以获得因征收房屋造成的停产停业损失的补偿。需要特别说明的是，想要获得停产停业损失补偿，企业需要具备合法经营手续及纳税凭证。由于征收过程中的停产停业损失，只是补偿因征收给经营造成的临时性困难，具有过渡费用性质，只能计算适当期间或按照房屋补偿金额的适当比例计付。被征收企业在要求赔偿时，要注意是“适当期限”，停产停业损失补偿的标准由省、自治区、直辖市制定。

装饰装修补偿

评估后综合确定装饰装修补偿的范围、金额等。

设备设施补偿

对于可以搬迁继续使用的设备，要对拆卸、运输、安装和折损等相关费用进行补偿；无法搬迁的设备，要结合其折旧状况给予重置成新补偿。

员工安置补偿

企业如果因被征收而解聘员工，则需要对员工解聘、过渡安置费进行补偿。

补助、奖励

市、县级人民政府应当制定补助和奖励办法，对被征收人给予补助和奖励。被拆迁人应当对此有明确认识，即补助和奖励是为了鼓励被拆迁人尽快签订拆迁补偿安置协议设定的，具体数额由征迁方决定。补助和奖励作为一种奖励机制，若过高则各被征迁人应当谨慎，最终能拿到合理补偿比获得拆迁奖励更重要。

案例

1. 某实业有限责任公司诉某市人民政府等房屋征收补偿决定及行政复议案

关于补偿数额的确定问题。

某市人民政府作出1号征补决定，确定给予某实业有限责任公司（以下简称“某实业公司”）房屋征收补偿的项目包括被征收房屋价值补偿、装饰装修补偿、搬迁补偿、停产停业损失补偿。其中，被征收72.5平方米房屋价值补偿价格依据，是房屋征收部门依法选定的评估机构作出的，某实业公司对该评估报告并未提出复核申请，因此，该评估报告可以作为认定房屋价值的依据。某实业公司自行单方委托评估公司作出的评估结论，缺乏法律依据，二审也未对该评估报告的证据效力予以认定，故不能作为确定房屋价值的依据。法院对1号征补决定确定的房屋补偿价值予以支持。1号征补决定确定的装饰装修补偿费及停产停业损失补偿费，均系按照《征收补偿方案》的标准进行计算，亦无不当，法院予以支持。

虽然某实业公司未在期限内签订征收补偿协议，但该公司确系依约提前将72.5平方米房屋及土地腾空交付给某市某区指挥部，并未影响案涉地块的征收进度，故应当依照《征收补偿方案》规定，对某实业公司给予按期搬迁奖、提前搬迁奖及奖励性补贴。1号征补决定未给予某实业公司搬迁奖励补偿，法院予以纠正。被征收房屋评估价格为171173元，则相应奖励的具体数额为：按期搬迁奖为171173元×5%=8558.65元，提前搬迁奖为72.5平方米×220元/平方米=15950元，奖励性补贴为171173元×15%=25675.95元，合计50184.6元。

1号征补决定确定的搬迁费为1000元，系按照住宅房屋标准进行计算，不符合某实业公司被征收房屋为非住宅房屋的实际情况，应予纠正。某市人民政府主张某实业公司被征收房屋内有7台机器，某实业公司未提出异议，可以作为计算搬迁费的依据。评估公司作出的评估报告虽然是对某实业公司进行整体搬迁情况下相关搬迁损失的评估，但由于某实业公司的机器设备主要系小型设备，设备基础均属小型基础或无须基础，且该类型设备的搬迁技术成熟，属于市内搬迁，运距相对较短，对设备的损耗有限。因此，可以以评估公司的评估价格作为基础，折算某实业公司的搬迁费用。按照评估公司的评估，机器设备可搬迁95台（套），损失补偿值237315.07元，平均约2498元/台。因此，搬迁费的具体数额应为2498元/台×7台=17486元。

上述补偿项目和补偿金额合计为被征收房屋房地产价值补偿171173元+装饰装修补偿费14500元+搬迁补偿费17486元+停产停业损失补偿费3595元+搬迁奖励50184.6元=256938.6元。

2. 某农业科技股份有限公司、某市人民政府行政强制案

关于项目损失、搬迁损失、临时安置损失、停产停业损失、无法履行合同的可得利益损失（货款损失）等。某农业科技股份有限公司（以下简称“某农业科技公司”）主张上述损失系征收补偿程序中应得的利益损失，其因被侵权得到的赔偿不应低于依法征收所应得到的补偿，故某市人民政府应予赔偿。法院认为，本院已生效的行政裁定已认定，“相关市、县人民政府针对涉案土地并未作出过国有土地上房屋的征收决定。故上诉人（指某农业科技公司）要求被上诉人（指某市人民政府）基于《国有土地上房屋征收与补偿条例》的相关规定履行给付征收补偿款，缺乏事实和法律依据”。案涉《国有土地上企业征收补偿协议》并非规范意义上的《国有土地上房屋征收补偿协议》，而是通过协议方式实施的房屋搬迁。案涉补偿协议已经对搬迁范围内的房屋及装修、附属物、资产设备补偿及搬迁费、临时安置费、停业停产损失等进行了明确约定。某农业科技公司主张将项目损失、搬迁损失、临时安置损失、停产停业损失、无法履行合同的可得利益损失（货款损失）等纳入行政赔偿范围，缺乏相应依据，法院不予支持。原审认为上述损失均非案涉强制拆除房屋和搬离机器设备行为造成的直接损失，不属于行政赔偿范围，并无不当。

法律规定

《国有土地上房屋征收与补偿条例》

第十七条 作出房屋征收决定的市、县级人民政府对被征收人给予的补偿包括：

（一）被征收房屋价值的补偿；

（二）因征收房屋造成的搬迁、临时安置的补偿；

（三）因征收房屋造成的停产停业损失的补偿。

市、县级人民政府应当制定补助和奖励办法，对被征收人给予补助和奖励。

第二十四条第二款 市、县级人民政府作出房屋征收决定前，应当组织有关部门依法对征收范围内未经登记的建筑进行调查、认定和处理。对认定为合法建筑和未超过批准期限的临时建筑的，应当给予补偿；对认定为违法建筑和超过批准期限的临时建筑的，不予补偿。

《中华人民共和国劳动法》

第二十八条 用人单位依据本法第二十四条、第二十六条、第二十七条的规定解除劳动合同的，应当依照国家有关规定给予经济补偿。

《国有土地上房屋征收评估办法》

第十四条 被征收房屋价值评估应当考虑被征收房屋的区位、用途、建筑结构、新旧程度、建筑面积以及占地面积、土地使用权等影响被征收房屋价值的因素。

被征收房屋室内装饰装修价值，机器设备、物资等搬迁费用，以及停产停业损失等补偿，由征收当事人协商确定；协商不成的，可以委托房地产价格评估机构通过评估确定。

19. 收回国有土地使用权的补偿如何确定

根据《中华人民共和国土地管理法》相关规定，在满足一定条件的前提下，有关人民政府的自然资源主管部门，可以报经原批准用地的人民政府或者有批准权的人民政府批准，对国有土地使用权进行收回。那么，在哪些情况下，可以依法收回国有土地使用权？

收回国有土地使用权的情形

根据相关法律法规规定，在下列情形下，可以收回国有土地使用权。

根据《中华人民共和国土地管理法》收回国有土地使用权

一是为实施城市规划进行旧城区改建以及其他公共利益需要，确需使用土地的；

二是土地出让等有偿使用合同约定的使用期限届满，土地使用者未申请续期或者申请续期未获批准的；

三是因单位撤销、迁移等原因，停止使用原划拨的国有土地的；

四是公路、铁路、机场、矿场等经核准报废的。

其中，因为实施城市规划进行旧城区改建以及其他公共利益需要，确需使用土地，收回国有土地使用权的，对土地使用权人应当给予适当补偿。

根据《国有土地上房屋征收与补偿条例》收回国有土地使用权

以这种方式收回国有土地使用权，实际上最开始指向的不是收回土地，而是基于公共利益等原因征收房屋，只不过根据我国房地一体的原则，在征收房屋的过程中，土地一并被收回。

根据《中华人民共和国城市房地产管理法》土地因闲置被收回国有土地使用权

国有建设用地使用权人超过国有建设用地使用权有偿使用合同或者划拨决定书约定、规定的动工开发日期未动工开发满两年的，自然资源部门有权收回国有土地使用权。

根据《中华人民共和国民法典》协议收回国有土地使用权

行政机关通过签订《国有土地使用权收购协议》的形式收回国有土地使用权，可以在一定程度上简化收回流程，降低行政复议、行政诉讼风险。

收回国有土地使用权的补偿标准

企业通过出让方式取得国有土地使用权，政府因公共利益需要收回国有土地使用权时，如何对土地使用权人进行“适当补偿”？对此存在不同观点。

一种是成本补偿说，对因公共利益需要收回国有土地使用权予以适当补偿的，按照土地使用权人已缴交的土地出让价款、前期合理投入以及相应利息总额进行补偿，即以“成本+投入+利息”的方式确定补偿数额；另一种是市场价值补偿说，因公共利益需要收回国有土地使用权，类似于国有土地上房屋征收，补偿标准应当按照行政机关作出收回国有土地使用权决定时的市场评估价格予以补偿。

由最高人民法院行政庭编著的《最高人民法院行政审判庭法官会议纪要

（第二辑）》采纳的是市场价值补偿说。在确定对土地使用权人应当给予的适当补偿时，宜考虑收回土地原因及土地的具体用途、原土地使用权剩余开发年限、土地使用权人的过错情况与实际投入等多重因素，参考收回土地时案涉土地类似房地产的市场价格，并确保补偿金额不低于土地使用权人取得土地成本的情况下，综合确定公平合理的补偿金额。

企业通过划拨方式取得国有土地使用权的，政府因公共利益需要收回国有土地使用权时，如何对土地使用权人进行“适当补偿”？

根据最高人民法院民事审判第一庭编著的《民事审判指导与参考》（总第59辑）的观点，企业从政府手中划拨取得土地使用权，无须按市场价格支付土地使用权出让金；相应地，政府从企业手中收回划拨土地使用权，也无须支付该土地使用权的对价。划拨土地的公益性决定了其本身没有市场价值，只有在变更为出让土地后才存在所谓的市场价格。进而，划拨土地使用权也不会随着市场供求关系变化发生价值增减。至于划拨土地使用权人的划拨土地使用权被政府收回后取得的补偿，只是根据个案实际情况对其地上建筑物、其他附着物，给予原划拨土地使用权人的适当补偿。该补偿款既不是划拨土地使用权的市场价，也不是所谓的划拨土地使用权的增值，更不是用划拨土地使用权出资后的投资收益。

因此，政府依法收回划拨土地使用权后对原划拨土地使用权人的补偿不是划拨土地使用权本身的对价，不包括对划拨土地使用权增值部分的补偿。

案例

1. 海南省某开发有限公司、海南省某市人民政府有偿收回国有土地使用权行政处理与行政复议案

《中华人民共和国土地管理法》第五十八条规定：“有下列情形之一的，由有关人民政府自然资源主管部门报经原批准用地的人民政府或者有批准权的人民政府批准，可以收回国有土地使用权：（一）为实施城市规划进行旧城区改建以及其他公共利益需要，确需使用土地的……”《中华人民共和国自然保护区条例》第十八条规定，自然保护区可以分为核心区、缓冲区和实验区，核心区和缓冲区禁止进行任何形式的开发建设活动。

本案中，130021 号国土证项下 202.68 亩土地有 190.66 亩位于禁止开发建设某自然保护区缓冲区内，案涉土地已明显不适宜进行旅游开发。因此，海南省某市人民政府依法启动收回案涉国有土地使用权程序，并对因规划管制而无法开发的土地使用权依法补偿，既有利于青皮林的自然保护，也有利于保护海南省某开发有限公司（以下简称“某开发公司”）合法权益。但海南省某市人民政府在作出25号收地决定前，未听取某开发公司的陈述、申辩意见，也未遵循《全面推进依法行政实施纲要》第五条和第二十条规定的正当程序要求；补偿依据的《审核报告》既未正式形成又未及时送达并听取某开发公司意见，海南省某市人民政府即径行作出收地和补偿的决定，有违程序正当原则。一、二审判决确认 25 号收地决定违法，符合法律规定。

《中华人民共和国城市房地产管理法》第二十条规定，根据社会公共利益的需要，可以依照法律程序提前收回土地使用者依法取得的土地使用权，并根据土地使用者使用土地的实际年限和开发土地的实际情况给予相应的补偿。《中共中央　国务院关于完善产权保护制度依法保护产权的意见》第八条规定，财产征收征用应遵循及时合理补偿原则，给予被征收征用者公平合理补偿。同时，《自然资源部办公厅关于政府原因闲置土地协议有偿收回相关政策的函》（自然资办函〔2018〕1903 号）规定，需要协议收回闲置土地使用权的，应当遵循协商一致和合理补偿的原则；有偿收回的补偿金额应不低于土地使用权人取得土地的成本，综合考虑其合理的直接损失，参考市场价格，由双方共同协商确定。由此可见，《中华人民共和国土地管理法》第五十八条第二款规定的对土地使用权人应当给予的适当补偿，不能理解为仅补偿土地出让金、前期投入及相应利息，而宜考虑收回土地原因及土地的具体用途、原土地使用权剩余开发年限、土地使用权人的过错情况与实际投入等多重因素，参考收回土地时案涉土地类似房地产的市场价格，并确保补偿金额不低于土地使用权人取得土地成本的情况下，综合确定公平合理的补偿金额。

但海南省某市国土局委托某会计师事务所作出《审核报告》，系采用“土地出让金＋利息”的方式确定补偿金额，既非专业的不动产评估机构对案涉土地市场价格的客观合理评估，也未参考案涉土地类似房地产的市场价格，不符合《中华人民共和国土地管理法》第五十八条第二款规定精神，因此，二审判决确认25号收地决定违法并无不当；但在确定应予合理补偿金额上认定事实不清，依据的证据不足，依法应予纠正。

2. 辽宁省某市人民政府、某实业有限公司收回国有土地使用权案

关于辽宁省某市人民政府收回涉案土地的行为是否合法的问题。

2004年《中华人民共和国土地管理法》第五十八条规定："有下列情形之一的，由有关人民政府土地行政主管部门报经原批准用地的人民政府或者有批准权的人民政府批准，可以收回国有土地使用权：（一）为公共利益需要使用土地的；（二）为实施城市规划进行旧城区改建，需要调整使用土地的；（三）土地出让等有偿使用合同约定的使用期限届满，土地使用者未申请续期或者申请续期未获批准的；（四）因单位撤销、迁移等原因，停止使用原划拨的国有土地的；（五）公路、铁路、机场、矿场等经核准报废的。依照前款第（一）项、第（二）项的规定收回国有土地使用权的，对土地使用权人应当给予适当补偿。"

本案中，辽宁省某市人民政府未提交证据证明收回涉案土地属于上述法律规定的情形。且根据国务院《全面推进依法行政实施纲要》（国发〔2004〕10号）的要求，行政机关实施行政管理要严格遵循法定程序，依法保障行政管理相对人、利害关系人的知情权、参与权和救济权。辽宁省某市人民政府在作出被诉收地决定之前，未通知某实业有限公司（以下简称"某实业公司"），未听取某实业公司的陈述和申辩意见，违反了"先听取意见后作决定"的基本程序规则。原审据此认定辽宁省某市人民政府违反法定程序，二审予以维持，均无不当。

3. 宁波市某控股有限公司、某县人民政府批准收回国有土地使用权案

关于本案收回国有土地使用权的性质问题。

经检索，目前涉及国有土地使用权收回问题的规定主要集中在以下法律规范中。

2004年《中华人民共和国土地管理法》第五十八条规定："有下列情形之一的，由有关人民政府土地行政主管部门报经原批准用地的人民政府或者有批准权的人民政府批准，可以收回国有土地使用权：（一）为公共利益需要使用土地的；（二）为实施城市规划进行旧城区改建，需要调整使用土地的；（三）土地出让等有偿使用合同约定的使用期限届满，土地使用者未申请续期或者申请续期未获批准的；（四）因单位撤销、迁移等原因，停止使用原划拨的国有土地的；（五）公路、铁路、机场、矿场等经核准报废的。依照前款第（一）项、第（二）项的规定收回国有土地使用权的，对土地使用权人应当给予适当补偿。"第八十条规定："依法收回国有土地使用权当事人拒不交出土地的，临时使用土地期满拒不归还的，或者不按照批准的用途使用国有土地的，由县级以上人民政府土地行政主管部门责令交还土地，处以罚款。"根据该规定，除了《中华人民共和国土地管理法》第五十八条规定的情况，对第五十八条不执行，临时使用土地期满拒不归还，或者不按照批准的用途使用国有土地的，也存在通过责令交还、收回国有土地使用权的情形。

原国土资源部制定的《闲置土地处置办法》也规定有国有土地的收回情形。该办法将闲置土地的原因区分为属于政府、政府有关部门的行为造成土地闲置和非政府、政府有关部门的行为造成土地闲置两种情况。其中，第八条对属于政府、政府有关部门的行为造成土地闲置的情形进行了列举，并规定经审核属实的，依照该办法第十二条和第十三条规定处置。第十二条规定："因本办法第八条规定情形造成土地闲置的，市、县国土资源主管部门应当与国有建设用地使用权人协商，选择下列方式处置：……（四）协议有偿收回国有建设用地使用权……"第十三条规定："市、县国土资源主管部门与国有建设用地使用权人协商一致后，应当拟订闲置土地处置方案，报本级人民政府批准后实施。闲置土地设有抵押权的，市、县国土资源主管部门在拟订闲置土地处置方案时，应当书面通知相关抵押权人。"第十四条对非政府、政府有关部门的行为造成土地闲置的情形规定了处理方式，"……（二）未动工开发满两年的，由市、县国土资源主管部门按照《中华人民共和国土地管理法》

第三十七条和《中华人民共和国城市房地产管理法》第二十六条的规定，报经有批准权的人民政府批准后，向国有建设用地使用权人下达《收回国有建设用地使用权决定书》，无偿收回国有建设用地使用权。闲置土地设有抵押权的，同时抄送相关土地抵押权人”。另外，《国家土地管理局印发〈关于认定收回土地使用权行政决定法律性质的意见〉的通知》（〔1997〕国土〔法〕字第153号）对收回土地使用权行政决定按照行政处理决定和行政处罚决定两种法律性质作了细致的区分。

对照上述规定并具体到本案，2013年7月1日，宁波市某控股有限公司向某县人民政府递交申请书，以资金不足无力继续投资建设为由，申请终止履行《国有建设用地使用权出让合同》。2013年7月2日，某县国土局就解除《国有建设用地使用权出让合同》、收回案涉国有土地使用权作出书面请示。同日，某县国土局和某县人民政府分别在《收回土地使用权呈报表》上盖章同意收回案涉国有土地使用权。2013年7月4日，某县国土局与宁波市某控股有限公司签订协议，内容是解除《国有建设用地使用权出让合同》，某县国土局收回案涉国有土地使用权、退还土地出让金。需要注意的是，2010年《国有建设用地使用权出让合同》第三十一条是有关受让人可主动申请终止合同履行、退还土地以及后续处理的内容，即当事人约定的合同解除条款。2013年7月12日，某县国土局向宁波市某控股有限公司作出《收回国有土地使用权决定书》并送达。本案国有土地使用权的收回，虽然最终的结果及表现形式是某县国土局作出的《收回国有土地使用权决定书》这种行政处理决定，但本质上是源于某县国土局与宁波市某控股有限公司双方达成的合意，这种合意既包含在2010年《国有建设用地使用权出让合同》第三十一条约定解除条款中，也体现在2013年7月4日双方签订的协议书中。某县国土局作出《收回国有土地使用权决定书》，只是对协议的具体履行行为。本案不符合《中华人民共和国土地管理法》第五十八条、第八十条规定的情形，也未按照《闲置土地处置办法》规定的程序进行调查和处置，因此，该“协议收回”不属于上述规定中的法定收回。

法律规定

《中华人民共和国土地管理法》

第五十八条 有下列情形之一的，由有关人民政府自然资源主管部门报经原批准用地的人民政府或者有批准权的人民政府批准，可以收回国有土地使用权：

（一）为实施城市规划进行旧城区改建以及其他公共利益需要，确需使用土地的；

（二）土地出让等有偿使用合同约定的使用期限届满，土地使用者未申请续期或者申请续期未获批准的；

（三）因单位撤销、迁移等原因，停止使用原划拨的国有土地的；

（四）公路、铁路、机场、矿场等经核准报废的。

依照前款第（一）项的规定收回国有土地使用权的，对土地使用权人应当给予适当补偿。

《国有土地上房屋征收与补偿条例》

第十三条 市、县级人民政府作出房屋征收决定后应当及时公告。公告应当载明征收补偿方案和行政复议、行政诉讼权利等事项。

市、县级人民政府及房屋征收部门应当做好房屋征收与补偿的宣传、解释工作。

房屋被依法征收的，国有土地使用权同时收回。

《中华人民共和国城市房地产管理法》

第二十六条 以出让方式取得土地使用权进行房地产开发的，必须按照土地使用权出让合同约定的土地用途、动工开发期限开发土地。超过出让合同约定的动工开发日期满一年未动工开发的，可以征收相当于土地使用权出让金百分之二十以下的土地闲置费；满二年未动工开发的，可以无偿收回土地使用权；但是，因不可抗力或者政府、政府有关部门的行为或者动工开发必需的前期工作造成动工开发迟延的除外。

《中华人民共和国民法典》

第三百五十八条 建设用地使用权期限届满前，因公共利益需要提前收回该土地的，应当依据本法第二百四十三条的规定对该土地上的房屋以及其他不动产给予补偿，并退还相应的出让金。

20. 企业拆迁中划拨土地是否应给予补偿

在我国，建设用地使用权的取得方式有两种，即出让和划拨。企业拆迁中对于国有土地使用权的补偿，应区分土地使用权的取得方式，针对划拨土地和出让土地的补偿应有所区别。

划拨土地与出让土地的区别

土地使用权出让，是指国家以土地所有者的身份将国有土地使用权在一定年限内让与土地使用者，由土地使用者向国家交纳土地出让金后取得土地使用权。土地使用权划拨，是指在土地使用者缴纳补偿、安置等费用后将该幅土地交付其使用，或者将土地使用权无偿交付给土地使用者使用的行为。

划拨土地与出让土地存在以下不同。

性质不同。划拨土地是在缴纳补偿、安置等费用后无偿取得的，一般不设定土地使用权的期限，但有一定的限定条件，如不得转让、出租和抵押。出让土地是国家以土地所有者的身份将土地使用权在一定年限内出让给土地使用者，并需要由土地使用者向国家支付土地使用权出让金。

取得方式不同。划拨土地，需要县级以上人民政府依法批准，在土地使用者缴纳补偿、安置等费用后将该幅土地交付其使用，或者将土地使用权无偿交付给土地使用者使用。出让土地，可以采取拍卖、招标或者双方协议的方式。商业、旅游、娱乐和豪华住宅用地，有条件的，必须采取拍卖、招标方式；没有条件，不能采取拍卖、招标方式的，可以采取双方协议的方式。

权利义务不同。划拨土地的转让需要报有批准权的人民政府审批，有批准权的人民政府准予转让的，应当由受让方办理土地使用权出让手续，并依照国家有关规定缴纳土地使用权出让金。出让土地的转让则没有上述限制。

使用期限不同。依照国家法律规定以划拨方式取得土地使用权的，除法律、法规另有规定外，没有使用期限的限制。《中华人民共和国城镇国有土地使用权出让和转让暂行条例》规定，土地使用权出让的最高年限按下列用途确定：居住用地七十年，工业用地五十年，教育、科技、文化、卫生、体育用地五十年，商业、旅游、娱乐用地四十年，综合或者其他用地五十年。

虽然划拨土地在缴纳费用、使用期限上对使用者更有利，但以划拨方式取得土地使用权的条件较为严苛。区别于土地出让可以采取拍卖、招标或者双方协议的方式，土地划拨仅能通过行政方式取得，由县级以上人民政府依法批准决定；且在使用层面上，出让土地使用权人具有法定规范内的处置权，可进行转让、出租和抵押，而划拨土地使用权人不得将划拨土地进行转让、出租和抵押。

需要特别注意的是，一般企业不太可能通过划拨方式拿到土地使用权，《中华人民共和国民法典》第三百四十七条第三款规定“严格限制以划拨方式设立建设用地使用权”，能以划拨方式取得土地的，依据《中华人民共和国土地管理法》规定，仅有四种情况：国家机关用地和军事用地，城市基础设施用地和公益事业用地，国家重点扶持的能源、交通、水利等基础设施用地，法律、行政法规规定的其他用地。所以，企业用于经营的土地，不太可能是划拨土地。

关于划拨土地使用权补偿的法律规定

出让土地使用权达到法定条件被收回时，土地使用权人应当适当补偿，这在法律及实践层面是明确且具体的。但针对划拨土地使用权能否得到补偿，相关法律法规在一定程度上是否定的。

根据《中华人民共和国土地管理法》第五十八条规定，有关人民政府自然资源主管部门报经原批准用地的人民政府或者有批准权的人民政府批准，可以收回国有土地使用权，为实施城市规划进行旧城区改建以及其他公共利益需要，确需使用土地的，对国有土地使用权人应当给予适当补偿。

根据最高人民法院在相关案例中的分析，对于上述“给予适当补偿”，不宜单纯以法条规定的文意为限，不能静止、孤立、机械地解释为以受让土地价格为基础给予相应补偿，而宜作统一的法律解释。收回的土地使用权以划拨方式供应的，参照评估的划拨土地使用权价格，核定土地使用者应有权益后予以补偿。

上述法律未区分划拨土地与出让土地，最高人民法院还在案例中对该法条作出分析时肯定了出让土地和划拨土地使用权人均应得到适当补偿，但我们也不能忽视《中华人民共和国城镇国有土地使用权出让和转让暂行条例》对划拨土地无偿收回的规定。该条例第四十七条第二款、第三款规定，对划拨土地使用权，市、县人民政府根据城市建设发展需要和城市规划的要求，可以无偿收回；无偿收回划拨土地使用权时，对其地上建筑物、其他附着物，市、县人民政府应当根据实际情况给予适当补偿。以上规定在很大程度上否定了土地使用权人对划拨土地被依法收回时应得到补偿。

实践中关于划拨土地使用权补偿的司法案例

在相关案例中，对于土地性质登记为划拨土地的土地使用权被收回时，并非采取对使用权人绝对不补偿的方式。

河南省高级人民法院在针对一宗涉划拨土地补偿案件作出的判决书中认为，划拨土地使用权也是土地使用者依法取得的土地使用权，和出让土地使用权一样，都属于财产权，系用益物权的一种。不能仅以土地使用权系划拨方式取得为由认定土地使用者无权获得土地使用权补偿。其作出此结论的依据是2016年11月27日发布的《中共中央　国务院关于完善产权保护制度依法保护产权的意见》第八条规定，土地、房屋等财产征收征用应遵循及时合理补偿原则，给予被征收征用者公平合理的补偿。新《城镇土地估价规程》也明确提出了“划拨土地使用权价格”的概念。结合该案件当事人某建设中心持有的国有土地使用权证上虽载明系划拨方式取得，但是实质上陈某书（已故）已经按照《兴建××××市场合同书》约定的每亩1万元的价格支付了120多万元款项，有《兴建××××市场结算协议书》等相关证据在卷予以证实。庭审中，某乡人民政府也自认收取了该款项。

需要注意的是，上述案件当事人是以与乡人民政府签订协议、缴纳出让金并变更使用权人登记的方式取得的划拨土地使用权，法院结合案情作出区人民政府向相关当事人适当补偿的判决。

在另一份裁判中，对于当事人取得270平方米的国有划拨土地建造房屋，法院直接按照《中华人民共和国城镇国有土地使用权出让和转让暂行条例》第四十七条规定，向当事人释明其要求划拨土地没有法律依据，不具有诉的利益。不过该案的事实前提是，相关单位就占地180平方米的地上附着物及后续搬迁安置与起诉人签订了安置补偿协议，并支付了搬迁安置补偿款。此外，相关单位还为起诉人安置了一宗180平方米的土地。

综上所述，绝对的通过无偿方式取得划拨土地使用权在达到法定条件收回时是可以不予补偿的。但在例外情形下，如取得土地使用权性质是划拨土地却支付了土地出让费用、长期使用土地形成附加价值等，应该得到适当补偿，或在就补偿安置事项达成协议时一并安置土地。笔者认为，划拨土地使用权如应“适当补偿”，则应考虑土地面积、土地使用时间、原批准用途、土地开发利用程度、城市规划限制等，结合《国有土地上房屋征收评估办法》《城镇土地估价规程》等规定予以估价补偿。

案例

1. 某房地产有限公司、某市国土资源局资源行政管理案

关于《中华人民共和国土地管理法》第五十八条第二款规定的“给予适当补偿”如何理解的问题。

根据《中华人民共和国土地管理法》第五十八条第二款规定，为公共利益需要使用土地，或者为实施城市规划进行旧城区改建，需要调整使用土地，收回国有土地使用权的，对土地使用权人应当给予适当补偿。同时，根据《中华人民共和国城市房地产管理法》第二十条规定，根据社会公共利益的需要，可以依照法律程序提前收回土地使用者依法取得的土地使用权，并根据土地使用者使用土地的实际年限和开发土地的实际情况给予相应的补偿；根据《中共中央　国务院关于完善产权保护制度依法保护产权的意见》第八条规定，财产征收征用应遵循及时合理补偿原则，给予被征收征用者公平合理补偿。

因此，结合我国土地和城市房地产管理法律法规规定以及国家依法保护产权政策，对于上述“给予适当补偿”，不宜单纯以法条规定的文意为限，不能静止、孤立、机械地解释为以受让土地价格为基础给予相应补偿，而宜作统一的法律解释。即行政主体因公共利益需要收回国有土地使用权的，收回的国有土地使用权以出让方式供应的，应当根据土地面积、剩余土地使用年期、原批准用途、土地开发利用程度、城市规划限制等，参照市场地价水平经专业评估后予以补偿；收回的国有土地使用权以划拨方式供应的，参照评估的划拨土地使用权价格，核定土地使用者应有权益后予以补偿；确定补偿标准的基准日，原则上应当以行政主体作出收回决定的日期或者以收回土地事宜向社会公告的日期为准。本案双方当事人均认可按照案涉国有土地使用权收回当时的市场价值给予补偿，也均同意通过评估方式确定案涉国有土地使用权的客观合理价格。因此，二审判决认为，对某公司给予适当补偿，即应以某公司受让取得涉案地块的价格为基础适当补偿，不符合《中华人民共和国土地管理法》第五十八条第二款立法原意，也与双方当事人意见表示不符，因此予以指正。

2. 黄某云、陈某宇、陈某与某市某区人民政府、某市人民政府履行安置补偿法定职责及行政复议行政争议案

划拨土地使用权也是土地使用者依法取得的土地使用权，和出让土地使用权一样，都属于财产权，系用益物权的一种。不能仅以土地使用权系划拨方式取得为由认定土地使用者无权获得土地使用权补偿。上诉人主张案涉土地系划拨性质的土地，国家征收时可无偿收回，不予补偿，依据不足。案涉55.61亩国有划拨土地使用权证虽登记在某建设中心名下，但某建设中心的

“土地登记卡”载明该单位性质系个体，杜某发退出后，陈某书独自完成该项目，独自享有收益，被上诉人黄某云、陈某宇、陈某作为陈某书法定继承人，依继承取得案涉55.61亩土地使用权，且上诉人某区人民政府已向被上诉人黄某云、陈某宇、陈某就无争议部分的14.27亩土地进行了相关补偿。原审认定某市某区人民政府将剩余未利用开发的土地，向被上诉人予以适当补偿，并无不当。上诉人主张被上诉人黄某云、陈某宇、陈某无权取得案涉国有划拨土地补偿款的上诉理由，法院不予支持。

3. 刘某清诉弥勒市某农场管理局、云南省某国营农场、弥勒市某农场管理局某社区居民委员会划拨土地案

法院认为，涉案土地为国有划拨土地，根据《中华人民共和国城镇国有土地使用权出让和转让暂行条例》第四十七条第二款、第三款规定，对划拨土地使用权，市、县人民政府根据城市建设发展需要和城市规划的要求，可以无偿收回；无偿收回划拨土地使用权时，对其地上建筑物、其他附着物，市、县人民政府应当根据实际情况给予适当补偿。本案中，原告的国有划拨土地被收回后，弥勒市某农场管理局已经根据评估对起诉人刘某清的地上附着物给予补偿，并重新安置土地，现起诉人刘某清要求划拨土地没有法律依据，不具有诉的利益。

法律规定

《中华人民共和国民法典》

第三百四十七条第一款 设立建设用地使用权，可以采取出让或者划拨等方式。

《中华人民共和国城市房地产管理法》

第二十三条 土地使用权划拨，是指县级以上人民政府依法批准，在土地使用者缴纳补偿、安置等费用后将该幅土地交付其使用，或者将土地使用权无偿交付给土地使用者使用的行为。依照本法规定以划拨方式取得土地使用权的，除法律、行政法规另有规定外，没有使用期限的限制。

《中华人民共和国城镇国有土地使用权出让和转让暂行条例》

第四十三条第一款 划拨土地使用权是指土地使用者通过各种方式依法无偿取得的土地使用权。

《国家土地管理局政策法规司关于“无偿取得土地使用权”含义的答复》

经研究，同意你们对《中华人民共和国城镇国有土地使用权出让和转让暂行条例》第四十三条“无偿取得的土地使用权”含义的理解，即“无偿取得的土地使用权”是指除出让形式以外，通过行政划拨方式取得的土地使用权。

《中华人民共和国土地管理法》

第五十五条第一款 以出让等有偿使用方式取得国有土地使用权的建设单位，按照国务院规定的标准和办法，缴纳土地使用权出让金等土地有偿使用费和其他费用后，方可使用土地。

第五十八条 有下列情形之一的，由有关人民政府自然资源主管部门报经原批准用地的人民政府或者有批准权的人民政府批准，可以收回国有土地使用权：

（一）为实施城市规划进行旧城区改建以及其他公共利益需要，确需使用土地的；

（二）土地出让等有偿使用合同约定的使用期限届满，土地使用者未申请续期或者申请续期未获批准的；

（三）因单位撤销、迁移等原因，停止使用原划拨的国有土地的；

（四）公路、铁路、机场、矿场等经核准报废的。

依照前款第（一）项的规定收回国有土地使用权的，对土地使用权人应当给予适当补偿。

《中华人民共和国城镇国有土地使用权出让和转让暂行条例》

第四十七条第二款、第三款 对划拨土地使用权，市、县人民政府根据城市建设发展需要和城市规划的要求，可以无偿收回，并可依照本条例的规定予以出让。

无偿收回划拨土地使用权时，对其地上建筑物、其他附着物，市、县人民政府应当根据实际情况给予适当补偿。

21. 企业房屋、建筑物补偿费用如何确定

一般情况下，企业房屋及各类建筑物、构筑物，是除了土地企业最重要的资产，其价格的确定方式、依据，直接关系到被拆迁企业的重大补偿利益，因此十分重要。

企业房屋、建筑物在征收时的特性

房屋、建筑物为企业的重要固定资产，需要企业投入大量财力建盖。相较于个人住宅，企业房屋、建筑物具有面积较大、结构要求相对宽泛、数量较少，主要用于生产经营（加工），少量用于办公、员工住宿的特性。拆迁时，企业房屋、建筑物的价值基于以上特性不易被确定，往往会成为征收双方争议的焦点。

企业房屋、建筑物补偿费用如何确定

企业房屋、建筑物补偿费用一般是通过评估的方式确定，根据《国有土地上房屋征收与补偿条例》《国有土地上房屋征收评估办法》的相关规定，评估机构由被征收人在规定时间内协商选定；在规定时间内协商不成的，由房屋征收部门通过组织被征收人按照少数服从多数的原则投票决定，或者采取摇号、抽签等随机方式确定。

在确定评估机构以后，由评估师根据评估对象和当地房地产市场状况，对市场法、收益法、成本法、假设开发法等评估方法进行适用性分析后，选用其中一种或者多种方法对被征收房屋价值进行评估。被征收房屋的类似房地产有交易的，应当选用市场法评估；被征收房屋或者其类似房地产有经济收益的，应当选用收益法评估；被征收房屋是在建工程的，应当选用假设开发法评估。

可以同时选用两种以上评估方法评估的，评估师应当选用两种以上评估方法评估，并对各种评估方法的测算结果进行校核和比较分析，合理确定评估结果。

影响房屋、建筑物补偿费用的因素

房屋、建筑物补偿费用与其合法性、市场价值、当地补偿标准、政府奖励等相关。

首先，有无权属证明是政府认定房屋、建筑物是否为合法建筑的首要依据，合法房屋、建筑物的补偿价值相对较高。对于已经登记的房屋，其性质、用途和建筑面积，一般以房屋权属证书和房屋登记簿的记载为准；房屋权属证书与房屋登记簿的记载不一致的，除有证据证明房屋登记簿确有错误外，以房屋登记簿为准。对于未经登记的建筑，应当按照市、县级人民政府的认定、处理结果进行评估。

其次，征收时一般通过评估确定房屋、建筑物的市场价值。方法大致有两种，一种为参考类似房屋、建筑物在市场上的交易价格确定市场价值；另一种为结合结构类型、材料使用、建筑年代以及折旧程度等因素确定房屋、建筑物的市场价值，结构稳固、材料优质且较新的建筑物，通常市场价值相对较高。

再次，评估公司在进行评估时往往会参考当地政府根据本地实际情况和国家法律政策制定的具体补偿标准计算房屋、建筑物的评估价值。

最后，奖励性补偿也是房屋、建筑物补偿费用的重要组成部分。

需要注意的是，具体的补偿费用确定方式可能因地区、政策、法规等因素有所不同。

案例

1. 黑龙江省鸡西市某区人民政府、林某琦行政赔偿纠纷案

法院经审查认为，关于房屋损失评估认定的问题，根据本案业已查明的事实，鸡西市中级人民法院组织双方当事人对案涉房屋进行司法鉴定，双方当事人通过摇号方式共同选定山东省某土地房屋评估有限公司黑龙江省分公司（以下简称“某评估公司”）对案涉房屋价值进行司法鉴定。鉴定时，房屋已经灭失，双方对案涉房屋状况进行了确认。黑龙江省鸡西市某区人民政府主张某评估公司出具的鉴定意见评估方法不当，不应采取成本法及收益法进行评估。根据《国有土地上房屋征收评估办法》第十三条第一款规定："注册房地产估价师应当根据评估对象和当地房地产市场状况，对市场法、收益法、成本法、假设开发法等评估方法进行适用性分析后，选用其中一种或者多种方法对被征收房屋价值进行评估。"根据该办法，在没有与案涉房屋相类似，鉴定时点近期交易的房屋实例对照比较、双方当事人未提交其他相关材料的情况下，某评估公司未采用市场法，而是采用成本法和收益法进行评估，不违反该办法。黑龙江省鸡西市某区人民政府主张该鉴定意见采取的评估方法不当，但是并未提供证据证明，其主张不能成立。作出鉴定意见后，林某琦及黑龙江省鸡西市某区人民政府均有异议，但林某琦未提出重新鉴定申请。黑龙江省鸡西市某区人民政府虽提出重新鉴定申请，但未预交鉴定费用，不符合重新鉴定的条件，一、二审判决依据该鉴定意见确定案涉房屋的赔偿价格，并无不当。

关于附属物损失问题。《中华人民共和国行政诉讼法》第三十八条第二款规定："在行政赔偿、补偿的案件中，原告应当对行政行为造成的损害提供证据。因被告的原因导致原告无法举证的，由被告承担举证责任。"本案中，黑龙江省鸡西市某区人民政府违法强拆林某琦的房屋，导致林某琦无法就损害情况进行举证，对附属物损失的举证责任应由黑龙江省鸡西市某区人民政府承担，黑龙江省鸡西市某区人民政府未能提供相应的证据，应承担不利后果。一、二审法院结合案件实际，酌定判决赔偿附属物损失，结论并无不当。

关于租房损失、营业损失及从业人员工资损失问题。《国有土地上房屋征收与补偿条例》第十七条第一款规定："作出房屋征收决定的市、县级人民政府对被征收人给予的补偿包括：（一）被征收房屋价值的补偿；（二）因征收房屋造成的搬迁、临时安置的补偿；（三）因征收房屋造成的停产停业损失的补偿。"本案系行政赔偿案件，但赔偿内容应当包含被征收人在正常征收补偿程序中所能获得的补偿事项。一、二审法院根据上述条例，结合《鸡西市国有土地上房屋征收与补偿办法》的规定，按六个月计算停产停业损失，并根据其提供的租房合同等证据，计算林某琦租房损失、营业损失及从业人员工资损失，并无不当。

2. 伏某某不服江苏省某县人民政府征收补偿决定案

关于涉案房屋价值确定是否合理问题。第一，根据《国有土地上房屋征收与补偿条例》第十九条规定，本案中证公司作为经依法协商选定产生、具有相应资质的房地产价格评估机构，对涉案房屋进行了评估，出具了评估报告，并交代了相关权利。原告伏某某收到评估报告后，并未依照上述规定向评估机构申请复核评估，本应承担相应不利后果。但经审查，涉案评估报告载明的土地基本状况为“使用权面积：162.54平方米”，而原告伏某某持有的国有土地使用证中载明的土地使用权面积为202.28平方米。依据《国有土地上房屋征收评估办法》第十一条第一款和第十四条第一款的规定可以判定，本案所涉房屋价值确定情况不合理，应当予以纠正……第三，《燕尾港镇镇区棚户区改造项目房屋征收补偿方案》第十二项“征收补助”中对搬迁补助、临时安置补助、政策性补助、其他补助均作了规定。本案中，《征收补偿决定书》中载明的临时安置费为7802元，该费用系按照住宅房屋性质进行计算，且对于“其他补助32508元”的情况，被告江苏省某县人民政府也未提供相应证据和依据进行合理说明，存在不当，应予以纠正。

本案中，对于房屋的价值系依据评估确认，政府的政策性补助也成为房屋、建筑物补偿费用的一部分。

法律规定

《国有土地上房屋征收与补偿条例》

第十七条 作出房屋征收决定的市、县级人民政府对被征收人给予的补偿包括：

（一）被征收房屋价值的补偿；

…………

第十九条 对被征收房屋价值的补偿，不得低于房屋征收决定公告之日被征收房屋类似房地产的市场价格。被征收房屋的价值，由具有相应资质的房地产价格评估机构按照房屋征收评估办法评估确定。

对评估确定的被征收房屋价值有异议的，可以向房地产价格评估机构申请复核评估。对复核结果有异议的，可以向房地产价格评估专家委员会申请鉴定。

房屋征收评估办法由国务院住房城乡建设主管部门制定，制定过程中，应当向社会公开征求意见。

第二十条 房地产价格评估机构由被征收人协商选定；协商不成的，通过多数决定、随机选定等方式确定，具体办法由省、自治区、直辖市制定。

房地产价格评估机构应当独立、客观、公正地开展房屋征收评估工作，任何单位和个人不得干预。

《国有土地上房屋征收评估办法》

第四条 房地产价格评估机构由被征收人在规定时间内协商选定；在规定时间内协商不成的，由房屋征收部门通过组织被征收人按照少数服从多数的原则投票决定，或者采取摇号、抽签等随机方式确定。具体办法由省、自治区、直辖市制定。

房地产价格评估机构不得采取迎合征收当事人不当要求、虚假宣传、恶意低收费等不正当手段承揽房屋征收评估业务。

第九条 房屋征收评估前，房屋征收部门应当组织有关单位对被征收房屋情况进行调查，明确评估对象。评估对象应当全面、客观，不得遗漏、虚构。

房屋征收部门应当向受托的房地产价格评估机构提供征收范围内房屋情况，包括已经登记的房屋情况和未经登记建筑的认定、处理结果情况。调查结果应当在房屋征收范围内向被征收人公布。

对于已经登记的房屋，其性质、用途和建筑面积，一般以房屋权属证书和房屋登记簿的记载为准；房屋权属证书与房屋登记簿的记载不一致的，除有证据证明房屋登记簿确有错误外，以房屋登记簿为准。对于未经登记的建筑，应当按照市、县级人民政府的认定、处理结果进行评估。

第十一条第一款 被征收房屋价值是指被征收房屋及其占用范围内的土地使用权在正常交易情况下，由熟悉情况的交易双方以公平交易方式在评估时点自愿进行交易的金额，但不考虑被征收房屋租赁、抵押、查封等因素的影响。

第十三条第一款、第二款 注册房地产估价师应当根据评估对象和当地房地产市场状况，对市场法、收益法、成本法、假设开发法等评估方法进行适用性分析后，选用其中一种或者多种方法对被征收房屋价值进行评估。

被征收房屋的类似房地产有交易的，应当选用市场法评估；被征收房屋或者其类似房地产有经济收益的，应当选用收益法评估；被征收房屋是在建工程的，应当选用假设开发法评估。

第十四条第一款 被征收房屋价值评估应当考虑被征收房屋的区位、用途、建筑结构、新旧程度、建筑面积以及占地面积、土地使用权等影响被征收房屋价值的因素。

《中华人民共和国土地管理法》

第四十八条第四款 征收农用地以外的其他土地、地上附着物和青苗等的补偿标准，由省、自治区、直辖市制定……

22. 机器设备补偿费用如何计算

在企业拆迁过程中，机器设备搬迁费用的补偿价值在整个征收补偿额中所占比例越来越高。特别是在一些特殊行业，机器设备是企业生产中的最重要环节。

机器设备的种类繁多，结构特性复杂，按其价值高低可分为重大重要设备、一般设备及低值或无须安装的设备，按其使用状况又可分为正常运行设备、暂停使用设备及未安装使用设备。

由于不同类型机器设备的行业特性、作用、使用状况等方面存在差异，评估机构需要根据实际情况确定机器设备搬迁补偿价值。

机器设备搬迁过程中补偿价值的类型

机器设备在实施搬迁过程中，补偿价值的类型可分为三类。

第一，不可搬迁或无法恢复原状使用的设备。这类设备无法拆卸或一经拆卸无法恢复或达到原有的生产工艺要求和技术参数。例如，现场制作的非标生产流水线，各种炉窑、大型储罐，与建筑物相关的设备如电梯、起重机、电线电缆、通风管道系统、中央空调系统等。部分使用年限较长，搬迁费用大于其实际价值的设备，也应按照不可搬迁设备处理。

第二，可搬迁设备。这类设备经拆除重新安装后不影响原使用状况。如需水、电、基础配套安装的机床设备、通用设备、定型设备等。

第三，低值或无须安装的设备。这类设备无须安装可随意移动，如电子办公设备、冰箱、工器具等。

相应设备补偿价值的确定

不可搬迁或无法恢复原状使用的设备，采用重置成本法

不可搬迁或无法恢复原状使用的设备补偿价值是该设备在评估基准时点时体现的市场公允价值及更新的设备重新安装调试，恢复到原使用状态所需费用的总和，即：

不可搬迁设备补偿费 = 设备评估值 + 更新设备运杂、安装基础费

可搬迁设备，采用重置成本法

可搬迁设备的补偿价值是该设备在评估基准时点的重置现价为计费基数，设备在评估基准时点原使用状态下，经拆迁、搬运至新厂址后，重新安装，恢复到原使用状态所需费用的总和，即：

可搬迁设备的补偿价值＝拆除费 + 拆除损失 + 运杂费 + 安装调试费 + 设备基础费 + 大型设备的联合试运转费

其中，运杂费 = 基本运费 + 装卸费 + 基本包装费 + 合理损耗费 + 运输保险费

低值或无须安装的设备

低值或无须安装的设备补偿价值是该设备与原材料、半成品、产成品、

办公生活物品等，按标准吨位卡车计算运输量（车／台班）。

案例

1. 济南市某造型材料厂诉济南市某区人民政府行政赔偿案

关于机器设备的赔偿问题。因济南市某区人民政府没有提交涉案厂房被拆除时的录像资料，济南市某造型材料厂（以下简称“某造型厂”）也无法合理说明其设备的实际价格，某造型厂虽对土地征收前、调查摸底时由山东省某资产评估有限公司于2010年12月15日出具的评估价值有异议，但涉案机器设备下落不明，不具备重新评估的条件，一审法院酌定按照山东省某资产评估有限公司出具的评估报告中机器设备的重置价值115440元计算，另向某造型厂赔偿拆卸、运输、安装调试费10370元，合计为125810元。二审法院予以维持，并无不当。关于办公用品及室内财产损失问题，一审法院运用逻辑推理和生活经验、生活常识等，酌情确定赔偿数额也符合法律规定。二审法院予以维持，并无不当。关于搬迁过渡费、经营损失及划出经营土地的主张，另案生效判决已经明确没有法律依据，一、二审法院不予支持，也无不当。另查，二审法院通过补正裁定对某造型厂上诉人身份予以列明，补正裁定中也载明其上诉理由：“认为原审法院认定事实不清，对赔偿数额有异议。”二审法院对于本案的处理在实体上并无不当之处，本案并无启动再审程序的必要。

2. 某纸业公司与某市政府行政补偿决定案

关于争议焦点四，即某市政府应否对某纸业公司的机械设备进行征收。国家发展改革委发布的《产业结构调整指导目录》（2019年本）第三类第（十二）项第11条规定“单条1万吨/年及以下、以废纸为原料的制浆生产线”及第13条规定“幅宽2米及以下并且车速为80米／分以下的白板纸、箱板纸及瓦楞纸生产线”均需淘汰。本案中，某纸业公司拥有以废纸为原料生产五叠网双面涂布白板纸及灰纸板的制浆造纸生产线，年产3万吨，纸板门幅为2.8米，即无论是其年产量还是其幅宽都不属于上述规定中淘汰类的生产线，故该公司的机械设备仍可以在市场上进行交易或搬迁重建，某市政府向其支付机械设备的搬迁费具有事实根据和法律依据。

但无论对案涉机械设备进行出售变卖还是搬迁重建，都会使某纸业公司产生额外费用。若对机械设备进行出售变卖，则会使某纸业公司面临出售对象的有限性及待售期间机械设备折旧等不利因素的影响，导致案涉机械设备最终成交的价格低于征收时点正常的市场价格；若对机械设备直接进行搬迁重建，则会受到《造纸产业发展政策》(国家发展改革委公告2007年第71号)第七十四条规定新建、扩建箱纸板和白纸板项目单条生产线起始规模达到年产30万吨的要求限制，因此，某纸业公司只能在重新投入大量资金对原有机械设备进行升级改造继而达到年产30万吨的生产规模要求后，方可搬迁重建，以此继续生产。上述重新投入的资金也是本次征迁行为对某纸业公司造成的额外负担，搬迁重建还将面临环保政策、土地竞拍及立项备案等诸多因素的限制。综上所述，基于生产线起始规模准入条件及出售对象有限性的影响，结合其机械设备待售期间折旧等因素，某市政府除向某纸业公司提供搬迁费，还应当酌情给付因征收行为对该公司机械设备造成额外损失的补偿款。另考虑到征收行为的公益性目的、产业结构调整、环保政策要求及市场价格正常变动等因素影响，上述酌情给付的标准不是对案涉机械设备予以整体征收，也不是补齐案涉机械设备评估价格减去售卖成交价格之间的差价，而是在给付案涉机械设备搬迁费的基础上，将案涉机械设备移交给某纸业公司后并对因征迁行为造成该机械设备之额外损失给予的适当补偿。

23.“两停”损失的定义和计算方式有哪些

“两停”损失的定义

“两停”损失即“停产停业损失”，是指因征收行为造成被征收人生产经营活动暂停或者终止而产生的损失。“两停”损失本质上是一种过渡性费用损失。

根据《国有土地上房屋征收与补偿条例》等相关规定，作出房屋征收决定的市、县级人民政府对被征收人给予的补偿应包括因征收房屋造成的停产停业损失的补偿。对因征收房屋造成停产停业损失的补偿，根据房屋被征收前的效益、停产停业期限等因素确定。具体办法由省、自治区、直辖市制定。

“两停”损失的计算方式

目前，各地方对停产停业损失的计算标准有所不同，一般计算企业的停产停业损失有如下几种方式。

以被征收房屋总体价值的一定比例计算

例如，《上海市国有土地上房屋征收与补偿实施细则》关于停产停业损失补偿规定，因征收非居住房屋造成被征收人、公有房屋承租人停产停业损失的补偿标准，按照被征收房屋市场评估价 10% 确定。被征收人、公有房屋承租人认为其停产停业损失超过被征收房屋的市场评估价 10% 的，应当向房屋征收部门提供房屋被征收前三年的平均效益、停产停业期限等相关证明材料。房屋征收部门应当委托房地产价格评估机构对停产停业损失进行评估，并按照评估结果予以补偿。

根据经营收入、利润、应纳税所得额、平均效益等指标并结合停产停业期限确定

例如，《深圳市房屋征收与补偿实施办法（试行）》规定，因征收引起的停产、停业的补偿费。（一）能提供与征收决定发布日期间隔 3 个月以上时间有登记、备案凭证的房屋租赁合同的住宅房屋，按市场租金给予 6 个月的一次性租赁经营损失补偿。无登记、备案凭证的房屋租赁合同的出租住宅房屋，不给予租赁经营损失补偿。（二）征收合法经营性房屋引起停产、停业的，根据被征收房屋的区位和使用性质，按照下列标准给予一次性停产、停业补偿费：能依据完税证明提供利润标准的，给予 6 个月税后利润补偿；不能提供利润标准的，按上年度同行业月平均税后利润额计算或者按同类房屋市场租金，给予 6 个月的补偿。（三）征收加油站、码头、矿山、采石场等特许经营项目的房屋及构筑物、其他附着物等引起停产、停业的，停产停业补偿费以经营期内税后平均利润或者行业平均税后利润为标准，许可证剩余期限超过36个月的按36个月计算，不足36个月的按实际月数计算。此外，该办法规定，对擅自改为经营性用途的给予适当补偿。

贵州省规定，征收国有土地上的房屋造成的停产停业损失，按照以下分类和标准进行补偿：被征收人能够提供税务部门出具的应纳税所得额证明的，按照上一年度月均应纳税所得额计算每月的经营性损失补偿；被征收人不能提供税务部门出具的应纳税所得额证明的，经营性损失补偿标准由市、县人民政府根据当地经济发展水平、房屋被征收前的经济效益等因素制定。

月租金、月利润、员工月生活补助和停产停业期限相综合的方式确定

例如，《北京市国有土地上房屋征收停产停业损失补偿暂行办法》规定，非住宅房屋停产停业损失补偿评估的计算公式为：

停产停业损失补偿费 =（用于生产经营的非住宅房屋的月租金 + 月净利润 × 修正系数 + 员工月生活补助）× 停产停业补偿期限

用于生产经营的非住宅房屋的月租金，是指被征收房屋停产停业期间平均每月的市场租金，由房地产价格评估机构评估确定。

月净利润，是指生产经营者利用被征收房屋，在停产停业期间每月平均能够获取的税后净利润。月净利润按征收决定发布前十二个月的损益表确定；无法根据损益表确定的，根据生产经营者在征收决定发布前十二个月实际缴纳的企业所得税推算。

修正系数基准值为1，根据使用被征收房屋的生产经营运行状况和市场预期进行修正，修正调整幅度不得超过20%。

员工月生活补助，是指生产经营者在停产停业期间，每月支付给员工的基本生活保障补助。员工月生活补助按征收决定发布前上个月的北京市最低工资标准计算。员工数量以生产经营者在征收决定发布前12个月缴纳社会保险的月平均人数计算。生产经营者凭房屋征收决定相关证明到区县社会保险经（代）办机构开具参保人数证明。

按经营面积计算

例如，北京对于用住宅房屋从事生产经营活动，按照实际经营面积每平方米给予800元至3000元一次性停产停业损失补偿费，具体标准由各区县房屋征收部门结合本地区实际情况确定。被征收人对一次性停产停业损失补偿费有异议的，可以在规定期限内申请参照《北京市国有土地上房屋征收停产停业损失补偿暂行办法》有关规定评估确定。

按征收房屋造成的实际财产损失进行补偿

例如，《河北省国有土地上房屋征收与补偿实施办法》规定，因征收房屋造成停产停业损失的补偿，按征收房屋造成的实际财产损失进行补偿。计算因征收房屋造成的停产停业损失，应当根据纳税情况、经营规模、停产停业期限等因素确定。

除以上方式外，还有以**评估机构进行评估、协商确定**等方式对停产停业损失进行补偿。

案例

合肥市某烤鸭食品有限公司诉合肥市某区人民政府不履行土地征收补偿职责案

关于停产停业损失。合肥市某烤鸭食品有限公司（以下简称“某烤鸭公司”）因案涉征地拆迁提前终止租赁协议，若继续经营则需另寻场地。从协议终止到在新的场地恢复生产经营，需要合理的时间，在此期间势必暂时停产停业。征收过程中的停产停业损失，系因征收行为给经营者合法开展经营活动造成临时性障碍产生，本质上是一种过渡性费用损失。对于集体土地征收导致的承租人停产停业损失计算标准及计算方式，现行法律、法规尚无具体明确的规定，实践中各地做法也不统一。通常情况下，停业期限根据企业规模大小及类似企业恢复生产经营实际所需时间确定，一般为两个月到六个月为合理时间。停产停业损失数额可按停业之前月平均净利润乘以停业期限计算，月平均净利润以停业前一年月均实际缴纳的企业所得税推算。对于某烤鸭公司因案涉征地拆迁而产生的停产停业损失，合肥市某区人民政府应根据某烤鸭公司提供的相应证据，结合案涉征收补偿方案及当地实际，参考实践中通常做法，依法对其予以公平合理补偿。

法律规定

《国有土地上房屋征收与补偿条例》

第十七条 作出房屋征收决定的市、县级人民政府对被征收人给予的补偿包括：

（一）被征收房屋价值的补偿；

（二）因征收房屋造成的搬迁、临时安置的补偿；

（三）因征收房屋造成的停产停业损失的补偿。

市、县级人民政府应当制定补助和奖励办法，对被征收人给予补助和奖励。

第二十三条 对因征收房屋造成停产停业损失的补偿，根据房屋被征收前的效益、停产停业期限等因素确定。具体办法由省、自治区、直辖市制定。

24. 企业职工的安置费是否补偿及如何补偿

因征收行为造成企业停产停业的，应当给停产停业的职工发放基本生活保障补助或职工失业补助。目前，各地对停产停业企业的职工月生活补助费，大多根据当地社会平均工资标准计算，但补偿期限略有差别。发放时，或计入停产停业损失一并发放，或单独计项发放。

如北京市规定，员工生活补助计入停产停业损失补偿一并发放，其中，非住宅房屋停产停业损失补偿评估的计算公式为：

停产停业损失补偿费 =（用于生产经营的非住宅房屋的月租金 + 月净利润 × 修正系数 + 员工月生活补助）× 停产停业补偿期限

员工月生活补助，是指生产经营者在停产停业期间，每月支付给员工的基本生活保障补助。员工月生活补助标准按征收决定发布前上个月的北京市最低工资标准计算。员工数量以生产经营者在征收决定发布前十二个月缴纳社会保险的月平均人数计算。生产经营者凭房屋征收决定相关证明到区县社会保险经（代）办机构开具参保人数证明。同时，规定被征收人不能在规定期限内提供反映月净利润和员工数量等有效凭证的，在停产停业损失补偿费的计算公式中不计月净利润和员工月生活补助。

《河北省国有土地上房屋征收与补偿实施办法》规定，征收房屋造成停产停业的，应当给停产停业的职工发放生活补助费。停产停业的职工月生活补助费，按当地社会平均工资标准计算；其停产停业职工数量，按生产经营者在征收决定发布前十二个月缴纳社会保险的月平均人数计算；发放停产停业生活补助费期限，按六个月计算。

贵州省规定，被征收人能够提供向社会保险经办机构缴纳社会保险费凭证的，按照上一年度本单位职工月均工资总额计算每月的职工失业补助。被征收人选择货币补偿的，按照《贵州省国有土地上房屋征收停产停业损失补偿指导意见》规定的标准一次性计发三个月至六个月的经营性损失补偿和职工失业补助。被征收人选择产权调换，房屋征收部门提供了非住宅临时安置房的，按照该规定的标准一次性计发三个月至六个月的经营性损失补偿和职工失业补助；被征收人自行过渡的，按照该规定的标准逐月计发经营性损失补偿和六个月的职工失业补助。

案例

某农牧畜禽养殖专业合作社、某县人民政府行政赔偿案

关于停产停业损失、解聘员工安置补偿费的问题。房屋征收中的停产停业损失主要包括因停产停业造成的利润损失和职工失业补助。某农牧畜禽养殖专业合作社（以下简称“某合作社”）系于2016年11月4日经某县工商行政管理局核准登记的企业，在强制拆除其养殖场时，仍在正常合法经营。某县人民政府的强拆已导致该养殖场不复存在，营业终止，必然导致某合作社遭受停产停业损失，同时原有五名职工被遣散。某县人民政府理应对某合作社遭受停产停业损失和解聘员工安置补偿费承担赔偿责任。因某评估公司也未对该部分损失进行评估，一审庭审中，双方均未提交停产停业损失和解聘员工安置补偿费的相关证据，但涉案公路建设已由相关州人民政府确定了统一、具体的补偿标准，可直接参照补偿标准及《××省国有土地上房屋征收停产停业损失补偿指导意见》计算某合作社的停产停业损失和职工失业补助，即一次性计发三个月至六个月的经营性损失补偿和职工失业补助。鉴于本案的实际情况，相关损失可按照最长六个月的期限进行计算。针对停产停业损失部分，相关州人民政府确定的统一补偿标准为每平方米每月补偿25元，双方实际丈量的养殖面积为1047平方米，故其可获得的补偿金额为：1047×25×6＝157050（元），上浮10%后该部分的价值为172755元。由某县人民政府向某合作社进行赔偿。在本案的诉讼中，其诉请要求赔偿解聘员工五人安置补偿费（职工失业补助）共计100000元，低于某省2018年社会平均工资标准，上浮10%后该部分的价值为110000元，由某县人民政府向某合作社进行赔偿。

法律规定

《河北省国有土地上房屋征收与补偿实施办法》

第十四条 因征收房屋造成停产停业损失的补偿，按征收房屋造成的实际财产损失进行补偿。计算因征收房屋造成的停产停业损失，应当根据纳税情况、经营规模、停产停业期限等因素确定。

征收房屋造成停产停业的，应当给停产停业的职工发放生活补助费。停产停业的职工月生活补助费，按当地社会平均工资标准计算；其停产停业职工数量以生产经营者在征收决定发布前12个月缴纳社会保险的月平均人数计算；发放停产停业生活补助费期限按6个月计算。

征收非住宅用房，被征收人选择货币补偿的，被征收房屋的临时安置补偿费按6个月计算；被征收人选择产权调换的，被征收房屋的临时安置补偿费按实际期限计算。

《贵州省国有土地上房屋征收停产停业损失补偿指导意见》

第五条 被征收人选择货币补偿的，按照第四条规定的标准一次性计发 3~6 个月的经营性损失补偿和职工失业补助。被征收人选择产权调换，房屋征收部门提供了非住宅临时安置房的，按照第四条规定的标准一次性计发 3~6 个月的经营性损失补偿和职工失业补助；被征收人自行过渡的，按照第四条规定的标准逐月计发经营性损失补偿和 6 个月的职工失业补助。

房屋征收决定公告发布前已停产停业的房屋，对被征收人不予计发停产停业损失补偿。

四、特殊主体企业拆迁相关问题

（一）承租人

25. 承租人获得补偿的前提条件

企业开展经营活动必定依附一定的场地、建筑物，然而并非所有经营者都能够或者有必要自己去申请获得土地使用权或者建造建筑物、厂房等，通过承租他人厂房的方式手续更便捷，也更利于抓住稍纵即逝的商机。因此，租赁房屋经营是一种非常常见的方式。但是，根据《国有土地上房屋征收与补偿条例》规定，房屋征收补偿的对象是房屋所有权人。然而，作为事实上开展经营活动的承租人，其持续生产经营、财产权益是受征收影响最大的。承租人获得补偿的前提条件有以下几个方面。

存在合法有效的租赁关系

租赁法律关系基于租赁合同产生，企业承租人欲就征收拆迁项目获得安置补偿利益，首先应当与出租人签订书面租赁合同，或虽无书面租赁合同，但有证据证明属于《中华人民共和国民法典》第七百零七条规定的不定期租赁。租赁法律关系的存在，是承租人获得安置补偿利益的根本前提。

征收拆迁事宜发生在租赁合同约定的租赁期限内

租赁合同到期，实践中通常伴随着合同当事人享有的权利义务终止、租赁法律关系消灭这样的法律后果，但也有符合《中华人民共和国民法典》第七百三十四条第一款规定情形的除外情形："租赁期限届满，承租人继续使用租赁物，出租人没有提出异议的，原租赁合同继续有效，但是租赁期限为不定期。"同样地，在此种情况下，承租人应当注意保留相关证据，证明租赁法律关系继续存在。

租赁双方就安置补偿利益有特别约定

租赁法律关系属民事法律关系，而民事法律关系遵循意思自治原则。故企业承租人想要获得安置补偿利益，还应注意双方是否在租赁合同中，对于合同期限内发生国家征收的情形作了特别约定，即注意是否存在个别条款，对双方可获安置补偿利益的条件等内容进行了明确约定。如有，则应当优先遵照合同约定进行处置。

无特别约定时应符合的条件

若租赁合同未对征收事宜进行约定，则承租人是否有权获得安置补偿利益，一般情况下与承租人的投入相关联，即要看征收事宜对于承租人的租赁使用情况造成了哪些影响。若承租人对所租赁房屋进行了装饰装修、于所租赁土地上建设 / 种植有地上附着物、租赁房屋用于开展经营性活动的，则应当获得相应的补偿利益；反之，若不存在以上支出，则其主张于法无据。故承租人是否可获补偿，需要结合具体案情及证据保存情况加以认定。

案例

湖北省某酒店诉宜昌市某区住房保障服务中心房屋征收补偿协议案

涉及湖北省某酒店诉讼主体资格问题。

根据《中华人民共和国行政诉讼法》第二十五条第一款规定，行政行为的相对人以及其他与行政行为具有利害关系的公民、法人或者其他组织，有权提起诉讼。本案中，湖北省某酒店诉求系要求宜昌市某区住房保障服务中心补偿因承租房屋被征收而遭受的损失。根据《国有土地上房屋征收与补偿条例》第二条规定，为了公共利益的需要，征收国有土地上单位、个人的房屋，应当对被征收房屋所有权人（以下简称“被征收人”）给予公平补偿。第十七条规定，对被征收人给予的补偿包括：被征收房屋价值的补偿，因征收房屋造成的搬迁、临时安置及停产停业损失的补偿。根据上述规定，征收补偿的对象通常应当是被征收房屋的所有权人，但涉及用于经营的房屋被征收的情况，因征收给承租人造成的房屋装修及停产停业损失与房屋征收行为之间存在利害关系。从行政诉讼保护的对象来看，一是行政行为相对人，二是利害关系人。经营用房的承租人属于其他有利害关系的人，其利益应依法给予保护。故尽管一般情况下征收程序中被征收人仅为房屋所有权人，但承租人在对装饰装修、停产停业等损失补偿有异议时应享有救济的途径。故湖北省某酒店具备提起本案行政诉讼的原告主体资格。

…………

本案中，湖北省某酒店是否有权以自己名义直接向征收部门主张承租人的补偿利益？

虽然《国有土地上房屋征收与补偿条例》第二条规定，被征收房屋所有权人即为被征收人，但同时该条例第十七条第一款规定，作出房屋征收决定的市、县级人民政府对被征收人给予的补偿包括：（一）被征收房屋价值的补偿；（二）因征收房屋造成的搬迁、临时安置的补偿；（三）因征收房屋造成的停产停业损失的补偿。第二十三条规定，对因征收房屋造成停产停业损失的补偿，根据房屋被征收前的效益、停产停业期限等因素确定。具体办法由省、自治区、直辖市制定。在此基础上，《湖北省国有土地上房屋征收与补偿实施办法》第三十七条第二款规定，被征收房屋存在租赁关系，生产经营者不是被征收人的，依照其与被征收人的约定分配停产停业损失补偿、室内装饰装修价值补偿。根据上述规定，征收补偿的对象通常是被征收房屋所有权人，但如果涉及用于经营的房屋被征收，而所有权人又非实际经营者的情况时，承租人享有依照与产权人的约定分配停产停业损失补偿、室内装饰装修价值补偿的权利。

诚然，分配补偿权利不等同于可直接向征收部门主张补偿的权利。在存在租赁关系的房屋征收中有两个法律关系，一个是征收人与被征收人之间的征收法律关系，另一个是出租人与承租人之间的租赁法律关系，两者之间既有独立性又有从属性，承租人据此具有双重身份，在租赁法律关系中是承租人，在征收法律关系中是征收利害关系人。基于合同相对性原则，湖北省某酒店如果因承租房屋被征收而遭受损失，应由房屋所有权人依照租赁合同进行补偿，如发生争议可通过民事诉讼等途径解决。但若租赁合同已约定将征收作为违约责任免除情形的情况下，征收必然导致租赁合同客观上不能实际履行，个人利益因公共利益受损应得到补偿，而承租人权益通过民事途径得不到补偿。补偿应以实际利益受损为基础，房屋所有权人作为出租人并未因征收行为给其经营行为造成损失，缺乏享有停产停业损失的事实基础。承租人的正常营业因征收行为而阻却，承租人系合法利益受损的一方，其损失应得到补偿。与此同时，租赁协议约定承租人可享有征收人给予的停产停业损失补偿、室内装饰装修价值补偿，而所有权人与征收部门已签订的补偿协议中未包含上述承租人补偿利益。在此情况下，房屋本身价值补偿可与承租人应享有的损失补偿分别计算，承租人可以自己名义主张上述请求补偿的权利。

…………

综合全案上述情况，尽管通常情况下，在征收程序中不宜直接突破《国有土地上房屋征收与补偿条例》确定的所有权人为征收人的限定，径直将承租人作为被征收人，但不排除上述特定情形下，在救济途径方面给予承租人直接向征收部门主张上述独立补偿利益的权利。虽然案涉房屋所有权人方某与征收部门签订的房屋征收补偿协议原审确认其合法性，鉴于租赁协议约定了湖北某酒店可享有承租人部分的补偿权益，而补偿协议内未包含停产停业损失的补偿，且生效的民事判决对湖北某酒店向方某主张停产停业损失补偿权益未予支持，湖北省某酒店的该项权益通过民事诉讼途径已无法救济，故方某与宜昌市某区住房保障服务中心签订征收补偿协议及生效的民事判决不应影响湖北省某酒店依法要求征收部门对其进行补偿。在案件的后续处理方面，案涉房屋主体部分的补偿以及装饰装修补偿均已处理，仅停产停业损失未予补偿。在停产停业损失计算上，需承租人配合提供相应材料；在支付方式上，如将补偿款交与所有权人，还需承租人再依照合同向所有权人另行主张，承租人的权益难以得到有效保护。将承租人排除在协商之外，转而由对经营活动并不知情的房屋所有权人代承租人主张权利，易产生新的矛盾纠纷，不利于纠纷的直接化解。因此，由征收人直接补偿承租人，在本案实践操作中更能节约诉讼资源，有效保护承租人的合法权益，实现法律效果和社会效果的统一。

法律规定

《中华人民共和国民法典》

第七百零七条 租赁期限六个月以上的，应当采用书面形式。当事人未采用书面形式，无法确定租赁期限的，视为不定期租赁。

第七百三十四条第一款 租赁期限届满，承租人继续使用租赁物，出租人没有提出异议的，原租赁合同继续有效，但是租赁期限为不定期。

《国有土地上房屋征收与补偿条例》

第十七条 作出房屋征收决定的市、县级人民政府对被征收人给予的补偿包括：

（一）被征收房屋价值的补偿；

（二）因征收房屋造成的搬迁、临时安置的补偿；

（三）因征收房屋造成的停产停业损失的补偿。

市、县级人民政府应当制定补助和奖励办法，对被征收人给予补助和奖励。

26. 承租人有权获得哪些补偿（租房与租地）

在企业拆迁过程中，承租人的地位比较尴尬。一方面，房屋或者土地的承租人与所有权人相比，其权利基础往往不如后者；另一方面，在遇到拆迁问题时，由于涉及重大利益，相关各方都会想尽办法争取利益最大化。此时，承租人一般会面临来自出租人以及征收方的双重压力。那么，在这种情况下，承租人可能会产生疑问，在企业拆迁过程中，承租人都有权获得哪些补偿？此时，要根据承租的标的物是房屋还是土地区别分析。

承租的标的物为房屋

在企业拆迁过程中，房屋承租人可以获得的补偿项目主要包括以下几项。

停产停业损失补偿

停产停业损失补偿是弥补非居住房屋被征收而产生的经营损失，主要是针对非居住房屋的实际使用人因房屋征收导致生产经营活动不能继续而遭受的营业利润流失、仪器设备损坏重置、人员安置等损失所做的补偿，故停产停业损失补偿应当由承租人获得。但在司法实践中，有一部分出租人主张租金损失也是经营损失的一种而要求分割停产停业损失补偿，对于该主张，少数法院会结合具体案情，依照公平原则予以一定范围内的支持。

房屋装饰、装修费用

一般来说，承租人租赁的企业厂房都会进行一定的装饰、装修，因装饰、装修进行的重大添附的补偿应当给予承租人，这部分补偿一般都会按照重置成新价计算。

搬迁补助以及临时安置补助

搬迁补助是为房屋征收必然带来的搬离原房屋过程中产生的费用设置的补偿项目。一般来说，搬迁补助通常分为可移动设备的搬迁费用以及不可移动设备的搬迁费用。在房屋租赁情况下，搬迁成本实际上是由房屋承租人负担的，因此，该补助应当归房屋承租人所有。除了常规的搬迁补助外，征收部门还会对“房屋产权调换补偿方式下、用于产权调换房屋为期房不能即时交付、未享受周转房”的情形设置临时安置补助。在该种情形下，因需被临时安置的系房屋承租人，故该笔安置补助应当归房屋承租人所有。

提前搬迁奖励费用

提前搬迁奖励费用的性质是对实际经营人的一种补助或奖励，所以，司法实践中也存在人民法院结合拆迁补偿政策支持承租人请求该费用的情况，人民法院可能会在承租人享有该等补助或奖励的获益范围内判赔一定比例。

承租的标的物为土地

房屋的补偿

虽然被征收的土地是集体的，针对土地的补偿费用应当归属于集体，但如果地上建筑物所有权归属于承租人，依据《中华人民共和国土地管理法实施条例》第三十二条规定，土地补偿费归集体经济组织所有，地上附着物及青苗补偿费归其所有权人所有。

搬迁费、临时安置费

依据《国有土地上房屋征收与补偿条例》第十七条规定，被征收人可以获得因征收房屋造成的搬迁、临时安置的补偿。搬迁费和临时安置费的标准，由省、自治区、直辖市人民政府具体规定。在承租的土地遇到征收时，承租人也可主张该部分搬迁费、临时安置费。

停产停业损失

如果承租人租用土地用于生产经营，则可能因土地征收导致停产停业，造成相关损失。《国有土地上房屋征收与补偿条例》第十七条规定，因征收房屋造成的停产停业损失，由作出房屋征收决定的市、县级人民政府给予补偿。因此，对于该部分补偿，承租人可以根据实际经营的相关证据如营业执照、纳税凭证等证明自己的实际停产停业损失。

剩余租金、差价、奖励等其他补偿

一般来说，正规的土地征收都具有强制性。因土地征收导致合同无法继续履行，属于合同履行中的不可抗力事件，也就是说，因土地征收导致租赁合同无法继续履行时，双方当事人均不承担违约责任。当然，如果一方当事人明知土地将要被征收，则另当别论，需要依据具体情况分配责任。对于因征收土地导致租赁合同无法继续履行的，出租方应当返还剩余租金、结算差价，并且应当根据具体案件情况和当地政策与承租人合理分配征收奖励等补偿费用。

案例

1. 杨某君等与北京某置地有限公司等房屋租赁合同纠纷案

法院经审查认为，（一）关于孙某威是否有权主张相应拆迁补偿权益的问题。根据已经查明的事实，在孙某威承租涉案房屋期间，因“两站一街”项目拆迁，涉案房屋被纳入拆迁范围，孙某威作为承租人占有使用涉案房屋必然受到相应影响，一、二审法院认定孙某威有权获得相应拆迁补偿款项，并无不当。（二）关于孙某威应当获得的拆迁补偿项目及数额问题。一是关于停产停业综合补助费。该补助费是针对在被拆迁场地经营而因拆迁造成的损失的补偿，孙某威承租涉案房屋后实际进行了经营，杨某明将涉案房屋进行出租也可认为是经营行为的一种，故停产停业综合补助费应当在孙某威与杨某明之间合理分配。一、二审法院结合本案实际情况，认定孙某威分得该项补助费的70%，杨某明及杨某君分得该项补助费的30%，处理适当。杨某明主张拆迁评估登记的企业系其所经营的北京台湖某商贸中心，且注册地为涉案租赁房屋，故应当由其获取全部补偿款，缺乏事实及法律依据，法院不予采信。二是关于经营性用房搬家补助费。虽然杨某明、杨某君作为拆迁主体分别与北京某置地有限公司签订拆迁协议，但孙某威在涉案房屋内实际经营，是本次拆迁腾退搬迁的实际损失人，故一、二审法院认定该项费用应当按照70%和30%的比例在双方之间分配，并无不当。三是关于提前搬迁奖励费。提前搬迁奖励费性质上是对实际经营人的一种补助或奖励，同时结合拆迁补偿政策，一、二审法院认定该项费用应当按照70%和30%的比例在双方之间分配，也无不当。

2. 南京市某装饰城管理有限公司与南京市某投资发展有限公司租赁合同纠纷案

法院认为，《最高人民法院关于审理城镇房屋租赁合同纠纷案件具体应用法律若干问题的解释》第九条第（四）项规定：“因不可归责于双方的事由导致合同解除的，剩余租赁期内的装饰装修残值损失，由双方按照公平原则分担。法律另有规定的，适用其规定。”本案中，因政府拆迁导致双方的租赁合同履行不能，故双方对合同的解除均没有责任。鉴于此，出租人南京市某投资发展有限公司应当就剩余租赁期内的各项装饰装修残值损失给予承租人南京市某装饰城管理有限公司适当补偿。根据查明的事实可知，拆迁人是按照房屋装饰装修的现值给予南京市某投资发展有限公司补偿的，该现值远高于剩余租赁期内的装饰装修残值，故根据公平原则，二审法院按照8∶2的比例分配剩余期内装饰装修补偿款并无不当。

3. 南通市某酿造有限公司、南通市某区住房和城乡建设局等房屋租赁合同纠纷案

第一，关于房屋征收补偿对象问题。虽然《国有土地上房屋征收与补偿条例》规定的补偿对象为被征收房屋所有权人，但该条例未对房屋所有权人获得补偿款后与承租人如何分配进行规定，不能得出承租人不应获得相应搬迁补偿款的结论。

第二，关于南通市某酿造有限公司（以下简称“某酿造公司”）是否应向某公司支付搬迁补偿款问题。某酿造公司和某公司签订的两份《厂房租赁合同》约定，“在遇到国家政府规划拆迁时，某公司需无条件搬迁，某酿造公司不做任何补偿”。该合同条款仅约定因政府规划拆迁导致合同提前终止时，某酿造公司无须对某公司进行补偿，但不意味着某公司无法获得拆迁利益。若某酿造公司获得的搬迁补偿款中包含对某公司的补偿，则某公司应当获得相应款项。

第三，关于评估报告和搬迁安置补偿协议发生在双方合同解除之后的问题。虽然评估报告出具时间发生在合同解除之后，但合同提前终止及某公司提前搬离均与征收行为相关。评估报告也对某公司添置的房屋、附属物进行了评估，与某公司权益相关，可以作为本案认定事实的依据。同时，根据南通市某区住房和城乡建设局（以下简称“某住建局”）的陈述以及某酿造公司与某住建局于 2015 年 12 月 1 日签订的《×× 区房屋搬迁补偿安置协议》，某酿造公司已经于租赁合同解除前与某住建局就搬迁补偿问题进行了磋商。当时，某公司仍为案涉厂房实际使用人。故不能因为评估报告出具时间和搬迁补偿安置协议签订时间发生在合同解除之后而否定某公司曾作为房屋实际使用人应当获得的搬迁补偿。

第四，关于某公司应得款项。（1）关于搬迁费。某公司与某酿造公司签订的租赁合同约定，案涉厂房租赁期限为 2014 年 1 月 1 日至 2016 年 12 月 31 日。本案搬迁事由发生时，租赁合同期限尚未届满。一、二审法院根据评估报告所列名目，认定某酿造公司已就其设备搬迁损失获得 17857726.9 元补偿，相关搬迁费应理解为对房屋实际使用人的补偿，并酌定某公司享有其 70%，并无不当。（2）关于停产停业费。本案中，征收行为导致某公司与某酿造公司租赁合同提前终止，某公司作为案涉厂房实际使用人，无法按照原租赁合同约定期限继续经营，由此产生的经营损失应获得补偿。评估报告显示，停产停业损失系按照同地区单位租金乘以恢复生产期限计算得出，所得金额远高于某酿造公司实际从某公司处获得的租金，故该停产停业费包含对某公司的补偿。考虑到合同提前终止日至约定期限届满尚余九个月，且某公司搬迁前后存在一些测量影响其生产经营，一、二审法院酌定某公司享有一年停产停业费，并无不当。（3）关于附属物补偿、无证房补偿。某公司添置的附属物、无证房系其自身生产经营投入，房屋征收部门对相关附属物、无证房进行了评估。案涉租赁合同非自然履行终止，且某公司与某酿造公司未对该附属物、无证房的归属以及合同解除后的处理方式作出约定，故该部分费用应归某公司所有。

法律规定

《国有土地上房屋征收与补偿条例》

第十七条 作出房屋征收决定的市、县级人民政府对被征收人给予的补偿包括：

（一）被征收房屋价值的补偿；

（二）因征收房屋造成的搬迁、临时安置的补偿；

（三）因征收房屋造成的停产停业损失的补偿。

市、县级人民政府应当制定补助和奖励办法，对被征收人给予补助和奖励。

第二十二条 因征收房屋造成搬迁的，房屋征收部门应当向被征收人支付搬迁费；选择房屋产权调换的，产权调换房屋交付前，房屋征收部门应当向被征收人支付临时安置费或者提供周转用房。

第二十三条 对因征收房屋造成停产停业损失的补偿，根据房屋被征收前的效益、停产停业期限等因素确定。具体办法由省、自治区、直辖市制定。

《最高人民法院关于审理城镇房屋租赁合同纠纷案件具体应用法律若干问题的解释》

第九条 承租人经出租人同意装饰装修，合同解除时，双方对已形成附合的装饰装修物的处理没有约定的，人民法院按照下列情形分别处理：

（一）因出租人违约导致合同解除，承租人请求出租人赔偿剩余租赁期内装饰装修残值损失的，应予支持。

（二）因承租人违约导致合同解除，承租人请求出租人赔偿剩余租赁期内装饰装修残值损失的，不予支持。但出租人同意利用的，应在利用价值范围内予以适当补偿。

（三）因双方违约导致合同解除，剩余租赁期内的装饰装修残值损失，由双方根据各自的过错承担相应的责任。

（四）因不可归责于双方的事由导致合同解除的，剩余租赁期内的装饰装修残值损失，由双方按照公平原则分担。法律另有规定的，适用其规定。

第十二条 承租人经出租人同意扩建，但双方对扩建费用的处理没有约定的，人民法院按照下列情形分别处理：

（一）办理合法建设手续的，扩建造价费用由出租人负担；

（二）未办理合法建设手续的，扩建造价费用由双方按照过错分担。

《北京市住房和城乡建设委员会关于国有土地上房屋征收与补偿中有关事项的通知》

（十四） 区、县房屋征收部门应当对被征收人或者公房承租人支付搬迁费；由区、县房屋征收部门负责搬迁的，不再支付搬迁费。

被征收房屋为住宅的，搬迁费标准为每建筑平方米40元；被征收房屋为非住宅的，搬迁费标准为每建筑平方米50元。

《北京市住房和城乡建设委员会、北京市人力资源和社会保障局、北京市工商局关于印发〈北京市国有土地上房屋征收停产停业损失补偿暂行办法〉的通知》

第三条 被征收房屋符合下列条件的，房屋征收部门应当给予被征收人停产停业损失补偿：

（一）被征收房屋具有房屋权属证明或者经有关部门认定为合法建筑；

（二）有合法、有效的营业执照或者登记证，且营业执照或者登记证上载明的住所（营业场所）为被征收房屋。但在办理工商登记注册时提交了由经营者和房屋提供者签署的《临时住所（经营场所）使用承诺书》，承诺遇有政府有关部门依法拆除其场所或经政府批准进行拆迁，以及要求恢复原场地使用性质时，不申请相应补偿的除外。

（三）已办理税务登记并具有纳税凭证。

第四条 被征收房屋为非住宅房屋的，由房屋征收当事人按照房屋被征收前的效益、停产停业期限等因素协商确定停产停业损失补偿金额；协商不成的，由房地产价格评估机构评估确定。

第五条 非住宅房屋停产停业损失补偿评估的计算公式为：

停产停业损失补偿费＝（用于生产经营的非住宅房屋的月租金＋月净利润×修正系数＋员工月生活补助）×停产停业补偿期限

（一）用于生产经营的非住宅房屋的月租金是指被征收房屋停产停业期间平均每月的市场月租金，由房地产价格评估机构评估确定。

（二）月净利润是指生产经营者利用被征收房屋，在停产停业期间每月平均能够获取的税后净利润。月净利润按征收决定发布前12个月的损益表确定。无法根据损益表确定的根据生产经营者在征收决定发布前12个月实际缴纳的企业所得税推算。

（三）修正系数基准值为1，根据使用被征收房屋的生产经营运行状况和市场预期进行修正，修正调整幅度不得超过20%。

（四）员工月生活补助是指生产经营者在停产停业期间，每月支付给员工的基本生活保障补助，员工月生活补助标准按征收决定发布前上个月的北京市最低工资标准计算。

第九条 生产经营者承租房屋的，依照与被征收人的约定分配停产停业损失补偿费；没有约定的，由被征收人参照本办法规定的标准对生产经营者给予适当补偿。

《北京市高级人民法院关于印发〈北京市高级人民法院关于审理房屋租赁合同纠纷案件若干疑难问题的解答〉的通知》

房屋租赁合同履行过程中遇拆迁解除，当事人就停产停业损失补偿的分配存在争议，合同对此有约定的，依约定处理，合同没有约定或约定不明的，应区分以下情形处理：（1）承租人（或次承租人）以拆迁房屋为经营场所办理了营业执照，并在此实际经营，其要求出租人给付拆迁补偿安置协议中确定的停产停业损失补偿的，一般应予支持。出租人以拆迁房屋为经营场所也办理了营业执照的，停产停业损失补偿可在其与承租人（或次承租人）之间合理分配。（2）对于存在房屋性质以租赁为主要用途、租赁合同剩余期限较短等情形的，停产停业损失补偿可在承租人（或次承租人）与出租人之间进行合理分配，但出租人分得的数额不宜超过50%。（3）有证据证明拆迁补偿安置协议确定不补偿停产停业损失，或者补偿协议尚未签订，出租人亦未取得该补偿费，承租人要求出租人支付停产停业损失补偿的，不予支持。承租人可待出租人取得补偿后再行主张权利或通过其他行政途径解决。（4）房屋拆迁公告发布时租赁合同已经期满终止，承租人要求出租人给付停产停业损失补偿的，不予支持。（5）拆迁公告发布后房屋实际拆迁腾退前，租赁合同期满终止，且出租人已经取得停产停业损失补偿，承租人要求出租人给付该补偿费的，可酌情予以支持。

当事人就拆迁补偿安置协议中停产停业损失的补偿对象、标准和数额等有争议的，法院在必要时可以就相关事实咨询拆迁人予以确定。

27. 承租人如何维护自己的合法权益

随着城市建设与旧城区改造进程的推进，征收城镇房屋的情况增多，造成承租人无法继续经营使用、房屋租赁合同无法继续履行的情形，进而给承租人带来一定损失。其中，居住类房屋承租人与征收补偿关系不大，除非其在房屋上进行了较大的添附。更多的是经营类房屋的承租人，因征收行为给其经营带来了实际影响，所以，他们如何维护自己的权益更值得关注。

在经营类用房承租人权利保护类案件中存在两个方面的问题：一是法律关系相对复杂，房屋租赁合同关系与房屋征收补偿关系相互交织；二是相关征收法律法规关于承租人保护的规定缺失。因此，有承租人反映不知如何维护自己的合法权益。

本节旨在分析承租人在遇到征地拆迁时，维护自己合法权益的方式以及选择，希望给遇到类似问题的企业经营者提供参考。

常见维权方式

房屋租赁合同约束的是出租人和承租人，属于租赁合同法律关系，是民事法律关系。房屋征收补偿主要涉及房屋征收部门与被征收人，被征收人通常是被征收房屋的所有权人，两者是行政法律关系。如遇所有权人将房屋出租，就会出现房屋租赁合同与房屋征收补偿的不同法律关系交织。

承租人与出租人之间的纠纷属于民事纠纷，可以通过民事诉讼方式予以救济。但这不代表承租人不可以通过行政诉讼方式维护合法权益，原因在于，承租人或者是涉案土地上房屋、附着物的所有权人，或者作为实际经营者，一旦因征收行为遭受损失，其与征收行为就有了实际上的利害关系，具有提起行政诉讼的原告资格，有权主张其应得的补偿。

因此，承租人维护自己的合法权益，不仅可以通过民事诉讼的途径，也可以通过行政诉讼的途径。

维权方式的选择

选择何种维权方式，承租人需要结合征收补偿安置方案、征收补偿进度、企业自身情况、租赁合同约定等实际情况，选择最利于实现自己补偿的方式。

民事诉讼与行政诉讼在救济方式上存在如下区别。

案件受理费。民事诉讼的案件受理费根据诉讼请求的金额按比例分段累计交纳。换言之，承租人主张的费用越高，案件受理费就越高。而行政诉讼则是按件数收费，通常每个案件收费在 50~100 元。从案件受理费来说，行政诉讼对于承租人的压力更小。

举证责任分配。民事诉讼一般按照“谁主张谁举证”的原则分配举证责任，承租人作为原告，要提供证据证明其主张事实的真实性，负担较重。行政诉讼属于“官举证”，作为被告的行政机关需要对其作出的具体行政行为合法性提供证据，承租人作为原告，举证负担较轻。从举证责任分配来说，行政诉讼对于承租人的负担更轻。

被执行人。民事诉讼的被执行人为民事主体，承租人如果胜诉，则被执行人为出租人，一旦补偿款被花光或者被转移，就会导致执行难度增加。行政诉讼的被执行人为行政主体，执行起来更有保障。

综上所述，建议承租人通过行政诉讼的方式维护自己的合法权益。

案例

1. 湖南省长沙市某区人民政府、湖南省长沙市某区城市房屋征收和补偿管理办公室与陈某某行政征收案

法院经审查认为，《中华人民共和国行政诉讼法》第二十五条第一款规定，行政行为的相对人以及其他与行政行为有利害关系的公民、法人或者其他组织，有权提起诉讼。在房屋征收案件中，若承租人在被征收的房屋上有不可分割的添附或依法独立在其承租房屋开展经营活动，强制拆除房屋行为就有可能对承租人在房屋上的添附、承租人屋内物品或其正当行使的经营权造成不同于其他人的特别损害或不利影响，应当认为承租人与该行政行为有利害关系，具有原告资格。本案中，陈某某承租涉案房屋进行装修，用于经营活动，湖南省长沙市某区人民政府、湖南省长沙市某区城市房屋征收和补偿管理办公室对涉案房屋实施的征收补偿与强制拆除行为，侵犯陈某某的合法财产权益，陈某某与被诉的行政行为有利害关系，具有本案原告资格。关于再审申请人所提陈某某不具有原告资格的主张不能成立，法院不予支持。

2. 某茶馆诉广东省某市人民政府不履行法定职责案

《中华人民共和国行政诉讼法》第二十五条第一款规定，行政行为的相对人以及其他与行政行为有利害关系的公民、法人或者其他组织，有权提起诉讼。所谓“有利害关系”，可以理解为被诉行政行为有可能对起诉人的权利义务造成区别于其他人的特别损害或者不利影响，且起诉人无法通过其他有效方式寻求救济。一般来说，在房屋征收补偿案件中，只有房屋所有权人才与征收行为和补偿行为有利害关系，可以针对征收行为或者补偿行为提起行政诉讼。房屋的市场化承租人通常不与补偿行为有利害关系，其可以通过民事诉讼解决其与房屋所有权人之间的房屋租赁合同纠纷，并按照法律规定和租赁合同的约定解决租赁房屋上的添附以及因征收造成的停产停业损失的补偿或赔偿问题。但是，补偿义务主体在知道或者应当知道存在房屋承租人且承租人具有独立的补偿利益后，既不在其与房屋所有权人签订的安置补偿协议或者作出的补偿决定中给付上述独立的补偿利益，也不另行与承租人签订安置补偿协议或者作出补偿决定解决上述独立的补偿利益问题，则房屋承租人有权以自己名义主张上述独立的补偿利益。

本案中，广东省某市人民政府曾与厉某协商解决相关独立于房屋所有权人的补偿事宜，已经明知承租人厉某在被征收房屋上具有不可忽略的添附并且依法经营某茶馆，也明知厉某在本次征收补偿中存在独立于房屋所有权人的、根据《国有土地上房屋征收与补偿条例》有关规定应当享有的添附补偿和停产停业损失补偿等重大补偿利益。但是，广东省某市人民政府在与厉某协商未能达成协议后，径行与房屋所有权人签订安置补偿协议；且该安置补偿协议也未约定有关某茶馆停产停业损失、装修费用等的补偿，其后又未就上述补偿问题另行对某茶馆作出补偿决定，明显存在侵犯某茶馆补偿利益的可能性。在广东省某市人民政府既未通过补偿决定也未通过安置补偿协议解决某茶馆独立的补偿利益情况下，一审法院以某茶馆不具有直接向征收人提出补偿请求的权利而认定其不具有原告主体资格，二审法院以某茶馆未通过涉案房屋所有权人、被征收人向房屋征收机构提出相关的补偿要求等为由，分别驳回某茶馆的起诉、上诉，属于错误理解《中华人民共和国行政诉讼法》第二十五条第一款的规定，应予纠正。

3. 某养殖专业合作社、某县人民政府资源行政管理案

再审被申请人实施征地时，再审申请人对涉案集体土地享有合法使用权，根据《中华人民共和国土地管理法实施条例》第三十二条第二款关于“地上附着物和青苗等的补偿费用，归其所有权人所有”的规定，其享有对涉案土地上附着物获得补偿的权利，再审被申请人也有义务支付被征收土地地上附着物的补偿费。事实上，在征地实施过程中，相关行政机关曾与再审申请人协商聘请第三方评估机构对再审申请人养殖场的固定资产进行评估，并在评估结果出来后多次进行协商，只因协商未果才引发本案诉讼。可见，行政机关对再审申请人作为被征收人的身份原本并无异议。在法院组织的听证程序中，再审被申请人也认可就涉案土地地上附着物并未向任何主体进行补偿。因此，再审申请人作为涉案土地地上附着物的所有人，有权主张其应得到的相应补偿，具有提起要求再审被申请人履行补偿职责之诉的原告资格。一审法院和二审法院以再审申请人与本案征收补偿行为不具有利害关系为由裁定驳回其起诉，适用法律错误，应予纠正。

法律规定

《中华人民共和国行政诉讼法》

第二十五条第一款 行政行为的相对人以及其他与行政行为有利害关系的公民、法人或者其他组织，有权提起诉讼。

《中华人民共和国土地管理法实施条例》

第三十二条第二款 地上附着物和青苗等的补偿费用，归其所有权人所有。

《国有土地上房屋征收与补偿条例》

第十七条 作出房屋征收决定的市、县级人民政府对被征收人给予的补偿包括：

（一）被征收房屋价值的补偿；

（二）因征收房屋造成的搬迁、临时安置的补偿；

（三）因征收房屋造成的停产停业损失的补偿。

市、县级人民政府应当制定补助和奖励办法，对被征收人给予补助和奖励。

（二）“住改商”经营者

28.“住改商”应予补偿的条件

近年来，我国商品房市场发展迅猛，越来越多的居民搬入商品房小区成为业主。随之而来的是，业主权利义务界定、邻里之间纠纷问题凸显。在诸多邻里问题中，有一类特殊问题尤为突出：部分业主为了能够更大程度挖掘房屋的价值，将住宅的居住功能转向商业用途，将住宅变更为经营性用房，尤其是一楼业主，利用住宅开设便利店、快递站、棋牌室、美容美发店等。这类改造虽然方便了小区业主的生活，但是带来了诸多隐患，而在遇到征收拆迁时，这类房屋能否按照经营性用房予以补偿，也是业主关注的问题。

“住改商”的含义

顾名思义，“住改商”最简单的理解就是将“住宅”改为“商业”，但这种理解是不够准确的。《中华人民共和国民法典》第二百七十九条规定，“业主不得违反法律、法规以及管理规约，将住宅改变为经营性用房”，根据此条规定，可以明确“住改商”是指房屋规划的用途为“住宅”，但是业主并未按照规划的用途使用房屋，而是将房屋转变为“经营性用房”进行使用。

“住宅”，是指专供居住的房屋，但不包括住宅楼中作为人防工程的地下室等，也不包括托儿所、病房、疗养院、旅馆等具有专门用途的房屋。实务中，对于房屋是否属于住宅，可以通过查阅建设用地规划许可证等相关文件载明的用途和购买时签订的买卖合同载明的规划用途进行判断，也可以通过查询不动产登记部门颁发的“不动产权证”“房屋所有权证”记载的房屋用途进行判断。

“经营性用房”，是指用于各类商业服务、生产经营等经营性活动的房屋。这是从房屋的用途来限定和区别房屋是否为经营性用房。另有定义指出，经营性用房是指用于商业、工业、旅游、办公等经营性活动的房屋。

通过以上分析不难看出，“住改商”的含义应为业主将规划为住宅的不动产改变用途作为经营性用房使用的行为。

“住改商”的合法性条件

《中华人民共和国民法典》第二百七十九条规定：“业主不得违反法律、法规以及管理规约，将住宅改变为经营性用房。业主将住宅改变为经营性用房的，除遵守法律、法规以及管理规约外，应当经有利害关系的业主一致同意。”通过该法条，可以看出，合法“住改商”的必要条件是“不得违反法律、法规以及管理规约”及“经有利害关系的业主一致同意”。

不得违反法律、法规

我国以法律、行政法规、地方性法规等多层次的制度规范“住改商”行为。《最高人民法院关于审理建筑物区分所有权纠纷案件适用法律若干问题的解释》第十条、第十一条明确规定，业主将住宅改变为经营性用房，需经本栋建筑物内的其他业主一致同意；《中华人民共和国土地管理法》第四条第四款明确规定，“使用土地的单位和个人必须严格按照土地利用总体规划确定的用途使用土地”。

在地方性法规上，以云南省为例。2022 年 11 月 1 日，云南省人民政府办公厅印发《云南省市场主体住所（主要经营场所、经营场所）登记管理办法》。该办法第十一条明确申请人在申请“住改商”时，“应当对下列信息进行承诺：……（四）申报的住所（主要经营场所、经营场所）属于住宅的，已经征得有利害关系的业主一致同意……”即在云南省申请市场主体登记时，如果申报的住所为住宅，则申请人应当向市场监督管理部门承诺其已经征得有利害关系的业主一致同意，在市场监督管理部门获得申请人的承诺后，才能登记为市场主体。

不得违反管理规约

《物业管理条例》第二十二条规定，“建设单位应当在销售物业之前，制定临时管理规约，对有关物业的使用、维护、管理，业主的共同利益，业主应当履行的义务，违反临时管理规约应当承担的责任等事项依法作出约定”。笔者认为，管理规约的基本内容应该包括“物业的使用、维护、管理”“业主的共同利益”“业主应当履行的义务”“违反临时管理规约应当承担的责任”四点，如果管理规约中已经明确禁止业主“住改商”，则不论是否“经有利害关系的业主一致同意”，“住改商”的行为都是违法的。

经有利害关系的业主一致同意

《最高人民法院关于审理建筑物区分所有权纠纷案件适用法律若干问题的解释》第十一条对“有利害关系的业主”进行了明确规定，即“本栋建筑物内的其他业主”，“建筑区划内，本栋建筑物之外的业主，主张与自己有利害关系的，应证明其房屋价值、生活质量受到或者可能受到不利影响”。

“本栋建筑物内的其他业主”是指同一栋建筑物内的除“将住宅改变为经营性用房的业主”以外的业主。“建筑区划内，本栋建筑物之外的业主，主张与自己有利害关系的，应证明其房屋价值、生活质量受到或者可能受到不利影响”的认定则存在一定困难，首先要求该业主与“住改商”的业主在同一建筑区划内，其次要求该业主不与“住改商”的业主在同一幢建筑物，最后要求该业主证明其房屋价值、生活质量因“住改商”的行为受到或者可能受到不利影响。对于业主如何举证证明其房屋价值、生活质量因“住改商”的行为受到或者可能受到不利影响，由于“住改商”的形式不同，造成的影响也各不相同，需要根据不同的案件情况进行取证。

《中华人民共和国物权法》（已废止）第七十七条规定：“业主不得违反法律、法规以及管理规约，将住宅改变为经营性用房。业主将住宅改变为经营性用房的，除遵守法律、法规以及管理规约外，应当经有利害关系的业主同意。”相较于《中华人民共和国物权法》第七十七条，《中华人民共和国民法典》第二百七十九条新增加了“一致”二字，明确了“住改商”需要经有利害关系的业主“一致”同意。

《中华人民共和国民法典》第二百七十九条中的“同意”，属于当事人的意思表示范畴，需要将行为人进行某一民事法律行为的内心效果意愿，以一定的方式表达于外部，并足以为外界所客观理解。“有利害关系的业主”同意“住改商”，应当作出明确的意思表示，而不能采用默示同意的规则。对于同意的形式，最高人民法院倾向性观点认为，在处理“住改商”纠纷时，涉及认定业主将住宅性质的房屋改变成商业用房或者办公用房等经营性用房，是否征得有利害关系业主同意的事实的情形，要审查业主之间是否有证据证明同意相关业主将住宅性质的房屋改变成商业用房或者办公用房等经营性用房。没有书面证据证明的，不能认定为同意。

总体而言，由于我国对于不动产的用途在建设前就已经作了具体规划，若是想贸然地突破，则需要通过复杂的程序才能完成。由于前置程序要求较高，在进行“住改商”时，业主需要把前置程序全部完成才能使其具备合法性；若未经前置程序擅自进行“住改商”，则会存在民事、行政等方面的法律风险。

案例

1. 贾某诉内蒙古自治区包头市某区人民政府房屋征收补偿决定案

《国有土地上房屋征收与补偿条例》第二条规定：“为了公共利益的需要，征收国有土地上单位、个人的房屋，应当对被征收房屋所有权人（以下称被征收人）给予公平补偿。”因此，在为公共利益需要征收房屋时，应充分保障被征收房屋所有权人的合法权益。在城市房屋征收过程中，尤其要注意合法合情合理地解决其中久拖不决的遗留问题。《国务院办公厅关于认真做好城镇房屋拆迁工作维护社会稳定的紧急通知》（国办发明电〔2003〕42号）在第四部分“完善相关政策措施，妥善解决遗留问题”中载明：“各地要本着实事求是的原则，采取积极有效的措施，切实解决城市房屋拆迁中久拖不决的遗留问题。对拆迁范围内产权性质为住宅，但已依法取得营业执照经营性用房的补偿，各地可根据其经营情况、经营年限及纳税等实际情况给予适当补偿。”42号文件确定了解决城市房屋拆迁中久拖不决遗留问题的基本原则，即对待遗留问题，不能“一刀切”，完全按照产权性质不给予“住改商”房屋有关经营方面的任何补偿。本案中，涉案房屋虽产权性质为住宅，但贾某向原审法院提交了营业执照等证据用以证明其涉案房屋用于餐饮经营，符合42号文件中应“给予适当补偿”的适用条件。虽然贾某仅提交了税务登记证，未提供纳税证明，但贾某一直主张其系特困职工，符合免予纳税情形。原审法院未进一步查明相关事实，审查涉案房屋是否符合适用42号文件的情形，而是直接确认32号房屋征收补偿决定合法，确有不当。此外，32号房屋征收补偿决定适用了已废止的当地征收与补偿暂行办法，属适用法律错误。故法院认为，原审法院认定事实的主要证据不足，适用法律、法规确有错误。本案尚需查明涉案房屋的营业额、应缴税额或免缴税额等情况，以确定补偿数额。需查明的具体事实问题包括：涉案房屋中用于经营部分的面积；实际经营情况，包括年度或月度经营额；经营的时间区间；应缴税额或免缴税额；贾某在申请再审时已经向法院提供了税务所出具的免税证明，需质证审查；涉案评估报告适用了已废止的当地征收与补偿暂行办法，故需查明按照新的征收与补偿办法，评估金额是否会有变动。

2. 唐某华等诉湖南省长沙市某区人民政府房屋征收补偿决定案

涉及再审申请人主张涉案房屋改为商业经营，应按照商业用途进行补偿的问题。住房城乡建设部《国有土地上房屋征收评估办法》第九条第三款规定，对于已经登记的房屋，其性质、用途和建筑面积，一般以房屋权属证书和房屋登记簿的记载为准。《长沙市国有土地上改变使用性质的房屋征收与补偿操作指导性意见》第四条第一款规定，“住改商”房屋须依照税务管理有关规定取得税务登记证并有两年以上纳税记录；或者依照税务管理有关规定取得税务登记证，但由于按照国家税收政策规定享受减免税或核定未达到起征点而无纳税记录（完税证明），获得税务主管部门相关证明的，方可参照改变使用性质后相应非住宅商业用房进行适当补偿。本案中，涉案房屋登记用途为住宅，再审申请人未提交税务主管部门出具再审申请人纳税或者减免税的证明，被申请人按照涉案房屋登记的住宅性质对再审申请人进行补偿，并不违反法律规定。再审申请人主张的再审事由不能成立，法院不予支持。

法律规定

《中华人民共和国民法典》

第二百七十九条 业主不得违反法律、法规以及管理规约，将住宅改变为经营性用房。业主将住宅改变为经营性用房的，除遵守法律、法规以及管理规约外，应当经有利害关系的业主一致同意。

《最高人民法院关于审理建筑物区分所有权纠纷案件适用法律若干问题的解释》

第十条 业主将住宅改变为经营性用房，未依据民法典第二百七十九条的规定经有利害关系的业主一致同意，有利害关系的业主请求排除妨害、消除危险、恢复原状或者赔偿损失的，人民法院应予支持。

将住宅改变为经营性用房的业主以多数有利害关系的业主同意其行为进行抗辩的，人民法院不予支持。

29.“住改商”拆迁是否有补偿，如何补偿

住宅商用在现实中普遍存在，尤其是在寸土寸金的大都市，住宅商用可以有效节省经营成本，并且方便安排经营活动。“住改商”在遇到征收拆迁时应该获得征收补偿是确定的，但是应该按照住宅标准补偿，还是应该按照商业用房补偿？两种不同的补偿标准存在比较大的差异，对于被征收人来说，意味着补偿费用的巨大差异。

尽管住宅商用在实践中产生了许多问题，但是其并没有为法律明确禁止。《中华人民共和国民法典》第二百七十九条明确规定：“业主不得违反法律、法规以及管理规约，将住宅改变为经营性用房。业主将住宅改变为经营性用房的，除遵守法律、法规以及管理规约外，应当经有利害关系的业主一致同意。”由此，可以得出如下结论：只要遵守法律、法规以及管理规约，并且得到有利害关系的业主一致同意，就可以将住宅改为商业用途。从立法角

度来看，目前对住宅商用进行规制的法律法规还比较少。关于利害关系人，在上一节进行了充分论述，也就是说，如果业主管理规约和利害关系人没有禁止住宅商用，住宅商用就是合法的。这也解释了住宅商用在现实生活中的普遍性。

之所以在拆迁补偿范畴讨论这一问题，是因为在多数案件中，住宅补偿标准与经营性用房的补偿标准是不一样的。从《国有土地上房屋征收与补偿条例》来看，并没有对两种房屋进行区分，都可以选择货币补偿和产权调换。但在拆迁评估方法上两者存在差异，这也是两者补偿额度不同的原因所在。住宅房屋一般采用市场比较法进行估价，经营性用房则由于缺乏同一区域位置出售的可比照案例，多采用现行收益法进行估价。不同的估价方法和估价策略最终会导致价值量的巨大差异。换言之，经营性用房的单位面积补偿价格远远高于住宅用房。这也是为什么在住宅商用情况下，被拆迁人要争取将住房定性为商业用途，其中的利弊一目了然。但实践中是如何认定房屋性质的呢？一般来说，待拆房屋是按照房屋产权登记证上登记的用途进行定性的。房产证上登记为住宅，就按住宅来补偿；房产证上登记为商业，就按商铺来补偿，不管其实际上是什么性质。

对于住宅商用的情况，以产权证“一刀切”定性的方式并不符合实际，也不利于保护被拆迁方的利益。对于这个问题，可以参照征收拆迁中房屋面积的确定方式：在早期，多直接依据房产证上标注的面积确定房屋面积；后来，考虑到历史原因、保护被征收人利益等因素，一些地方逐渐转变为通过实地勘察、测量及认定，最终确定房屋面积。在认定住宅商用房屋性质上，参照上述思路，从尊重客观实际的角度出发，不少地方政府突破了既有做法。比如，在山东，认定拆迁房为商业用房，要求提供营业执照、同期纳税证明、房产证上的坐落位置与经营位置相一致。绝大部分省份和省会城市、计划单列市有类似的规定。也就是说，在中国大部分地区，住宅商用有机会按照经营性用房进行拆迁补偿。虽然有法规支持，但是将自己的住宅定性争取为经营性用房仍需要引起足够的重视。在进行住宅改商用的过程中，一定要了解本地区关于住宅商用的法规、政策，并按照要求保存好各项证据，如营业执照、完税证明等，这样才可能在遭遇征地拆迁时占据有利地位。

最后，需要提醒的是，即使案涉住宅改商用手续齐全，也可能不会按照经营性用房进行补偿，而是按照住宅标准进行补偿，但会额外加上停产停业损失。也就是说，住宅商用遇拆迁，补偿标准可能会出现三种情况：第一种为按照房产登记证上登记的用途进行补偿，第二种为按照实地勘察、测量及认定结果进行补偿，第三种为直接按照住宅标准加停产停业损失进行补偿。而这三种情况都符合法律规定，关键要看地方政府的具体规定。

案例

霍某英诉上海市某区人民政府房屋征收补偿决定案（最高人民法院征收拆迁十大案例之六）

上海市某区人民法院认为，被告具有作出被诉房屋征收补偿决定的行政职权，被诉房屋征收补偿决定行政程序合法，适用法律规范正确，未损害原告户的合法权益。本案的主要争议在于，原告户的被征收房屋性质应认定为居住房屋还是非居住房屋。经查，以孙某萱为法定代表人的上海市某投资有限公司、上海市某生态环保科技有限公司的住所地均为上海市某区，虽经营地址登记为上海市××路×号，但两公司的营业期限自2003年12月至2008年12月止，且原告承租公房的性质为居住。原告要求被告就孙某萱经营公司给予补偿缺乏法律依据，征收补偿方案也无此规定，被诉征收补偿决定对其以居住房屋进行补偿于法有据。据此，一审法院判决驳回原告的诉讼请求。宣判后，各方当事人均未提出上诉。

本案典型意义在于，对如何界定被征收房屋是否属于居住房屋，进而适用不同补偿标准具有积极的借鉴意义。实践中，老百姓最关注的“按什么标准补”的前提往往是“房屋属于什么性质和用途”，这方面争议很多。法院在实践中通常依据房产登记证件载明的用途认定房屋性质，但如果载明用途与被征收人的主张不一致，则需要其提供营业执照和其他相关证据佐证，才有可能酌定不同补偿标准。本案中，原告未能提供充分证据证明涉案房屋系非居住房屋，故法院不支持其诉讼请求。

法律规定

《中华人民共和国民法典》

第二百七十九条 业主不得违反法律、法规以及管理规约，将住宅改变为经营性用房。业主将住宅改变为经营性用房的，除遵守法律、法规以及管理规约外，应当经有利害关系的业主一致同意。

《娱乐场所管理条例》

第七条 娱乐场所不得设在下列地点：(一)居民楼、博物馆、图书馆和被核定为文物保护单位的建筑物内……

《国有土地上房屋征收评估办法》

第十三条第二款 ……被征收房屋或者其类似房地产有经济效益的，应当选用收益评估法……

《国务院办公厅关于认真做好城镇房屋拆迁工作维护社会稳定的紧急通知》（国办发明电〔2003〕42号）

第四部分 各地要本着实事求是的原则，采取积极有效的措施，切实解决城市房屋拆迁中久拖不决的遗留问题。对拆迁范围内产权性质为住宅，但已依法取得营业执照经营性用房的补偿，各地可根据其经营情况、经营年限及纳税等实际情况给予适当补偿。

30.“住改商”经营者如何维护自身合法权益

相比一般住宅，“住改商”的房屋在拆迁中获得的补偿利益类目更多，补偿单价更具优势，那么如何对自身拥有的“住改商”房屋“查漏补缺”，使其安全面对征收拆迁，则是“住改商”经营者最关心的话题。以下对“住改商”拆迁案提出几点建议。

对“住改商”拆迁案的建议

住宅用于商业用途时要及时办理变更登记

使房屋的登记用途与实际用途一致，是保全“住改商”房屋在征收拆迁中取得完整权益的最有效办法。在这种状态下，经营者的权利近乎“无瑕疵”。

准备好房屋实际用于经营的相关证明

由于“住改商”的房屋产权登记性质为住宅，“住改商”经营者在争取补偿时需要尽量充分地提供相应证据材料，用以证明房屋实际为商业用途。相关材料包括房屋性质及所占地块性质规划证明、营业执照、各类经营许可、工商登记、纳税凭证等。对于在征收启动或是征收决定公布之日前，“住改商”经营者已经取得上述证明及材料，并且房屋仍处于经营状态的，征收部门联合工商、税务、规划、街道办事处等单位在征收启动后对被征收房屋经营现状进行综合认定时，一般会得出符合“住改商”政策的结论，并可以参照一定的计算标准核算补偿金额。

及时了解当地“住改商”的相关法律规定，提前做好应对措施

各地关于“住改商”是否按照经营性用房进行补偿的规定不尽相同，以下几个地方性政策规定比较具有代表性。

黑龙江省哈尔滨市规定，对于拆迁通告发布前合法取得经营手续的“住改商”房屋，可按照住宅房屋与非住宅房屋的加权平均值来认定其补偿价值，即按照同类房屋住宅和非住宅估价金额的平均值确定。2007 年 4 月 15 日颁布实施的《哈尔滨市城市房屋拆迁管理暂行办法》规定：拆迁的住宅房屋用作经营使用，只要在拆迁通告发布前，依法取得合法经营手续、税务登记证并有纳税记录，且房屋所有权证书、合法经营手续和税务登记证注明的营业地点是一致的，其补偿金额按照同类房屋住宅和非住宅估价金额的平均值确定。

浙江省一些区县规定，拆迁公告公布前两年开始经营行为并办理相关经营手续的“住改商”房屋可以享受商业用房补偿政策，并且根据房屋是否沿街而标准有所不同。浙江省丽水市庆元县发布的《庆元县 E19—23 东门巷地块“住改非”认定规则》规定：“在拆迁公告公布前近二年以上在经营的，能提供工商营业执照、税务登记证、纳税发票等有效证件，并能按时签订拆迁补偿协议的，可以享受商业用房补偿政策”，“经营面积按沿街第一自然间面积确认；沿街第一自然间不明显或第一间进深超过 9 米的，则确定进深 9 米计算面积，超过 9 米部分按其住宅评估价的 1.3 倍进行补偿；对于沿街多层用于经营，其第二层性质上确定为住宅，但可根据现场调查的情况按其住宅评估价的 1.3 倍进行补偿；三层及以上部分一律按住宅进行补偿”。

辽宁省沈阳市规定，在征收决定公告时，“住改商”房屋正在经营且依法取得营业执照，并且连续经营时间超过两年取得经营手续的，可按照商用房评估价格 70% 补偿。《沈阳市国有土地上房屋征收与补偿办法》第四十条第一款规定：“对利用地面一层住宅从事经营房屋符合下列条件的经营部分，选择货币补偿的，可以按照经营性非住宅房屋房地产市场评估价格的 70% 标准补偿，并可享受住宅房屋临时安置补助费、搬迁奖励费，但不给予停产停业损失费补偿：（一）房屋征收决定公告时，正在经营且依法取得营业执照，连续经营时间超过两年以上；（二）依法取得税务登记证并有两年以上纳税记录；（三）营业执照的营业地点与被征收房屋的位置相一致；（四）2011 年 8 月 1 日《沈阳市城乡规划条例》施行前，已实际经营的房屋。”

把握征收启动之初的时机

在当地公布安置补偿方案时，要重点留意方案是否对“住改商”房屋进行了区分式的规定，补偿的金额是否与周边商铺价值相当，补偿的项目是否全面。若发现方案无法保障自身补偿利益，则务必及时提起相应程序，以免错过维权时机，最终得不偿失。

案例

杨某琴与贵州省某县人民政府、贵州省某市人民政府房屋征收补偿决定行政复议案

杨某琴申请再审所称评估机构属于单方委托，评估方法和过程缺乏充分的事实依据与认证分析。杨某琴的房屋是集体土地上的房屋而非国有土地上的房屋，考虑到本案所涉征地的具体情况，贵州省某县人民政府基本上参照《国有土地上房屋征收与补偿条例》的有关规定对杨某琴的房屋进行了补偿，程序更规范，也更有利于实现当事人的各项权利。一审法院经审查指出，贵州省某县人民政府出具的委托评估函中只要求对拟征收范围内房屋的单价进行评估，而非针对被征收的每套房屋进行市场价值评估，存在瑕疵。但是，考虑到评估机构系通过民主程序确定的，杨某琴的房屋虽然是农村集体土地上的房屋，但办理了餐饮经营许可证并实际经营旅社，贵州省某县人民政府按照经营旅社房屋评估区间价格上限即2787元/平方米对杨某琴房屋“住改非”部分的面积进行补偿，对装修附属设施、搬迁费、过渡费等均按安置补偿方案的标准进行补偿，也提供了货币补偿和产权调换两种补偿方式的选定，总体上说，结果未见明显不当。贵州省某市人民政府作出11号复议决定书，维持12号征补决定书，亦无明显不当。需要特别指出的是，基于参照《国有土地上房屋征收与补偿条例》以更好地保护当事人各项权利的行政目的，虽然杨某琴未能举示工商业执照、税务登记证等证据证实从事经营，但是根据原审查明其办有餐饮经营许可证并实际经营旅社的具体情形，对于实际从业人员，贵州省某县人民政府还应当予以核实，参照《关于××温泉疗养院片区开发建设项目房屋征收与安置补偿方案的批复》（×府函〔2014〕138号）规定的标准，进一步予以补助。此节并不足以构成针对12号征补决定书和11号复议决定书启动再审的法定事由。杨某琴所提相关申请再审理由，并据此请求撤销12号征补决定书和11号复议决定书，法院难以支持。

法律规定

《沈阳市国有土地上房屋征收与补偿办法》

第四十条 对利用地面一层住宅从事经营房屋符合下列条件的经营部分，选择货币补偿的，可以按照经营性非住宅房屋房地产市场评估价格的70%标准补偿，并可享受住宅房屋临时安置补助费、搬迁奖励费，但不给予停产停业损失费补偿：

（一）房屋征收决定公告时，正在经营且依法取得营业执照，连续经营时间超过两年以上；

（二）依法取得税务登记证并有两年以上纳税记录；

（三）营业执照的营业地点与被征收房屋的位置相一致；

（四）2011 年 8 月 1 日《沈阳市城乡规划条例》施行前，已实际经营的房屋。

选择产权调换的，按照住宅房屋计算补偿。

五、企业拆迁与违建拆除

31. 企业拆迁中厂房为什么会被认定为违建

在征收拆迁过程中，房屋一旦被认定为违建，被征收人能得到的补偿就会更少，征收方征收的成本会降低，因此，很多地方在征收拆迁之前对房屋进行登记时，会更加严格地执行违建认定标准。

企业厂房被认定为违建的主要原因

相较于普通房屋，用于生产经营的厂房情况更复杂，被认定为违建的原因也更多样，包括：

企业负责人法律意识淡薄，未申请或申请未获得批准，未取得建设用地规划许可证和建设工程规划许可证而建成的建筑物；

在取得合法的规划手续并依照规划建成厂房后，因经营和产能规模扩大，企业又陆续加建扩建厂房，而后期加建扩建部分未依法办理相关手续；

擅自改变建设工程规划许可证的范围建成的建筑物；

擅自改变土地使用性质建成的建筑物，例如，在农用地未批转的情况下就进行地面硬化并建成永久性建筑，在现行的耕地、农用地严格保护背景下，该类厂房无论是占地还是规划都属违法行为；

临时建筑建设后超过有效期未拆除也未延期甚至成为永久性建筑的建筑物；

通过伪造相关材料向主管部门骗取许可证建成的建筑物；

违反环保要求，特别是一些对环境有影响的企业更要重视这个问题；

厂房因招商引资兴建，为快速投入生产经营，在某些方面没有完全符合审批流程以及相关法规。

以上情况，在企业发展中很常见。由于早些年控制性规划监管并不细致，企业往往对这些情况未加注意，使这种状态持续下来。从严格意义上说，这些企业厂房很有可能被认定为违建，所以要注意避免。

在征收拆迁中企业厂房更容易被认定为违建的原因

在征收拆迁过程中，企业厂房违建问题尤为突出，相比普通住宅的拆迁，企业厂房的如下特点，更容易使企业厂房被认定为违建。

标的额大

具备一定经营能力和生产实力的企业，无论是用于经营和办公的场地，还是生产车间或厂房，都会因承担着企业盈利创收的重要功能和作用，具备相应的规模，而这种规模下的各类不动产标的之大，绝非一般拆迁中的住宅房屋或是普通“住改商”房屋可比拟的。

拆迁周期长

若要兼顾拆迁项目的有序推进和拆迁企业生产经营的顺利过渡，企业拆迁的筹备期就要远远长于普通房屋拆迁，尤其是在经营和生产场所另行选址的问题上，往往需要拆迁或征收主体会同被拆迁企业，提前筹划企业的过渡办法，或另行选址完成规划和转移，或原址回迁初步确认过渡期限，其中不乏员工的转移和遣散，货物、商品、设备的安放保存等问题。

安置难

征收拆迁往往伴随着规划调整，这对于普通住房来说，影响甚微，因为法定的安置补偿方式中涵盖原址回迁。但对于企业来说，由于规划调整，拆迁后再进行回迁尤为困难，而企业扎根原址多年取得的资源和地缘等优势很可能不复存在。即使是在拆迁中对企业的合理损失给予全面评估和补偿，对于失去资源的企业来说，拆迁后能完成平稳安置也绝非易事。

企业厂房的这些特点必然导致征收拆迁中的几个问题：首先，企业的拆迁成本高；其次，推进拆迁项目时间久；最后，协调难度大、影响面广。从拆迁方来看，这些企业厂房的特点正与其追求的低成本、高效率、快速度的拆迁目标相抵牾，因此，一些企业建筑物因在长时间生产经营过程中存在的规划手续不全、占地不符合规划等问题极易被扣上“违法建筑”的“帽子”。

企业厂房被认定为违建的应对

在征收拆迁过程中，当企业遇到厂房、办公用房等不动产被认定为违建时，一定要详细了解相关方认定违建的原因、法律依据、程序等问题，并及时采取应对措施。特别是，当所谓的“违法建筑”存在如下情况时，更要积极争取。

非企业自身原因导致未能审批办证

上海市第一中级人民法院在《实务研究：拆除违法建筑行政案件的审理思路和裁判要点》一文中指出：要注重对行政相对人信赖利益的合理保护。有些违法建筑是在特定历史条件下产生的，如为开展招商引资、解决住房紧张、改善旧区居住条件以及解决下岗职工自谋就业等问题，催生了一定数量的违法建筑。此类建筑由于缺乏及时监管，行政相对人因违法建筑长期未被拆除产生了信赖利益。此类拆违整治极易引发行政相对人的不满和对抗，对此应给予足够重视。

未违反控制性详细规划，通过其他处罚方式合法化

《中华人民共和国城乡规划法》第六十四条规定：“未取得建设工程规划许可证或者未按照建设工程规划许可证的规定进行建设的，由县级以上地方人民政府城乡规划主管部门责令停止建设；尚可采取改正措施消除对规划实施的影响的，限期改正，处建设工程造价百分之五以上百分之十以下的罚款；无法采取改正措施消除影响的，限期拆除，不能拆除的，没收实物或者违法收入，可以并处建设工程造价百分之十以下的罚款。”根据上述规定，对于未取得建设工程规划许可证或者未按照建设工程规划许可证的规定进行建设的，实施限期改正、限期拆除的行政处罚，并没有必须拆除或者立即拆除的规定。在一些地方对此有更明确的规定，比如，《广东省实施〈中华人民共和国城市规划法〉办法》第三十六条第一款规定：“未取得建设工程规划许可证或违反许可证的规定进行建设，严重影响城市规划的和影响城市规划又不能采取改正措施的，由城市规划行政主管部门责令其停止建设，限期拆除违法建筑物、构筑物或者其他设施，造成公用设施和市政设施损坏的，当事人应负修复和赔偿责任；影响城市规划，尚可采取改正措施的，由城市规划行政主管部门责令其停止建设、限期改正，并处罚款；不影响城市规划的，由城市规划行政主管部门责令其补办手续，并处罚款。”由此可见，未取得建设工程规划许可证进行建设，分三种情况进行处理：一是严重影响城市规划的和影响城市规划又不能采取改正措施的，由城市规划行政主管部门责令其停止建设，限期拆除违法建筑物；二是影响城市规划，尚可采取改正措施的，由城市规划行政主管部门责令其停止建设、限期改正，并处罚款；三是不影响城市规划的，由城市规划行政主管部门责令其补办手续，并处罚款。

对企业的信赖利益保护

关于企业的信赖利益保护，本书在后面章节有详细阐述。

最后，厂房还未办理手续的，要及时办理，在遇到征收时会减少很多不必要的麻烦；即使厂房位于征收范围内且没有办理相关手续，也不一定是违法建筑，认定违法建筑要结合很多方面因素；厂房已经被认定为违法建筑的，要及时诉讼撤销违建认定，减少在征收补偿中遭受的损失。

案例

某仪器厂有限责任公司与某市城市管理行政执法局等强制拆除案

《中华人民共和国城乡规划法》第六十四条规定：“未取得建设工程规划许可证或者未按照建设工程规划许可证的规定进行建设的，由县级以上地方人民政府城乡规划主管部门责令停止建设；尚可采取改正措施消除对规划实施的影响的，限期改正，处建设工程造价百分之五以上百分之十以下的罚款；无法采取改正措施消除影响的，限期拆除，不能拆除的，没收实物或者违法收入，可以并处建设工程造价百分之十以下的罚款。”根据上述规定，对于未取得建设工程规划许可证或者未按照建设工程规划许可证的规定进行建设的，实施限期改正、限期拆除的行政处罚，应当由县级以上地方人民政府城乡规划主管部门根据建设工程能否采取改正措施消除对规划实施的影响的具体情况决定。本案中，某仪器厂有限责任公司旧厂房改扩建工程未办理建设工程规划许可证即开工建设，应当予以相应的行政处罚，但该改扩建工程是否符合规划条件，如不符合规划条件能否采取改正措施消除对规划实施的影响，未经城乡规划主管部门作出认定。某市城市管理行政执法局对案涉旧厂房改扩建工程按照临时建设予以强制拆除，缺乏事实依据，适用法律错误。

法律规定

《中华人民共和国城乡规划法》

第六十四条 未取得建设工程规划许可证或者未按照建设工程规划许可证的规定进行建设的，由县级以上地方人民政府城乡规划主管部门责令停止建设；尚可采取改正措施消除对规划实施的影响的，限期改正，处建设工程造价百分之五以上百分之十以下的罚款；无法采取改正措施消除影响的，限期拆除，不能拆除的，没收实物或者违法收入，可以并处建设工程造价百分之十以下的罚款。

《广东省实施〈中华人民共和国城市规划法〉办法》

第三十六条第一款 未取得建设工程规划许可证或违反许可证的规定进行建设，严重影响城市规划的和影响城市规划又不能采取改正措施的，由城市规划行政主管部门责令其停止建设，限期拆除违法建筑物、构筑物或者其他设施，造成公用设施和市政设施损坏的，当事人应负修复和赔偿责任；影响城市规划，尚可采取改正措施的，由城市规划行政主管部门责令其停止建设、限期改正，并处罚款；不影响城市规划的，由城市规划行政主管部门责令其补办手续，并处罚款。

32. 企业建筑被认定为违建还有补偿吗

违法建筑的含义及相关法律规定

违法建筑，是指违反国家关于城市规划、土地管理及房屋建设管理等各项法律规定，未经有关部门审查批准，或者采取欺骗手段骗取批准，或者虽经批准但批准的内容违法，或者没有按照批准的内容进行建造的建筑物或构筑物。依据《中华人民共和国城乡规划法》的有关规定，在城市、镇规划区内进行建筑物、构筑物、道路、管线和其他工程建设的，建设单位或者个人应当向城市、县人民政府城乡规划主管部门或者省、自治区、直辖市人民政府确定的镇人民政府申请办理建设工程规划许可证。申请办理建设工程规划许可证，应当提交使用土地的有关证明文件、建设工程设计方案等材料。对符合控制性详细规划和规划条件的，由城市、县人民政府城乡规划主管部门或者省、自治区、直辖市人民政府确定的镇人民政府核发建设工程规划许可证。在乡、村庄规划区内进行乡镇企业、乡村公共设施和公益事业建设的，建设单位或者个人应当向乡、镇人民政府提出申请，由乡、镇人民政府报城市、县人民政府城乡规划主管部门核发乡村建设规划许可证。在乡、村庄规划区内进行乡镇企业、乡村公共设施和公益事业建设以及农村村民住宅建设，不得占用农用地；确需占用农用地的，应当依照《中华人民共和国土地管理法》有关规定办理农用地转用审批手续后，由城市、县人民政府城乡规划主管部门核发乡村建设规划许可证。建设单位或者个人在取得乡村建设规划许可证后，方可办理用地审批手续。

被认定违建后获得补偿的影响因素

被认定违建后的企业建筑是否能在拆迁中获得补偿，取决于违建认定的时间和企业经营者对于被认定为违法建筑的救济情况。

若当地并没有征收项目，但是具有违建认定职权的行政机关已经对企业建筑作出违建的行政认定，企业又没有在救济期限内提出针对违建的复议和诉讼程序，那么在相关违建认定生效后，随之而来的就是违法建筑的强制拆除决定等行政文件的送达和生效。若在此种情况下，企业经营者仍未采取救济手段，也未自行拆除被认定为违建的建筑，那么后续有权行政机关实施拆除行为后，企业相关利益获得救济的可能性就大大降低了。由此可知，在行政机关对企业建筑作出不利认定时，企业经营者一定要及时行使法律赋予的救济权利，行使救济权利的时限为自知道或应当知道该行政行为之日起六十日内提出行政复议，六个月内提出行政诉讼。在此过程中，行政机关违法实施了强制拆除行为的，企业经营者可以要求赔偿，因为，即使建筑本身违法，也不意味着组成建筑物的建筑材料及建筑内的物品随之变成非法，建筑材料及建筑内的物品属于权利人的合法财产，权利人因违法建筑所负的法律责任，不应当涉及其合法财产。

在征收过程中，若企业建筑被认定为“违建”，则有“以拆违促拆迁”之嫌，作为企业经营者，更应仔细甄别并及时提起法律程序，以保全企业在拆迁过程中的补偿利益。

《国务院关于深化改革严格土地管理的规定》（国发〔2004〕28号）规定：“在征地依法报批前，要将拟征地的用途、位置、补偿标准、安置途径告知被征地农民；对拟征土地现状的调查结果须经被征地农民集体经济组织和农民确认；确有必要的，国土资源部门应当依照有关规定组织听证。要将被征地农民知情、确认的有关材料作为征地报批的必备材料。要加快建立和完善征地补偿安置争议的协调和裁决机制，维护被征地农民和用地者的合法权益。”《国有土地上房屋征收与补偿条例》第二十四条第二款规定：“市、县级人民政府作出房屋征收决定前，应当组织有关部门依法对征收范围内未经登记的建筑进行调查、认定和处理。”

从以上法条中可知，无论是集体土地征收还是国有土地上房屋征收，在征收工作启动之前，行政部门都要对征收地块上的土地、建筑情况开展调查、确认权属，对附属物和房屋也要进行调查、认定与处理，此后方能启动征收。也就是说，征收过程中对被拆迁房屋的调查、认定职权属于县级以上人民政府，并且还要在征收启动前作出。在征收启动之后，有权作出违建认定的行政机关不能单独作出违建认定并进行后续违建处理。在征收范围划定以后，土地和房屋最终被拆除的前提程序只能依据《国有土地上房屋征收与补偿条例》第二十六条第一款，“房屋征收部门与被征收人在征收补偿方案确定的签约期限内达不成补偿协议，或者被征收房屋所有权人不明确的，由房屋征收部门报请作出房屋征收决定的市、县级人民政府依照本条例的规定，按照征收补偿方案作出补偿决定，并在房屋征收范围内予以公告”，或《中华人民共和国土地管理法实施条例》第六十二条规定，先作出补偿安置的决定，再依法强制拆除，而不是按照违建拆除。

在某水电有限公司诉某市人民政府强制拆除及赔偿案中，某水电有限公司（以下简称“某水电公司”）修建某水电站工程，但项目没有得到自治区水利厅项目审查意见和水力主管部门工程施工许可证。2016年9月27日，某市人民政府将原告水电站项目工程供水渠道拆除填平。再审法院认为，因某水电公司并**未取得**自治区水利厅项目审查意见以及水利主管部门工程**施工许可证**，且未取得自治区环保厅的最终环评审批意见，故该工程手续不完备，应作为违法建设进行处理。某市人民政府在强制拆除某水电公司工程时，未履行违法建设的认定以及下发公告、送达限期拆除决定书等法定程序，应当认定该强拆行为违法。因某水电公司的工程属违法建设，不具有合法权益的前提，其无权主张赔偿，但对于其合理的损失某市人民政府应当予以补偿。

根据此案例可以了解到，当企业建筑被认定为违法建筑时，应当积极提起法律程序进行救济。如果行政机关未经法定程序即拆除违法建筑，虽然并不具备提起赔偿的合法基础，但可以主张确认其强制拆除行为违法，并主张获得屋内设施等合法设施的合理补偿。

案例

南宁市某木业有限公司诉被申请人广西壮族自治区南宁市某开发区管理委员会行政强制拆除及行政赔偿案

《中华人民共和国国家赔偿法》第二条规定，国家机关和国家机关工作人员行使职权，有本法规定的侵犯公民、法人和其他组织合法权益的情形，造成损害的，受害人有依照本法取得国家赔偿的权利。赔偿义务机关，应当依法及时履行赔偿义务。第四条第（四）项规定，行政机关及其工作人员违法行使行政职权侵犯当事人财产权的，受害人有取得赔偿的权利。第三十六条第（八）项规定，赔偿义务机关对受害人的财产权造成损害的，按照直接损失给予赔偿。《中华人民共和国行政诉讼法》第三十八条第二款规定，在行政赔偿、补偿的案件中，原告应当对行政行为造成的损害提供证据，但是，因被告的原因导致原告无法举证的，由被告承担举证责任。《最高人民法院关于行政诉讼证据若干问题的规定》第五十四条规定，法庭应当遵循法官职业道德，运用逻辑推理和生活经验，全面、客观和公正地分析判断证据，准确认定案件事实。根据上述规定，只有合法权益受到违法行政行为侵犯造成损害的，行政机关才依法承担行政赔偿责任；赔偿的范围限于直接损失，不包括将来可得利益损失；在行政赔偿诉讼中，原告对损失的事实承担举证责任，但是由被告违法野蛮强拆等原因造成原告无法举证的除外。本案中，南宁市某木业有限公司（以下简称“某木业公司”）未取得相关建设许可擅自建设的建筑物、构筑物属于违法建筑，某木业公司不享有合法权益，违法建筑物、构筑物本身被强制拆除，相关损失不属于国家赔偿的范围，一、二审判决对该部分损失不予赔偿，符合法律规定。某木业公司主张对违法建筑享有利益、属于国家赔偿范围，没有法律根据，法院不予支持。但某木业公司违法建筑物、构筑物内可拆卸的机器设备，属于某木业公司的合法财产。广西壮族自治区南宁市某开发区管理委员会（以下简称“南宁市某区管委会”）违法野蛮实施强制拆除，造成相关机器设备损失，依法应当予以行政赔偿。由于南宁市某区管委会未对违法建筑物内的机器设备进行登记造册、妥善保管，原告无法举证证明现场损失的具体情况，被告应当对损失事实承担举证责任。在被告也不能举证证明损失事实的情况下，二审判决根据强制拆除前后的现场照片，结合某木业公司提出的损失赔偿请求和相关机器设备的新旧程度，逐项进行分析认定损失情况，确定损失数额，酌定赔偿52万元，符合《中华人民共和国国家赔偿法》及《中华人民共和国行政诉讼法》的相关规定。某木业公司主张，应当采信其提供的物品损失清单及购置生产设备的收款收据、送发货清单和强制拆除现场前后的照片等证据，赔偿其主张的全部损失，主要证据不足，没有法律根据，法院不予支持。

33. 违法建筑的认定主体有哪些

实践中，违法建筑的认定主体因违法建筑的类型不同而不同。

城乡规划主管部门

依据《中华人民共和国城乡规划法》第六十四条、第六十六条规定，未取得建设工程规划许可证或者未按照建设工程规划许可证的规定进行建设的，认定主体为县级以上地方人民政府城乡规划主管部门；未经批准进行临时建设，未按照批准内容进行临时建设以及临时建筑物、构筑物超过批准期限不拆除的，认定主体为所在地城市、县人民政府城乡规划主管部门。

自然资源主管部门

依据《中华人民共和国土地管理法》和《中华人民共和国土地管理法实施条例》规定，对于违反《中华人民共和国土地管理法》的违法建设行为以及违法建筑的认定和查处的主体一般是县级以上人民政府自然资源主管部门。

需要注意的是，目前多数地方已经对自然资源和规划部门进行了合并，无论是违反土地规划还是违反城乡建设规划，都归属于自然资源和规划部门管理。

农业农村主管部门

依据《中华人民共和国土地管理法》第七十五条的规定，违法占用耕地建窑、建坟或者擅自在耕地上建房、挖砂、采石、采矿、取土等，破坏种植条件的，或者因开发土地造成土地荒漠化、盐渍化的，由县级以上人民政府自然资源主管部门、农业农村主管部门等按照职责认定和处理。

乡镇人民政府和街道办事处

依据《中华人民共和国城乡规划法》第六十五条规定，在乡、村庄规划区内未依法取得乡村建设规划许可证或者未按照乡村建设规划许可证的规定进行建设的，认定主体为所在地乡镇人民政府。

那么，街道办事处是不是有认定、查处违法建设的权力呢？这要看地方立法的规定。例如，《北京市城乡规划条例》第五十八条规定：“市人民政府应当明确规划自然资源主管部门、城市管理综合行政执法机关、乡镇人民政府、街道办事处等查处违法建设的职责分工。街道办事处查处违法建设，可以依照国家和本市有关规定开展综合执法工作，按照有关法律规定相对集中行使行政处罚权。”《北京市禁止违法建设若干规定》第五条规定：“规划和自然资源主管部门、街道办事处和乡镇人民政府（以下统称为行政执法机关）具体承担违法建设查处工作……街道办事处、乡镇人民政府负责对本行政区域内未依法取得建设工程规划许可证、临时建设工程规划许可证、乡村建设规划许可证、临时乡村建设规划许可证以及选址意见书、规划综合实施方案等规划文件但进行建设的情形进行查处。”

集中行使行政处罚权的行政机关

《中华人民共和国行政处罚法》第十八条规定：“国家在城市管理、市场监管、生态环境、文化市场、交通运输、应急管理、农业等领域推行建立综合行政执法制度，相对集中行政处罚权。国务院或者省、自治区、直辖市人民政府可以决定一个行政机关行使有关行政机关的行政处罚权。限制人身自由的行政处罚权只能由公安机关和法律规定的其他机关行使。”实践中，集中行使行政处罚权的行政机关通常是县级以上地方人民政府的城市管理、综合行政执法等部门。

单行法规定的其他主体

此外，单行法还规定了其他认定和查处违法建筑的主体。例如，《中华人民共和国公路法》第五十六条规定的县级以上人民政府交通主管部门、《中华人民共和国环境保护法》第六十一条规定的环境保护部门、《中华人民共和国港口法》第四十五条规定的港口行政管理部门、《中华人民共和国水法》第六十五条规定的水行政主管部门或者流域管理机构等。

需要特别注意的是，违法建筑的认定主体应该是法定的，如果非法定的主体作出了违法建筑认定，就属于超越职权。这在征收拆迁中很常见，如村委会、征收事务机构、未经授权的街道办事处等。依据《中华人民共和国土地管理法》作出的责令限期拆除决定的行政处罚起诉期限是十五天，而不是六个月的行政诉讼起诉期限，这里属于特别规定。

另外，法院不是认定违法建设的法定机构，无认定违法建设的职权。

案例

1. 单县某制衣有限公司与申某萍、王某美确认合同无效纠纷案

法院经审查认为，关于涉案房屋买卖合同的法律效力问题，申请人主张涉案房屋未取得建设用地和建设工程规划许可手续，属于违法建筑，按照法院有关会议纪要的精神，应依法认定无效，原审判决认定涉案房屋买卖合同有效适用法律错误。法院对此审查认为，依照我国城乡规划法的规定，认定涉案房屋是否属于违法建筑是当地规划行政主管部门的职权范围，法院无权直接认定涉案房屋是否属于违法建筑，申请人虽主张涉案房屋是违法建筑，但在原审中并未提供当地规划行政主管部门作出的认定结论，且涉案房屋买卖合同也不具有《中华人民共和国合同法》（已废止）第五十二条规定的其他无效情形，故原判决认定双方订立的涉案房屋买卖合同有效于法有据。

2. 许某勇与长沙市某区城市管理综合执法大队违法建设工程限期拆除决定案

法院认为，本案的争议焦点是被申请人长沙市某区城市管理综合执法大队作出的被诉限期拆除决定是否合法。《中华人民共和国行政处罚法》第十八条第二款、第三款规定："国务院或者省、自治区、直辖市人民政府可以决定一个行政机关行使有关行政机关的行政处罚权。限制人身自由的行政处罚权只能由公安机关和法律规定的其他机关行使。"《长沙市城市管理条例》（2012年修正）第二十九条第一款规定："本市城市管理行政执法工作按照《中华人民共和国行政处罚法》规定和国务院、省人民政府有关决定，实行相对集中行政处罚权制度。"第二款规定："城市管理综合行政执法机关相对集中行使国务院、省人民政府有关决定确定的行政处罚权，具体职责是：（一）行使城乡规划管理方面法律、法规、规章规定的部分行政处罚权。"第三十一条第一款规定："城市管理综合行政执法实行属地管理，由违法行为发生地的区（含高新技术产业开发区）城市管理综合行政执法机关管辖。"根据上述规定，被申请人作为该辖区内城市管理综合行政执法机关，具有作出被诉拆除决定的法定职权。因再审申请人许某勇在行政执法调查期间没有提供涉案房屋的建设规划许可手续，该涉案房屋经长沙市城乡规划局某区分局认定，未取得规划许可，系违法建筑且无法采取改正措施消除影响，被申请人依照《中华人民共和国城乡规划法》第六十四条规定，作出被诉限期拆除决定，责令许某勇限期拆除，具有事实根据和法律依据。被申请人在作出限期拆除决定前，履行了调查、勘验、告知、决定、送达等法定程序，作出的限期拆除决定程序合法。故，许某勇提出被申请人无权作出被诉限期拆除决定，作出的限期拆除决定违法的理由不能成立，法院不予支持。

法律规定

《中华人民共和国城乡规划法》

第六十四条 未取得建设工程规划许可证或者未按照建设工程规划许可证的规定进行建设的，由县级以上地方人民政府城乡规划主管部门责令停止建设；尚可采取改正措施消除对规划实施的影响的，限期改正，处建设工程造价百分之五以上百分之十以下的罚款；无法采取改正措施消除影响的，限期拆除，不能拆除的，没收实物或者违法收入，可以并处建设工程造价百分之十以下的罚款。

第六十五条 在乡、村庄规划区内未依法取得乡村建设规划许可证或者未按照乡村建设规划许可证的规定进行建设的，由乡、镇人民政府责令停止建设、限期改正；逾期不改正的，可以拆除。

第六十六条 建设单位或者个人有下列行为之一的，由所在地城市、县人民政府城乡规划主管部门责令限期拆除，可以并处临时建设工程造价一倍以下的罚款：

（一）未经批准进行临时建设的；

（二）未按照批准内容进行临时建设的；

（三）临时建筑物、构筑物超过批准期限不拆除的。

《中华人民共和国土地管理法》

第七十五条 违反本法规定，占用耕地建窑、建坟或者擅自在耕地上建房、挖砂、采石、采矿、取土等，破坏种植条件的，或者因开发土地造成土地荒漠化、盐渍化的，由县级以上人民政府自然资源主管部门、农业农村主管部门等按照职责责令限期改正或者治理，可以并处罚款；构成犯罪的，依法追究刑事责任。

《中华人民共和国水法》

第六十五条 在河道管理范围内建设妨碍行洪的建筑物、构筑物，或者从事影响河势稳定、危害河岸堤防安全和其他妨碍河道行洪的活动的，由县级以上人民政府水行政主管部门或者流域管理机构依据职权，责令停止违法行为，限期拆除违法建筑物、构筑物，恢复原状；逾期不拆除、不恢复原状的，强行拆除，所需费用由违法单位或者个人负担，并处一万元以上十万元以下的罚款。

未经水行政主管部门或者流域管理机构同意，擅自修建水工程，或者建设桥梁、码头和其他拦河、跨河、临河建筑物、构筑物，铺设跨河管道、电缆，且防洪法未作规定的，由县级以上人民政府水行政主管部门或者流域管理机构依据职权，责令停止违法行为，限期补办有关手续；逾期不补办或者补办未被批准的，责令限期拆除违法建筑物、构筑物；逾期不拆除的，强行拆除，所需费用由违法单位或者个人负担，并处一万元以上十万元以下的罚款。

虽经水行政主管部门或者流域管理机构同意，但未按照要求修建前款所列工程设施的，由县级以上人民政府水行政主管部门或者流域管理机构依据职权，责令限期改正，按照情节轻重，处一万元以上十万元以下的罚款。

34. 企业违法建筑的认定与拆除程序

在企业拆迁过程中，以“拆违代拆迁”总是如影随形，但是因为事关当事人重大权利，无论违法建筑的认定还是拆除，都有着严格的程序要求，以程序合法保障当事人实体权利。

认定企业违法建筑的程序

立案与现场检查

对于经群众举报或者村委会、居委会、物业服务企业、乡镇街道执法队等日常巡查发现涉嫌构成违法建筑的，执法机关可以决定立案调查。

在立案后，执法机关一般应对该建筑是否确认为违法建筑进行现场调查取证。此时，执法机关应向当事人发出《行政处罚立案调查通知书》，告知当事人配合调查。执法人员应制作《现场勘查笔录》（示意图、现场照片）、《询问（调查）笔录》（要求当事人出具建设规划手续，询问基层组织、相邻权人相关情况）。

发出事先告知书

在现场检查后，向建筑物所有权人发出《责令限期拆除违法建设事先告知书》，告知内容包括做出行政处罚的事实、理由、依据，当事人依法享有的陈述、申辩和申请听证的权利。作为被处罚对象的企业，一定要在这个阶段积极行使陈述、申辩的权利，并有权要求召开听证会，因为违法建筑的认定事关企业重大不动产权利以及企业未来经营。

作出《责令限期拆除违法建设决定书》

经过当事人陈述、申辩或者听证会后，执法机关认为其申辩理由不成立，依法需要对违法建筑作出处置的，应作出《责令限期拆除违法建设决定书》，责令相对人自行拆除。

对决定不服的，可以向行政机关申请行政复议或者向法院提起行政诉讼。这是当事人最关键且不可错过的救济时机，一旦错过，房屋被定性为违建就会不可逆，当事人几乎丧失保住房屋、获取补偿或者赔偿的可能性。

拆除违法建筑的程序

催告

如果建筑物所有权人在规定期限内未自行拆除违法建筑，行政机关就会进行催告，向当事人下达《限期拆除催告通知书》。催告通知书应以书面形式作出，并载明履行义务的期限、方式，逾期未履行义务的后果。

作出强制拆除决定

经过催告，建筑物所有权人仍然不履行义务的，行政机关可以根据《中华人民共和国行政强制法》等规定，作出《强制拆除违法建筑决定书》，并送达当事人。

进行强制拆除公告

对违法建筑作出强制拆除决定的，执法机关应当在强制拆除实施前发布并张贴公告，敦促当事人履行拆除房屋的义务，将室内物品等妥善搬离。

组织实施强制拆除

行政机关作出强制拆除决定后，当事人不自行拆除，又不申请行政复议或者提起行政诉讼的，有强制拆除权的行政机关可以组织实施强制拆除，无行政强制拆除权的行政机关，应该向人民法院申请强制执行。

综上所述，即便是违法建筑，也不能说拆就拆，必须依法按照上述程序进行，并且要保障当事人的知情权、陈述权、申辩权、听证权等基本程序权利，方可进行强制拆除。

案例

1. 陈某诉江苏省某市综合行政执法局行政强制及行政赔偿案（2022 年度全国法院优秀行政案例一等奖）

涉及行政机关组织实施违法建筑物拆除的法定程序。

结合《中华人民共和国城乡规划法》第六十四条、第六十八条，以及《中华人民共和国行政强制法》第三十五条、第三十七条、第四十四条等规定，行政机关对相对人违反城乡规划建设行为的认定，以及组织对违法建筑物的强制拆除，应当依次作出以下行政行为并遵守相应程序规范。

第一，行政机关应当根据《中华人民共和国城乡规划法》第六十四条有关“无法采取改正措施消除影响的，限期拆除”的规定，对相对人作出限期拆除决定行为，《责令限期拆除违法建设决定书》应当载明作出行政行为的主要事实、理由和依据，体现违法建筑物的坐落和特征等要素，同时载明相对人不服请求救济的途径和期限。

第二，限期拆除决定的复议诉讼期限届满或者合法性经人民法院确认，相对人逾期不履行义务的，行政机关应当根据《中华人民共和国行政强制法》第三十五条有关“行政机关作出强制执行决定前，应当事先催告当事人履行义务”的规定，以书面方式催告相对人履行义务，催告书应载明履行义务的期限和方式，以及相对人的陈述权、申辩权。

第三，相对人在催告期限内不履行义务的，行政机关应当根据《中华人民共和国城乡规划法》第六十八条有关“城乡规划主管部门作出责令停止建设或者限期拆除的决定后，当事人不停止建设或者逾期不拆除的，建设工程所在地县级以上地方人民政府可以责成有关部门采取查封施工现场、强制拆除等措施”的规定，报请市、县级以上人民政府批准责成实施强制拆除。

第四，行政机关应当依据市、县级以上人民政府责成行为，并根据《中华人民共和国行政强制法》第三十七条第一款有关“经催告，当事人逾期仍不履行行政决定，且无正当理由的，行政机关可以作出强制执行决定”的规定，对相对人作出《强制执行决定书》，《强制执行决定书》应当载明强制执行的理由和依据、方式和时间等事项，并载明相对人不服请求救济的途径和期限。同时，行政机关应当将《强制执行决定书》的内容予以公告。

第五，相对人在《强制执行决定书》和公告确定的期限届满前未履行义务的，行政机关应当组织实施对违法建筑物的强制拆除。原则上，行政机关不得在夜间或者法定节假日实施强制执行，强制执行时还应进行证据保全，妥善保管屋内物品，体现程序正当。如此，方为合法有效的违法建设行为认定和违法建筑物强制拆除行政程序。

2. 陈某诉贵州省某县人民政府、贵州省某县综合行政执法局房屋行政强制案

涉及拆除案涉房屋的程序是否合法的问题。

根据《中华人民共和国城乡规划法》第六十八条规定，城乡规划主管部门作出责令停止建设或者限期拆除的决定后，当事人不停止建设或者逾期不拆除的，建设工程所在地县级以上地方人民政府可以责成有关部门采取强制拆除等措施。根据《中华人民共和国行政强制法》第三十四条、第三十五条、

第三十七条、第四十四条规定，对于行政机关具有强制执行权的事项，行政机关依法作出行政决定后，当事人在行政机关决定的期限内不履行义务，经催告后仍不履行的，行政机关可以作出强制执行决定并强制执行，拆除违法建筑前应当进行公告。本案中，贵州省某县原城乡规划局（现综合执法局）对案涉房屋 1、房屋 2 分别作出责令限期拆除的行政处罚决定并经催告后，陈某仍未自行拆除。贵州省某县原城乡规划局对案涉房屋 1、房屋 2 分别作出强制执行决定，贵州省某县人民政府责成贵州省某县原城乡规划局强制拆除案涉房屋后，贵州省某县原城乡规划局进行了拆除公告并实施了强制拆除，符合前述法定程序。需要指出的是，根据《中华人民共和国行政诉讼法》第二十六条第一款规定，贵州省某县原城乡规划局系作出被诉强制拆除行为的行政机关，系本案适格被告，贵州省某县人民政府不是本案适格被告，一、二审对此认定有误，法院予以纠正。

根据《中华人民共和国行政强制法》第四十四条规定，对违法的建筑物、构筑物、设施等需要强制拆除的，当事人在法定期限内不申请行政复议或者提起行政诉讼，又不拆除的，行政机关可以依法强制拆除。本案中，贵州省某县原城乡规划局就房屋 1、房屋 2 分别对陈某作出行政处罚决定，贵州省某县原城乡规划局应当等待陈某对该处罚决定提起行政复议或行政诉讼的期限届满之后才能进行强制拆除。对于房屋 1，贵州省某县原城乡规划局于 2012 年 11 月 26 日作出 1102 号《行政处罚决定》，于 2017 年 6 月 6 日作出 7 号《强制执行决定》并于 30 日实施强制拆除时，陈某对 1102 号《行政处罚决定》提起行政复议或行政诉讼的期限均已届满，故贵州省某县原城乡规划局强制拆除房屋 1 的行为符合前述规定。对于房屋 2，贵州省某县原城乡规划局于 2017 年 4 月 24 日向陈某作出 22 号《行政处罚决定书》，于 2017 年 5 月 19 日作出 6 号《强制执行决定》并于 6 月 30 日实施强制拆除。强制拆除时，陈某对 22 号《行政处罚决定书》的起诉期限尚未届满，该强制拆除行为违反了法定程序。鉴于房屋 2 已被拆除，该强制拆除行为不具有可撤销内容，故根据《中华人民共和国行政诉讼法》第七十四条第二款第（一）项规定，应确认强制拆除案涉房屋 2 的行为违法。

法律规定

《中华人民共和国城乡规划法》

第六十四条 未取得建设工程规划许可证或者未按照建设工程规划许可证的规定进行建设的，由县级以上地方人民政府城乡规划主管部门责令停止建设；尚可采取改正措施消除对规划实施的影响的，限期改正，处建设工程造价百分之五以上百分之十以下的罚款；无法采取改正措施消除影响的，限期拆除，不能拆除的，没收实物或者违法收入，可以并处建设工程造价百分之十以下的罚款。

第六十八条 城乡规划主管部门作出责令停止建设或者限期拆除的决定后，当事人不停止建设或者逾期不拆除的，建设工程所在地县级以上地方人民政府可以责成有关部门采取查封施工现场、强制拆除等措施。

《中华人民共和国行政强制法》

第三十四条 行政机关依法作出行政决定后，当事人在行政机关决定的期限内不履行义务的，具有行政强制执行权的行政机关依照本章规定强制执行。

第三十五条 行政机关作出强制执行决定前，应当事先催告当事人履行义务。催告应当以书面形式作出，并载明下列事项：

（一）履行义务的期限；

（二）履行义务的方式；

（三）涉及金钱给付的，应当有明确的金额和给付方式；

（四）当事人依法享有的陈述权和申辩权。

第三十六条 当事人收到催告书后有权进行陈述和申辩。行政机关应当充分听取当事人的意见，对当事人提出的事实、理由和证据，应当进行记录、复核。当事人提出的事实、理由或者证据成立的，行政机关应当采纳。

第四十四条 对违法的建筑物、构筑物、设施等需要强制拆除的，应当由行政机关予以公告，限期当事人自行拆除。当事人在法定期限内不申请行政复议或者提起行政诉讼，又不拆除的，行政机关可以依法强制拆除。

第五十三条 当事人在法定期限内不申请行政复议或者提起行政诉讼，

又不履行行政决定的，没有行政强制执行权的行政机关可以自期限届满之日起三个月内，依照本章规定申请人民法院强制执行。

35. 企业厂房被认定为违法建筑应如何应对

在征收拆迁过程中，企业在收到违法建设认定的相关文件时，一定要认真对待，这关系到企业未来能否持续、正常经营，是攸关企业生死存亡的重大事件。对于企业来说，应该如何应对正常经营过程中出现的违法建设认定问题？如果征收工作已经启动，征收土地预公告或者征收决定也已经发布，因没有签订安置补偿协议，此时启动认定拆除程序，可能会遇到拆违代替拆迁、越权执法问题，对此前面章节已经讲过，这里不再赘述。

如果无拆迁项目，只是单纯的违建认定，建议企业从以下几个方面着手准备。

审查自身建设的合法性

企业厂房被认定为违法建筑，首先应当审查自身建设的合法性。《中华人民共和国城乡规划法》《中华人民共和国土地管理法》《中华人民共和国环境保护法》《村庄和集镇规划建设管理条例》等相关法律法规对厂房选址、建设都有严格规定，用地、环保、建设都需要相应的规划等手续。企业在收到违建认定的告知、通知等文件时，要先收集厂房建设的相关文件资料，包括房屋所有权证明、土地使用权证明、建设规划许可证明、环评报告等，如果上述证件缺失或部分缺失，则进一步收集当年进行建设的相关报批手续、同相关部门签署的协议（招商引资协议等）、政府就相关事项召开会议的会议纪要等。如果企业厂房权属清晰、建设规划许可证等手续完善，或者行政协议中约定由政府办理相关手续，则在主张厂房为合法建筑时有充分的依据；反之，则会面临较大风险。

审查行政行为的合法性

一般来说，厂房被认定为违法建筑，相关部门会通过书面形式作出通知或者决定书。针对该行政行为的合法性，可以审查认定违法建筑的依据、审查程序是否合法、审查作出该行为的行政主体是否有相应职权等。

关于认定违法建筑的依据是否充足，在实践中，是否符合规划要求，如不符合规划要求能否采取改正措施消除对规划实施的影响，都需要经城乡规划主管部门作出认定。需要提醒的是，相关建筑能否采取改正措施消除对规划的影响，不仅局限于城乡规划主管部门，还需要结合涉案建筑的年代、是否可区分处理等因素进行充分调查、认定。

企业应对违建认定的处理思路

当企业收到认定违法建筑的书面通知或者决定时，应当积极行使法律赋予的救济权利，充分陈述、申辩、申请听证，申请复议或者提起诉讼；同时，提前做好应对强拆的准备，积极与相关部门协商沟通，保障自身合法权益。

案例

某县竹木工艺厂、某市某县综合行政执法局、某市综合行政执法局行政复议案

从某县竹木工艺厂（以下简称“某竹木厂”）涉案房屋的建成、办证过程来看，某竹木厂已为企业扩大生产规模扩建厂房依相关规定办理了除土地证和村镇规划建设许可证外的其他相关手续并缴纳了费用。由于当地政府未能按协议承诺十五日内为某竹木厂办好相关建房手续，某竹木厂还为此长期到相关部门信访。因此，某竹木厂涉案房屋至本案被处罚时未能办理建设工程规划许可证，其主要原因在当地政府。根据某市某县综合行政执法局查明并认定，某竹木厂涉案建筑系于2004年至2006年建造。在长达十余年的时间里，某市某县相关部门并未就某竹木厂涉案建筑是否涉嫌违法进行查处，直至某工程项目需征用某竹木厂相关土地，双方就拆迁补偿事宜协商不成的情况下，才于2017年进行调查并作出被诉处罚决定，其执法不具有正当性。

法律规定

《全国人大法工委对关于违反规划许可、工程建设强制性标准建设、设计违法行为追诉时效有关问题的意见》

违反规划许可、工程建设强制性标准进行建设、设计、施工，因其带来的建设工程质量安全隐患和违反城乡规划的事实始终存在，应当认定其行为有继续状态，根据《行政处罚法》第二十九条规定，行政处罚追诉时效应当自行为终了之日起计算。

《中华人民共和国城乡规划法》

第六十四条 未取得建设工程规划许可证或者未按照建设工程规划许可证的规定进行建设的，由县级以上地方人民政府城乡规划主管部门责令停止建设；尚可采取改正措施消除对规划实施的影响的，限期改正，处建设工程造价百分之五以上百分之十以下的罚款；无法采取改正措施消除影响的，限期拆除，不能拆除的，没收实物或者违法收入，可以并处建设工程造价百分之十以下的罚款。

36. 招商引资厂房无手续，遇拆迁变违建怎么办

招商引资能够促进地方经济发展，优化产业结构，增加就业，因此，各地十分重视这项工作。在招商引资过程中，为了吸引投资方，各地可能会用各种“开绿灯”行为向投资者抛出橄榄枝，也正是这种优惠政策、承诺，为投资者埋下了隐患。一旦地方因产业结构调整、规划调整等进行征收拆迁，这些企业的厂房可能会被认定为违建。

面对这种情况，企业应该做出以下应对。

保留招商引资相关证据，保障自身信赖利益

政府招商引资是一种行政行为，一般来说，地方政府与投资方会签订招商引资协议或形成其他材料（包括备忘录、新闻报道、官方网站招商公告、会议纪要等），其中的协议条款、承诺、公开信息等，凡是足以影响投资决策的重要信息，都要进行收集保存，以便在后续的谈判、行政复议或者诉讼中证明企业的设立、投资、建设是基于招商引资这一行政行为。也就是说，企业对行政机关前期招商引资过程中作出的承诺产生信赖，进而作出投资、建厂、生产经营等行为。然而，在后期遇到征收拆迁时，相关政府部门以企业用地不合法、厂房建设不符合当前规划等理由认定厂房为违建，以达到加快征收进程的目的，显然侵害了企业作为行政相对人的信赖利益。

正确应对“拆违”，及时用法律维权

被征收的企业一定要注意，一旦征收方决定以拆违的方式推进拆迁进程，那么其进度一定非常快。所以，在这个过程中，企业一定要弄清楚违建认定、拆除的相关程序，以及如何有效进行反制，这在上文已经进行了较为详细的阐释。企业一定要在法定期限内，针对相关决定申请行政复议或者提起行政诉讼，阻断拆违的进程，确保企业合法利益不被侵犯。

申请信息公开，全面掌握征收项目情况

在征收拆迁过程中，与作为征收方的行政机关相比，作为被征收人的企业处于信息劣势，双方能够获取的信息是严重不对称的。特别是，如果企业不掌握征收项目信息、补偿安置方案等关键信息，那么无论在谈判还是在行政复议或者行政诉讼中，都会处于不利地位。因此，信息公开不仅是被征收企业明确自身地位的关键，更是维权中调查取证的最重要手段之一。企业如果没有见到相关征收文件、补偿方案，却收到了违建认定的相关文件，那么首先要做的是通过信息公开的方式查明是否有征收项目、如何补偿等，以确保自己在征收中不作“睁眼瞎”。

做好前期工作，正确应对强拆

在进入强制拆除程序后，企业特别是企业主不要通过强力对抗的方式阻止强拆。因为，这不仅很难阻止已经启动的强拆程序，而且极易将自己陷入危险境地，甚至可能招致所谓的“刑事责任”。在强制拆除前，企业要做的是：

将企业维权的重要资料、财产提前转移，包括相关的产权证明、经营资质材料、财务账簿、业务合同、经营数据，以及重要的财物等；

在发生强拆时，进行必要的取证工作，若自身不便，则可以委托员工、第三方机构等对强制拆除的过程进行拍照、录像，以确认强拆的主体；

如果强拆前没有对违建进行认定，就不能证明企业的厂房是违建，对合法财产进行破坏，可以报警。

案例

王某忠与北京市某区人民政府案

涉及涉案建筑是否为违法建设。根据法院查明的事实，涉案建筑物虽然未取得规划许可手续，但其修建具有政府招商引资的特殊背景，王某忠系基于对属地政府招商引资行为合法性及连续性的信赖，方投资建设的涉案建筑，尤其是其中的710平方米建筑直接得到了属地政府的认可，对此1141号判决也曾认为上述710平方米建筑不能认定为违法建设。涉案建筑所在土地存在相关占地项目，北京市某区某镇人民政府在启动涉案违法建设查处程序前，曾对涉案建筑进行测绘清登，并曾与王某忠就补偿问题进行协商。在此情形下，基于维护政府公信力、保护当事人信赖利益及维持相关项目补偿平等性等因素考量，不宜将涉案建筑全部定性为违法建设直接拆除。王某忠依旧享有涉案建筑的相应合法权利。

法律规定

《中华人民共和国行政强制法》

第四十四条 对违法的建筑物、构筑物、设施等需要强制拆除的，应当由行政机关予以公告，限期当事人自行拆除。当事人在法定期限内不申请行政复议或者提起行政诉讼，又不拆除的，行政机关可以依法强制拆除。

《国务院关于加强政务诚信建设的指导意见》（国发〔2016〕76号）

二、总体要求

…………

四是坚持守信践诺。将公平正义作为政务诚信的基本准则，在行政管理和公共服务的各领域贯彻公平正义原则。各级人民政府和公务员要清正廉洁，恪尽职守，敢于担当。要建立健全守信践诺机制，准确记录并客观评价各级人民政府和公务员对职权范围内行政事项以及行政服务质量承诺、期限承诺和保障承诺的履行情况。各级人民政府在债务融资、政府采购、招标投标等市场交易领域应诚实守信，严格履行各项约定义务，为全社会作出表率。

五、加强重点领域政务诚信建设

…………

（四）加强招商引资领域政务诚信建设。完善招商引资地方性法规规章等，严格依法依规出台优惠政策，避免恶性竞争。规范地方人民政府招商引资行为，认真履行依法作出的政策承诺和签订的各类合同、协议，不得以政府换届、相关责任人更替等理由毁约。因国家利益、公共利益或其他法定事由需要改变政府承诺和合同约定的，要严格依照法定权限和程序进行，并对相关企业和投资人的财产损失依法予以补偿。

《中华人民共和国行政处罚法》

第四十四条 行政机关在作出行政处罚决定之前，应当告知当事人拟作出的行政处罚内容及事实、理由、依据，并告知当事人依法享有的陈述、申辩、要求听证等权利。

第四十五条 当事人有权进行陈述和申辩。行政机关必须充分听取当事人的意见，对当事人提出的事实、理由和证据，应当进行复核；当事人提出的事实、理由或者证据成立的，行政机关应当采纳。

行政机关不得因当事人陈述、申辩而给予更重的处罚。

第五十四条第一款 除本法第五十一条规定的可以当场作出的行政处罚外，行政机关发现公民、法人或者其他组织有依法应当给予行政处罚的行为的，必须全面、客观、公正地调查，收集有关证据；必要时，依照法律、法规的规定，可以进行检查。

第六十三条 行政机关拟作出下列行政处罚决定，应当告知当事人有要求听证的权利，当事人要求听证的，行政机关应当组织听证：

（一）较大数额罚款；

（二）没收较大数额违法所得、没收较大价值非法财物；

（三）降低资质等级、吊销许可证件；

（四）责令停产停业、责令关闭、限制从业；

（五）其他较重的行政处罚；

（六）法律、法规、规章规定的其他情形。

当事人不承担行政机关组织听证的费用。

37. 什么是企业拆迁中的信赖利益保护

信赖利益保护的含义及目的

企业作出投资决策、经营决策，一个很重要的依据是行政机关出台的相关政策、作出的相关承诺或者行为。某一行业、某一企业的投资经营行为得到鼓励，企业产生了对行政机关的信任，其从事的合法合规投资经营活动应受到保护，用行政法上的专业术语来形容，就是“信赖利益保护”。

信赖利益保护是行政法的一项重要基本原则，由传统法理中的诚实信用原则、法律安定性原则以及人民基本权利保障原则等综合演化而成。信赖利益保护，是指人民基于对国家公权力行使结果的合理信赖而有所规划或举措，由此而产生的信赖利益应受保护。[①]

通俗解释，信赖利益保护，是指行政相对人对行政机关的行政行为形成值得保护的信赖后，行政机关不得随意改变或撤销该行为，依法确需改变或撤销，由此给相对人造成财产损失或使被许可人的合法权益受到损害的，应当依法给予补偿。这就要求行政机关对自己的行为或承诺遵守信用，不得随意变更，更不能反复无常，出尔反尔。[②]

信赖利益保护的目的在于，限制政府的任意行政，保护公民合法正当的权益，但任何行政行为的终极目的都是维护一定的社会秩序，行政行为也不可以随意被撤销。这时，要对信赖利益保护进行适当的限制，只有满足一定条件才能适用信赖利益保护原则。

信赖利益保护原则适用须具备的条件

一般来说，信赖利益保护原则适用必须具备以下三个条件。一是存在信赖基础。也就是说，必须有行政机关或者其委托、授权的组织作出有效的行政行为。二是具备信赖表现。也就是说，行政相对人因信赖行政行为而采取处分行为，即相对人因为相信信赖基础稳定不变采取对自己生活作出安排和对财产进行处分的行为。三是信赖值得保护。也就是说，值得保护的信赖必须是正当信赖。行政相对人的实际信赖是否值得保护，关键是看行政相对人对法律状态的改变有无过错。比如，通过欺诈胁迫或者行贿达到所谓信赖，就不值得保护。[③]

在一些地方，“新官不理旧账”的情况仍然存在。所谓“新官上任三把火”，往往隐含着对“旧官”原有部分决策的否定，“一任领导一套规划”依然成为

① 行政法与行政诉讼法编写组．行政法与行政诉讼法学：第2版［M］．北京：高等教育出版社，2017：37.

② 郝东光．论行政法中的信赖保护原则［EB/OL］．（2013-06-19）.https://www.chinacourt.org/article/detail/2013/06/id/1015095.shtml.

③ 郝东光．论行政法中的信赖保护原则［EB/OL］．（2013-06-19）.https://www.chinacourt.org/article/detail/2013/06/id/1015095.shtml.

某些地区的“潜规则”。对市场主体来说，这可能意味着政府曾经答应过的优惠没了、曾经谈好的条件变了，面对不确定性，企业要么惮于其权威而不敢维权，要么喊冤无门。政府的失信行为，不仅让企业利益受损，也让一些地方失去很好的发展机会，不利于诚信社会建设。因此，对信赖利益加以保护有其必要性。

企业拆迁中信赖利益被侵犯的表现

在企业拆迁中，信赖利益保护尤为重要。在企业拆迁中，信赖利益被侵犯的主要表现有两种。

一是违背招商引资承诺。行政相对人（企业），对行政机关前期招商引资中作出的承诺产生信赖利益，进而作出投资、建厂、生产经营等行为。然而，在后期遇到征收拆迁时，相关政府部门以企业用地不合法、厂房建设不符合当前规划、产业类型不符合发展理念等为由，对企业进行强制关停、拆除，并且不予补偿。行政机关的承诺包括给予用地优惠、给予产业补贴、先建设后补办相关手续等。

二是不履行征收补偿协议。行政征收方前期通过签订征收补偿协议，与被征收企业就补偿安置、停产停业损失、易地重建等做出安排，待企业房屋拆除后，再以种种理由不兑现承诺、不履行行政协议约定的义务。

上述做法不仅是对政府良好形象、信用的侵蚀，更是违反行政法基本原则的行为。

《论语》有言：“人无信不立，国无信则衰。”诚信是衡量一个国家法治环境的重要指标，政府要增强取信于民的自觉。诚信政府的建设，离不开对相对人信赖利益的保护。

案例

1. 某市某商贸有限公司与某市规划局、某市某区人民政府行政强制案

涉及某市规划局和某市某区人民政府是否应赔偿某市某商贸有限公司（以下简称“某商贸公司”）1750072.4 元损失的问题。

《国有土地上房屋征收与补偿条例》第二十四条第二款规定："市、县级人民政府作出房屋征收决定前，应当组织有关部门依法对征收范围内未经登记的建筑进行调查、认定和处理。对认定为合法建筑和未超过批准期限的临时建筑的，应当给予补偿；对认定为违法建筑和超过批准期限的临时建筑的，不予补偿。"

本案中，虽然上诉人某商贸公司至强拆前一直未办理涉案土地的审批、规划、建设等相关手续，但某市规划局于2005年9月22日出具了《关于某公司服装加工项目的选址意见》（×规函〔2005〕481号），同意其选址意见，且某商贸公司与某市某区某街道办事处签订《征用土地补偿协议》征地49.5867亩（涉案土地）后，才从事服装加工和产品出口的项目。基于信赖利益的保护，某市某区人民政府应当给予某商贸公司适当赔偿。

2. 河南省某实业有限公司、郑州市某区人民政府案

涉及上诉人的正当权益保护问题。原告在提起行政诉讼时，应当明确其合法权益的具体内容和范围，并对其合法权益形成的事实根据和法律依据作出合理说明，必要时还需要提供证据加以证明。

本案双方当事人均认可上诉人建设的某化工物流园项目是郑州市某区人民政府招商引资项目，郑州市某区人民政府也将该项目纳入了辖区重点工程（项目）范围，并从政策上给予扶持，通过上诉人的前期投资建设、后期运营，上诉人有理由相信郑州市某区人民政府同意该项目的建设与运营，因此，就该项目而言，可以认定上诉人已具有信赖利益。被上诉人拆除上诉人的建筑物，事实上中途终止了项目，对上诉人的信赖利益造成了实际损害，对此，按照责任行政原则，被上诉人应当主动、及时、公平合理地对上诉人的损失作出行政处理，而不应当将上诉人的损失长期搁置不管，上诉人也可就该损失径行提出主张。

3. 某加油站、某县住房城乡建设和城镇管理局、胥某如其他（资源）案

关于某县住房城乡建设和城镇管理局对某加油站作出的案涉《关于变更〈×××××××× 国有土地上房屋征收补偿协议〉的决定》（×住建决字

〔2020〕第1号），一审法院认为，行政机关对协议内容的单方变更、解除权只能在国家法律政策和协议基础事实上发生变化，履行协议会给国家利益或者社会公共利益带来重大损失这一特定情形下才能行使，行政机关单方变更、解除行政协议必须基于行政优益权，但行政优益权的行使，应仅限于行政相对人存在欺诈、胁迫等主要归责于行政相对人，或者权利义务存在极度无正当理由的显失公平而损害国家利益和社会公共利益等情形。结合本案事实，某加油站与某县住房城乡建设和城镇管理局签订的《×× 县 ×× 加油站国有土地上房屋征收补偿协议》，均是在某县委、县政府主导下，经过双方多次协商形成的，是双方真实意思表示。本案某加油站与某县原国土资源局签订的第二份《国有建设用地使用权出让合同》，与某县住房城乡建设和城镇管理局与某加油站签订的《×× 县 ×× 加油站国有土地上房屋征收补偿协议》，对某加油站使用的部分国有土地使用权补偿标准存有矛盾。征收工作中，在各行政机关与某加油站协商时，也有某县原国土资源局共同参与协商，最后约定涉案国有土地使用权价值的补偿金额，由行政机关指定的评估机构进行评估，按照该评估价值进行补偿。故对本案具有争议的两份行政协议，应视为后一行政协议对前一行政协议进行了新的约定，同时后一约定内容与案涉补偿安置方案相符。

案涉行政协议的订立即使存在问题，也是因行政机关对补偿标准的判断出现失误，属于协议订立过程中行政机关内部决策问题，不能以此归咎于某加油站。案涉协议某加油站已经依约履行完毕，在整个协议的履行过程中，某加油站均予以积极配合，并无证据证明其存在任何主观上的故意或过失，某加油站在本案中有值得保护的信赖利益，某县住房城乡建设和城镇管理局单方变更案涉协议，不仅有悖行政协议制度设立的初衷，更会破坏公众对国家机关的信任，损害国家公信力。

对某加油站土地使用权的补偿金额，系征收补偿安置方案确定及双方约定的评估机构依法评估产生，不存在显失公平而损害国家利益和社会公共利益等情形。某县住房城乡建设和城镇管理局仅以多支出一部分土地补偿款就认定可以基于行政优益权行使单方变更协议权，对某加油站不公。故某县住房城乡建设和城镇管理局作出《关于变更〈××县××加油站国有土地上房屋征收补偿协议〉的决定》的行政行为，主要证据不足，缺乏法律依据，依法应予撤销。

关于某加油站请求判令某县住房城乡建设和城镇管理局继续履行合同问题，一审法院认为，某加油站已经按照其与某县住房城乡建设和城镇管理局签订的行政协议内容积极履行完毕，故某县住房城乡建设和城镇管理局也应当按照全面、及时与诚实信用的合同原则继续履行协议，自觉维护行政机关公信力。

法律规定

《中华人民共和国地方各级人民代表大会和地方各级人民政府组织法》

第六十五条 地方各级人民政府应当坚持诚信原则，加强政务诚信建设，建设诚信政府。

《中华人民共和国行政许可法》

第八条 公民、法人或者其他组织依法取得的行政许可受法律保护，行政机关不得擅自改变已经生效的行政许可。

行政许可所依据的法律、法规、规章修改或者废止，或者准予行政许可所依据的客观情况发生重大变化的，为了公共利益的需要，行政机关可以依法变更或者撤回已经生效的行政许可。由此给公民、法人或者其他组织造成财产损失的，行政机关应当依法给予补偿。

《法治政府建设实施纲要（2021—2025年）》

（二十八）加快推进政务诚信建设。健全政府守信践诺机制。建立政务诚信监测治理机制，建立健全政务失信记录制度，将违约毁约、拖欠账款、拒不履行司法裁判等失信信息纳入全国信用信息共享平台并向社会公开。建立健全政府失信责任追究制度，加大失信惩戒力度，重点治理债务融资、政府采购、招标投标、招商引资等领域的政府失信行为。

《国务院关于加强政务诚信建设的指导意见》（国发〔2016〕76号）

二、总体要求

…………

四是坚持守信践诺。将公平正义作为政务诚信的基本准则，在行政管理和公共服务的各领域贯彻公平正义原则。各级人民政府和公务员要清正廉洁，恪尽职守，敢于担当。要建立健全守信践诺机制，准确记录并客观评价各级人民政府和公务员对职权范围内行政事项以及行政服务质量承诺、期限承诺和保障承诺的履行情况。各级人民政府在债务融资、政府采购、招标投标等市场交易领域应诚实守信，严格履行各项约定义务，为全社会作出表率。

五、加强重点领域政务诚信建设

…………

（四）加强招商引资领域政务诚信建设。完善招商引资地方性法规规章等，严格依法依规出台优惠政策，避免恶性竞争。规范地方人民政府招商引资行为，认真履行依法作出的政策承诺和签订的各类合同、协议，不得以政府换届、相关责任人更替等理由毁约。因国家利益、公共利益或其他法定事由需要改变政府承诺和合同约定的，要严格依照法定权限和程序进行，并对相关企业和投资人的财产损失依法予以补偿。

《国务院关于印发全面推进依法行政实施纲要的通知》（国发〔2004〕10号）

三、依法行政的基本原则和基本要求

…………

——诚实守信。行政机关公布的信息应当全面、准确、真实。非因法定事由并经法定程序，行政机关不得撤销、变更已经生效的行政决定；因国家利益、公共利益或者其他法定事由需要撤回或者变更行政决定的，应当依照法定权限和程序进行，并对行政管理相对人因此而受到的财产损失依法予以补偿。

六、特殊类型企业拆迁

（一）环保关停

38. 环保关停的类型有哪些

近些年，国家重视环境保护，加大力度整治重污染企业，根据《中华人民共和国环境保护法》及相关法律法规，为了环境保护的需要，是可以要求相关企业关停或搬迁的，但是程序必须合法，也必须给被关停企业合理充分的安置补偿。企业遇到的环保关停类型主要有以下几种。

饮用水水源地整治

我国实行饮用水水源保护区制度。饮用水水源保护区分为一级保护区和二级保护区。饮用水水源地周边要进行特殊保护，防止饮用水受到污染，进而危害人民群众的健康。各地在开展饮用水水源地保护工作过程中，常常通过划定保护区、拆除饮用水水源地内的违章（临时）建筑、关停污染企业等方式推进。根据《中华人民共和国水污染防治法》规定，饮用水水源地一级保护区、二级保护区内禁止建设新、改、扩项目，对于已建成的建设项目，由县级以上人民政府责令拆除或者关闭。其中，饮用水水源一级保护区内要求不得存在与保护水源无关的企业，而饮用水水源二级保护区内则不得建设排放污染物的建设项目。

饮用水水源一级保护区内不得存在与保护水源无关的企业。根据《中华人民共和国水污染防治法》第六十五条规定，在饮用水水源一级保护区内，只要是与供水设施和保护水源无关的建设项目，一律禁止建设。但是，对于无法调整饮用水水源保护区，又确实避让不开需要建设的跨省公路、铁路、输油、输气和调水等重大公共基础设施，可以在充分论证的前提下，经《中华人民共和国环境影响评价法》和《建设项目环境影响评价分类管理名录》规定的环评文件审批程序，在饮用水水源一级保护区内实施建设。

饮用水水源二级保护区内的建设项目需要符合法定条件。根据《中华人民共和国水污染防治法》第六十六条规定，禁止在饮用水水源二级保护区内新建、改建、扩建排放污染物的建设项目，此处排放污染物的建设项目，应当是指因排放废水、废气、废渣等污染物可能对水体产生影响的建设项目，包括排污口未设在保护区内的建设项目。除此之外，法律并未一律禁止饮用水水源二级保护区内的建设项目，只要满足防止水体污染的前提，就可以从事标准范围内的网箱养殖等经营性活动。

主城区企业污染搬迁

城镇化带来的最大变化就是城市越来越大，原本属于郊区或工业区的土地随着城镇规模的扩张，逐渐变成了城市市区或中心区，而有些已经成立几十年的企业也从偏僻乡村“进入”了主城区，不少企业因为是所谓的“污染大户”，成了重点搬迁对象。例如，2017 年，河北省出台《河北省城市工业企业退城搬迁改造专项实施方案》，推进大气污染综合治理，主要目标是完成省定 123 家企业搬迁改造、设区市主城区重污染企业加快退出、县城和主要城镇建成区污染企业有序退出，涉及行业包括汽车、生物医药、高端装备、精品钢铁、电子信息、通用航空、新材料等，城市主城区逐步退出钢铁、焦化、燃煤电厂、石化、医药、纺织印染等高污染企业或工序。

河、湖流域范围内搬迁

为了保护河流及湖泊水质不受污染，诸如长江、太湖等主要河流、湖泊流域周边的企业都陆续进行环保腾退搬迁。例如，《贵州省赤水河流域保护条例》第三十条规定，赤水河流域县级以上人民政府应当根据流域内生态环境保护的需要，依法划定禁止建设规模化畜禽养殖场的区域，并向社会公布。禁止在前款规定的区域建设规模化畜禽养殖场；本条例施行前已建成的，由赤水河流域县级人民政府责令其限期搬迁或者关闭，并依法给予补偿。

自然保护区范围内搬迁

《中华人民共和国自然保护区条例》将自然保护区划分为核心区、缓冲区和实验区三部分。核心区是自然保护区着重保护的区域，除经批准进入从事科学研究活动外，禁止任何单位和个人进入。核心区外围是缓冲区，只准进入从事科学研究观测活动。缓冲区外围划为实验区，可以进入从事科研、教学、旅游等活动。

我国自然保护区与矿区范围重叠的现象广泛存在。据不完全统计，全国重点成矿区（带）与国家级自然保护区重叠面积约 40 万平方公里，占重点成矿区（带）面积的 10%。为加强自然保护区建设，原环境保护部、国家发展改革委等十部委于 2015 年联合下发《关于进一步加强涉及自然保护区开发建设活动监督管理的通知》，提出“对自然保护区内已设置的商业探矿权、采矿权和取水权，要限期退出”。2019 年，中共中央办公厅、国务院办公厅印发《关于建立以国家公园为主体的自然保护地体系的指导意见》，再次提出在自然保护地内“依法清理整治探矿采矿、水电开发、工业建设等项目，通过分类处置方式有序退出”。多省份陆续发布了“自然保护区内矿业权退出办法”等地方性规范性文件，对自然保护区内矿业权退出工作的展开作了进一步明确。

《关于进一步加强涉及自然保护区开发建设活动监督管理的通知》规定，对自然保护区设立之前已存在的合法探矿权、采矿权和取水权，以及自然保护区设立之后各项手续完备且已征得保护区主管部门同意设立的探矿权、采矿权和取水权，要分类提出差别化的补偿和退出方案，在保障探矿权、采矿权和取水权人合法权益的前提下，依法退出自然保护区核心区和缓冲区。同时，《中共中央、国务院关于完善产权保护制度依法保护产权的意见》明确表示，因国家利益、公共利益或者其他法定事由需要改变政府承诺和合同约定的，要严格依照法定权限和程序进行，并对企业和投资人因此受到的财产损失依法予以补偿。这些都为企业主张补偿提供了法律、政策依据及参考。

养殖类企业禁养关停

畜禽养殖是中国百姓肉类、蛋白质需求的重要来源，但是在养殖过程中产生的动物粪便、病死动物尸体等，也会产生污染。因此，对畜禽养殖进行规范甚至关停，在最近几年十分常见。在遇到生态环境部门下达关停通知时，养殖业主应该如何配合关停工作并且得到合理补偿，是我们要面临的现实问题。《畜禽规模养殖污染防治条例》第二十五条规定，因畜牧业发展规划、土地利用总体规划、城乡规划调整以及划定禁止养殖区域，或者因对污染严重的畜禽养殖密集区域进行综合整治，确需关闭或者搬迁现有畜禽养殖场所，致使畜禽养殖者遭受经济损失的，由县级以上地方人民政府依法予以补偿。因此，从法律规定上说，养殖场被划入禁止养殖区域是要依法获得补偿的，而不能因该地块没有拆迁计划就丧失了补偿权利。

企业无环保批复

根据《中华人民共和国环境影响评价法》规定，建设项目的环境影响评价文件未依法经审批部门审查或者审查后未予批准的，建设单位不得开工建设。建设有环境影响的生产加工或者其他经营项目，除需要办理营业执照等基本手续外，还必须编制环境影响评价报告表或报告书，并取得生态环境部门环评批复后才能投入生产、经营。

超标排放关停

超标排放是一个综合概念，是指企业或单位在生产、经营过程中，排放的废气、废水、固体废物等污染物超过国家或地方规定的限值或标准，包括水污染超标、噪声超标、辐射超标、土壤重金属含量超标等，都在生态环境部门关停的序列之内。《中华人民共和国环境保护法》第六十条规定，企业事业单位和其他生产经营者超过污染物排放标准或者超过重点污染物排放总量控制指标排放污染物的，县级以上人民政府环境保护主管部门可以责令其采取限制生产、停产整治等措施；情节严重的，报经有批准权的人民政府批准，责令停业、关闭。

案例

某牧业有限公司与某县级市人民政府、某市人民政府行政复议决定案

被告某县级市人民政府于2019年8月26日作出《×× 市人民政府关闭

的决定书》（× 政闭决字〔2019〕013 号），主要内容为：经调查，某牧业有限公司（以下简称“某牧业公司”）在某水库饮用水水源二级保护区内已建成排放污染物的建设项目。根据《中华人民共和国水污染防治法》第六十六条第一款规定，责令某牧业公司自收到本决定书之日起七日内自行关闭；逾期不关闭的，某县级市人民政府将依法强制关闭。

原告某牧业公司向法院起诉称，请求：一是依法撤销某县级市人民政府作出的 × 政闭决字〔2019〕013 号决定和某市人民政府 × 政行复决字〔2020〕14 号决定；二是判令被告及时恢复原告企业生产；三是诉讼费由被告承担。事实和理由：原告企业成立于某二级保护区成立之前，不应因二级保护区规划性质来认定原告企业不符合经营条件，不应强制性关闭原告企业。应在平衡企业利益的同时，兼顾环保利益，通过整改即可解决与环保冲突问题，企业经营不是绝对危害环保，并且企业成立时不能预见，不是有意危害环境。

被告某县级市人民政府请求驳回原告的诉讼请求。某县级市人民政府根据《辽宁省集中式饮用水水源地环境保护专项行动实施方案》（辽环发〔2018〕36 号）和《关于做好县级地表水型集中式饮用水水源地环境问题整治工作的函》（辽水源专项办函〔2019〕1 号）的要求，以及《中华人民共和国水污染防治法》第六十六条第一款规定，对原告等 16 户企业实施了关闭。原告确实在饮用水水源二级保护区范围内，其存在排放污染物的建设项目，关闭决定认定事实清楚。原告提出在经营期间均合法经营，但并不能以此否定原告排污事实的存在，按饮用水水源地整治要求，只要项目存在排污事实，就属于排污项目，依法就不允许在饮用水水源保护区中继续存在。至于原告关闭后的后续处理事项，某县级市人民政府将根据原告提出的具体方案，综合考虑原告企业的实际情况，并适用相应法律法规和补偿政策，维护原告的合法权益。

法院认为，根据《中华人民共和国水污染防治法》第六十六条第一款规定：“禁止在饮用水水源二级保护区内新建、改建、扩建排放污染物的建设项目；已建成的排放污染物的建设项目，由县级以上人民政府责令拆除或者关闭。”被告某县级市人民政府具有作出被诉关闭决定的法定职权。原告某牧业公司是某水库饮用水水源二级保护区内已建成的建设项目，其经营活动存在对外排放污染物的事实。

关于原告要求即时恢复原告企业生产的问题，本案中，原告某牧业公司属于在饮用水水源二级保护区内已建成的排放污染物的建设项目，根据《中华人民共和国水污染防治法》第六十六条第一款规定，应由县级以上人民政府责令拆除或者关闭，故其该项诉请法院不予支持。但在原告经营场所被划入饮用水水源二级保护区之前，原告的企业已经成立并经营多年，因某县级市人民政府关闭决定给其合法利益造成的损失，应当依法给予补偿，以达到实质性化解行政争议，保护行政管理相对人合法权益的目的。原告某牧业公司可以就其合法损失与某县级市人民政府协商解决，也可以要求某县级市人民政府作出补偿决定，如对某县级市人民政府的补偿或不予补偿决定不服的，可另循法律救济。

法律规定

《中华人民共和国环境保护法》

第六十条　企业事业单位和其他生产经营者超过污染物排放标准或者超过重点污染物排放总量控制指标排放污染物的，县级以上人民政府环境保护主管部门可以责令其采取限制生产、停产整治等措施；情节严重的，报经有批准权的人民政府批准，责令停业、关闭。

《中华人民共和国水污染防治法》

第六十五条　禁止在饮用水水源一级保护区内新建、改建、扩建与供水设施和保护水源无关的建设项目；已建成的与供水设施和保护水源无关的建设项目，由县级以上人民政府责令拆除或者关闭。

禁止在饮用水水源一级保护区内从事网箱养殖、旅游、游泳、垂钓或者其他可能污染饮用水水体的活动。

第六十六条　禁止在饮用水水源二级保护区内新建、改建、扩建排放污染物的建设项目；已建成的排放污染物的建设项目，由县级以上人民政府责令拆除或者关闭。

在饮用水水源二级保护区内从事网箱养殖、旅游等活动的，应当按照规定采取措施，防止污染饮用水水体。

第八十三条 违反本法规定，有下列行为之一的，由县级以上人民政府环境保护主管部门责令改正或者责令限制生产、停产整治，并处十万元以上一百万元以下的罚款；情节严重的，报经有批准权的人民政府批准，责令停业、关闭：

（一）未依法取得排污许可证排放水污染物的；

（二）超过水污染物排放标准或者超过重点水污染物排放总量控制指标排放水污染物的；

（三）利用渗井、渗坑、裂隙、溶洞，私设暗管，篡改、伪造监测数据，或者不正常运行水污染防治设施等逃避监管的方式排放水污染物的；

（四）未按照规定进行预处理，向污水集中处理设施排放不符合处理工艺要求的工业废水的。

第八十七条 违反本法规定，建设不符合国家产业政策的小型造纸、制革、印染、染料、炼焦、炼硫、炼砷、炼汞、炼油、电镀、农药、石棉、水泥、玻璃、钢铁、火电以及其他严重污染水环境的生产项目的，由所在地的市、县人民政府责令关闭。

第九十一条 有下列行为之一的，由县级以上地方人民政府环境保护主管部门责令停止违法行为，处十万元以上五十万元以下的罚款；并报经有批准权的人民政府批准，责令拆除或者关闭：

（一）在饮用水水源一级保护区内新建、改建、扩建与供水设施和保护水源无关的建设项目的；

（二）在饮用水水源二级保护区内新建、改建、扩建排放污染物的建设项目的；

（三）在饮用水水源准保护区内新建、扩建对水体污染严重的建设项目，或者改建建设项目增加排污量的。

在饮用水水源一级保护区内从事网箱养殖或者组织进行旅游、垂钓或者其他可能污染饮用水水体的活动的，由县级以上地方人民政府环境保护主管部门责令停止违法行为，处二万元以上十万元以下的罚款。个人在饮用水水源一级保护区内游泳、垂钓或者从事其他可能污染饮用水水体的活动的，由县级以上地方人民政府环境保护主管部门责令停止违法行为，可以处五百元以下的罚款。

《中华人民共和国固体废物污染环境防治法》

第一百零七条 从事畜禽规模养殖未及时收集、贮存、利用或者处置养殖过程中产生的畜禽粪污等固体废物的，由生态环境主管部门责令改正，可以处十万元以下的罚款；情节严重的，报经有批准权的人民政府批准，责令停业或者关闭。

39. 环保关停的法律性质分析

环保关停的法律性质，是指企业因为环境保护而关停在法律上的属性。要明确环保关停的法律性质，必须首先了解环保关停的类型。

环保关停的主要类型

企业环保关停可分为处罚性环保关停和撤回许可性环保关停。

处罚性环保关停是指行政机关依据行政处罚法的规定，对有严重环境违法行为的企业，实施关停这一行政处罚。

撤回许可性环保关停，是指针对不符合国家产业政策、环境及资源保护政策的企业，通过撤回环保类行政许可的方式关停。这类企业并没有违反环保法律法规的规定，不具有违法性。这也是撤回许可性环保关停与处罚性环保关停的区别。换言之，撤回许可性环保关停企业在开办之初是符合法律规定的，行政机关之所以撤回许可其经营的承诺，是因为随着经济的发展，国家对发展规划进行了调整，二者产生了不可调和的冲突，需要它们牺牲自己以服从大局。

类型的区分并未影响“关停”这一行政行为的效果，在行为结果上均表现为企业主体资格的消灭。处罚性环保关停作为一种行政处罚，是对行政相对人违法行为作出的一种惩戒，不会产生补偿的问题，但是应严格遵循行政处罚法规定的程序和相关环保法律法规的规定进行处罚；撤回许可性关停是对行政许可的被许可人合法取得的许可予以撤回，因此，应当给予被关停企业必要的补偿，对该类企业职工应当进行就业安置或给予其他形式的救济。

环保关停的法律性质

一是因严重污染而关停的行为，明显具有行政处罚的属性。政府部门的关停行为受到行政处罚法、行政强制法等法律法规的约束，更需要依据生态环境领域的各类具体规定适用具体的法律规范。

二是国家政策层面的关停，从法律上讲，属于国家产业政策调整关停，是国家基于特定历史时期制定的具体政策。此类关停受制于《促进产业结构调整暂行规定》《中华人民共和国环境保护法》以及各类污染防治法中规定的落后工艺、设备、产品的淘汰制度等。

三是特定事件引发的关停，有的可能有法律层面的支撑，但更多是具体事件引发的特殊整顿。在实践中，往往该类行为容易产生法律纠纷。

案例

某萤石矿与某县人民政府不履行补偿职责案

法院认为，结合当事人的诉辩意见，本案的争议焦点是某县人民政府是否为本案适格被告、行政机关因公共利益需要作出不予批准采矿权延续决定的性质认定，以及申请人对行政机关不予批准采矿权延续决定提出履行补偿职责申请的处理问题。对此，法院分述如下。

…………

本案涉及行政机关因公共利益需要作出不予批准采矿权延续决定的性质认定问题。我国对矿产资源的开采利用实行许可证制度，并实行采矿权有偿取得的矿产资源产权制度。采矿权人开采矿产资源权利的取得，以有权机关颁发采矿许可证为标志，采矿许可证规定的期限届满，仅表明采矿权人在其未经延续前不得继续开采相应矿产资源，采矿权人其他依法可以独立行使的权利仍然有效。某萤石矿原采矿许可证到期后，许可机关在批准延续时，应当受前续行政许可的约束，如果法律、法规没有修改，或者客观情况没有变化，被许可人又没有违法的情形，则行政机关应当予以延续。对于因情事变更等影响决定不予延续许可的，也应当兼顾行政相对人的信赖利益保障问题。根据《中华人民共和国行政许可法》第五十条“被许可人需要延续依法取得的行政许可的有效期的，应当在该行政许可有效期届满三十日前向作出行政许可决定的行政机关提出申请。但是，法律、法规、规章另有规定的，依照其规定。行政机关应当根据被许可人的申请，在该行政许可有效期届满前作出是否准予延续的决定；逾期未作决定的，视为准予延续”之规定，行政机关应当在许可有效期届满之前对延续申请进行审查，并作出是否准许延续的决定。本案中，行政机关不予批准某萤石矿采矿权延续的理由是，上诉人在某县某风景旅游区范围内，且该风景区为国家AAAA级旅游景区，其风景区范围内不得开采矿产资源，故依照《中华人民共和国行政许可法》第三十八条规定，决定不予批准采矿权延续。上述情形属于基于公共利益需要，不宜作出延续行政许可决定的情形。因公共利益需要而不予延续的，应当视为提前收回行政许可。根据《中华人民共和国行政许可法》第八条“公民、法人或者其他组织依法取得的行政许可受法律保护，行政机关不得擅自改变已经生效的行政许可。行政许可所依据的法律、法规、规章修改或者废止，或者准予行政许可所依据的客观情况发生重大变化的，为了公共利益的需要，行政机关可以依法变更或者撤回已经生效的行政许可。由此给公民、法人或者其他组织造成财产损失的，行政机关应当依法给予补偿”之规定，因公共利益需要，行政机关可以撤回已经生效的行政许可，但由此给公民、法人或者其他组织造成财产损失的，行政机关应当根据具体情况给予适当补偿。根据《中华人民共和国行政诉讼法》第四十七条“公民、法人或者其他组织申请行政机关履行保护其人身权、财产权等合法权益的法定职责，行政机关在接到申请之日起两个月内不履行的，公民、法人或者其他组织可以向人民法院提起诉讼。法律、法规对行政机关履行职责的期限另有规定的，从其规定”及

《最高人民法院关于审理行政许可案件若干问题的规定》第十四条“行政机关依据行政许可法第八条第二款规定变更或者撤回已经生效的行政许可，公民、法人或者其他组织仅主张行政补偿的，应当先向行政机关提出申请；行政机关在法定期限或者合理期限内不予答复或者对行政机关作出的补偿决定不服的，可以依法提起行政诉讼”之规定，上诉人某萤石矿于2020年9月3日提出履行补偿职责的申请，被上诉人某县人民政府收到申请后未在法定期限内予以答复，故上诉人某萤石矿向一审法院提起履行职责之诉，符合上述法律规定。

法律规定

《中华人民共和国环境保护法》

第二十五条 企业事业单位和其他生产经营者违反法律法规规定排放污染物，造成或者可能造成严重污染的，县级以上人民政府环境保护主管部门和其他负有环境保护监督管理职责的部门，可以查封、扣押造成污染物排放的设施、设备。

第六十条 企业事业单位和其他生产经营者超过污染物排放标准或者超过重点污染物排放总量控制指标排放污染物的，县级以上人民政府环境保护主管部门可以责令其采取限制生产、停产整治等措施；情节严重的，报经有批准权的人民政府批准，责令停业、关闭。

第六十一条 建设单位未依法提交建设项目环境影响评价文件或者环境影响评价文件未经批准，擅自开工建设的，由负有环境保护监督管理职责的部门责令停止建设，处以罚款，并可以责令恢复原状。

《中华人民共和国行政强制法》

第九条 行政强制措施的种类：

（一）限制公民人身自由；

（二）查封场所、设施或者财物；

（三）扣押财物；

（四）冻结存款、汇款；

（五）其他行政强制措施。

《中华人民共和国行政处罚法》

第八条 公民、法人或者其他组织因违法行为受到行政处罚，其违法行为对他人造成损害的，应当依法承担民事责任。

违法行为构成犯罪，应当依法追究刑事责任的，不得以行政处罚代替刑事处罚。

《中华人民共和国行政许可法》

第八条 公民、法人或者其他组织依法取得的行政许可受法律保护，行政机关不得擅自改变已经生效的行政许可。

行政许可所依据的法律、法规、规章修改或者废止，或者准予行政许可所依据的客观情况发生重大变化的，为了公共利益的需要，行政机关可以依法变更或者撤回已经生效的行政许可。由此给公民、法人或者其他组织造成财产损失的，行政机关应当依法给予补偿。

40. 环保关停的救济方式

环保关停是对被关停企业施加的最严厉的措施，相当于在人格上消灭被关停企业，因此，法律赋予被关停企业救济的权利，确保其得到公平的对待。

从法律性质来说，环保关停仍然是一种行政行为，而且是一种负担性行政行为。也就是说，环保关停是行政主体对行政相对人增加义务或者剥夺其权利的行政行为，基于“有权利必有救济”和“有侵害必有保护”的原则，被关停企业享有救济的权利，其救济的方式主要有四种。

陈述、申辩的机会和权利

《中华人民共和国行政处罚法》《中华人民共和国行政许可法》《中华人民共和国行政强制法》这三部行政法领域支架性法律，对于行政相对人享有的陈述、申辩权利都有明确规定。行政机关在作出具体行政行为或行政决定时，应当给予行政相对人陈述、申辩的机会和权利。

关于陈述、申辩权利，行政相对人可按照行政机关作出的行政决定等行政文书中的要求行使，即使行政机关未主动告知行政相对人有陈述、申辩的权利，行政相对人也可以通过书面形式行使陈述、申辩的权利。

《生态环境行政处罚办法》规定，在调查取证阶段，应听取当事人的陈述、申辩，在作出行政处罚决定前，应当告知当事人拟作出的行政处罚内容及事实、理由、依据和当事人依法享有的陈述、申辩等权利，当事人在收到告知书后五日内进行陈述、申辩；未依法告知当事人，或者拒绝听取当事人的陈述、申辩的，不得作出行政处罚决定，当事人明确放弃陈述或者申辩权利的除外。

听证的权利

根据《中华人民共和国行政处罚法》《生态环境行政处罚办法》的规定，生态环境部门在作出限制开展生产经营活动、责令停产整治、责令停产停业、责令关闭、限制从业、禁止从业等较重的行政处罚时，当事人要求听证的，生态环境部门应当组织听证。

环保关停是责令关闭的一种形式，属于应当组织听证的情形，作为处罚对象的行政相对人，当然享有听证的权利。

申请行政复议的权利

行政复议是行政系统内部的一种监督和纠错制度，行政复议机关根据层级监督关系或者法律规定，通过审查行政行为的合法性和适当性，为行政相对人维护其合法权益提供法律救济。

环保关停作为一种事关相关企业存亡的重大行政行为，被关停企业自然有权依照《中华人民共和国行政复议法》第二条规定，向行政复议机关申请行政复议。

提起行政诉讼的权利

区别于行政复议的内部性，行政诉讼是行政系统外部的一种监督和纠错制度，人民法院依照司法程序主要审查行政行为的合法性，为行政相对人维护合法权益提供法律救济。行政诉讼具有中立性、终局性、权威性的特点。作为最终的救济途径，当事人提起行政诉讼的权利必须予以保障。

案例

1. 某电站诉某林区水利和湖泊局撤回行政许可案

法院认为，本案的被诉行政行为是被上诉人于 2019 年 7 月 8 日对上诉人作出的《撤回取水许可决定》。双方当事人对于被上诉人具有作出被诉行政行为的职权并未提出异议。本案二审的争议焦点是：被上诉人作出上述《撤回取水许可决定》是否合法。由于上述决定的作出依据之一是某林区人民政府作出的《退出实施方案》，且上诉人在一审中已对该文件的合法性提出了审查请求，因此，本案将对《退出实施方案》的合法性一并进行附带审查。

《中华人民共和国行政许可法》第八条第二款规定："行政许可所依据的法律、法规、规章修改或者废止，或者准予行政许可所依据的客观情况发生重大变化的，为了公共利益的需要，行政机关可以依法变更或者撤回已经生效的行政许可。由此给公民、法人或者其他组织造成财产损失的，行政机关应当依法给予补偿。"本案中，上诉人依法取得 48 号《取水许可证》，有效期限截至 2021 年 7 月 2 日。2019 年 7 月 8 日，被上诉人依据《关停方案》《退出实施方案》以及上述法律规定，以"准予行政许可所依据的客观情况发生重大变化"为由，作出《撤回取水许可决定》，撤回了对上诉人作出的 48 号《取水许可证》，并告知了申请行政复议和提起行政诉讼的权利。同时，告知上诉人，如对该决定没有异议，请自收到该决定之日起七个工作日内持 48 号《取水许可证》原件到被上诉人处办理注销手续。之后，被上诉人将该决定留置送达上诉人的投资人李某昌住所。被上诉人作出《撤回取水许可决定》符合前述法律规定的情形，也符合当地相关实际，程序基本符合相关法律规定。

……法院认为，如前所述，关停小水电站是某省人民政府及其工作部门以及某林区人民政府有计划、分年度、逐步开展的一项生态修复工作。某省人民政府在2018年之前已制定了相关文件，上诉人已符合《中华人民共和国行政许可法》中规定的“客观情况发生重大变化”的情形。本案中，某林区人民政府于2019年作出《退出实施方案》，并将上诉人列入2019年拟关停范围，被上诉人据此认定其对上诉人作出取水许可的客观情况已发生重大变化，为了公共利益的需要，撤回对上诉人的取水许可，并无不当。

上诉人主张《撤回取水许可决定》的程序违法，没有对其告知以及听取其陈述和申辩。法院认为，根据原审法院查明的事实，某省人民政府在2015年5月即批示同意《关停方案》，按该方案的规定，上诉人某电站当年就应当被关停。况且，被上诉人在庭审中表示，在作出《撤回取水许可决定》前，其已与上诉人就关停补偿问题进行协商，评估工作也一直在做，但因为评估结果上诉人不认可，所以协商未果。上诉人对该事实并未提出异议，说明上诉人实际上早已知晓涉案水电站即将被关停，取水许可已不可再继续使用的事实，并就相关问题与被上诉人进行了沟通与协商。因此，尽管被上诉人未提交书面告知及听取陈述、申辩的证据，但本案不宜以此为由撤销《撤回取水许可决定》。

2. 某节能建材有限公司与某市某区人民政府、某市人民政府确认行政强制行为违法案

法院认为，本案的争议焦点为：某市某区人民政府作出的《关于责令关闭××市×××节能建材有限公司的决定》(××府罚〔2018〕10号）是否具有事实和法律依据？原告某节能建材有限公司虽系经批准成立，但其采矿许可证已于2016年5月2日到期。某节能建材有限公司在申请对采矿许可证续延未获批准的情况下，应当停止生产。某市某区人民政府根据安全生产监督部门、环保部门、国土部门的建议，决定对原告某节能建材有限公司责令关闭，具有事实依据。但是某节能建材有限公司属于《湖南省大气污染防治条例》修订之前已建成的砖厂，且营业执照并未被注销，某市某区人民政府责令关闭某节能建材有限公司，根据《中华人民共和国行政处罚法》规定，行政机关作出责令停产停业、吊销许可证或者执照、较大数额罚款等行政处罚决定之前，应当告知当事人有要求举行听证的权利；当事人要求听证的，行政机关应当组织听证。某市某区人民政府未告知某节能建材有限公司享有听证的权利，也未组织听证，存在作出行政行为的程序违法。根据《中华人民共和国行政诉讼法》第四十六条规定“公民、法人或者其他组织直接向人民法院提起诉讼的，应当自知道或者应当知道作出行政行为之日起六个月内提出”，某市某区人民政府在处罚决定中告知某节能建材有限公司直接向法院起诉的时间是十五日，不符合法律规定。对某市某区人民政府的这两项违法行为，某市人民政府在复议决定中虽已指出，但未依法对“关闭决定”确认违法，存有不当之处。根据《中华人民共和国行政诉讼法》第七十四条第一款第（一）项规定，“行政行为依法应当撤销，但撤销会给国家利益、社会公共利益造成重大损害的，人民法院判决确认违法，但不撤销行政行为”。因此，对于原告撤销涉案关闭决定和复议决定的诉求，法院不予支持。综上所述，依照《中华人民共和国行政诉讼法》第七十四条第一款第（一）项之规定，判决如下：

确认被告某市某区人民政府于2018年7月30日作出的关于责令关闭某节能建材有限公司的决定违法；

确认被告某市人民政府作出的《行政复议决定书》（×府复决字〔2018〕57号）违法；

驳回原告某节能建材有限公司的其他诉讼请求。

3. 绵阳市某机砖厂诉绵阳市某区人民政府、绵阳市某区某镇人民政府行政补偿案

法院认为，本案属于因环保督察中政府关闭行为引发的行政补偿案件。本案争议焦点：原告绵阳市某机砖厂（以下简称“某机砖厂”）的起诉是否超过法定起诉期限，本案的适格被告，以及被告绵阳市某区人民政府是否应当履行行政补偿法定职责。

原告某机砖厂的起诉是否超过法定起诉期限？

根据《最高人民法院关于审理行政许可案件若干问题的规定》第十四条“行政机关依据行政许可法第八条第二款规定变更或者撤回已经生效的行政许可，公民、法人或者其他组织仅主张行政补偿的，应当先向行政机关提出申请；行政机关在法定期限或者合理期限内不予答复或者对行政机关作出的补偿决定不服的，可以依法提起行政诉讼”和《中华人民共和国行政诉讼法》第四十六条第一款“公民、法人或者其他组织直接向人民法院提起诉讼的，应当自知道或者应当知道作出行政行为之日起六个月内提出。法律另有规定的除外”、第四十七条第一款“公民、法人或者其他组织申请行政机关履行保护其人身权、财产权等合法权益的法定职责，行政机关在接到申请之日起两个月内不履行的，公民、法人或者其他组织可以向人民法院提起诉讼。法律、法规对行政机关履行职责的期限另有规定的，从其规定”的规定，本案中原告某机砖厂在2017年7月知道被告绵阳市某区人民政府作出的《绵阳市××区人民政府办公室关于印发〈四川××水禽湿地自然保护区××区内环保问题整改方案〉的通知》（绵×府办发〔2017〕55号）并对其关停的行政行为后，于2017年12月3日书面同意拆除和复垦，于2018年8月13日与被告绵阳市某区某镇人民政府等签订《××区兴绵页岩机砖厂拆除补偿协议》并领取补偿款64.5万元，后认为该补偿款仅是对拆迁人工费和临时安置费的补偿，于2019年9月27日分别向被告绵阳市某区人民政府、绵阳市某区某镇人民政府邮寄《行政补偿申请书》，但二被告在收到后两个月内未作出回复，其起诉的法定期限自此起算。故原告某机砖厂于2020年1月8日向法院提起行政诉讼并未超过法定起诉期限。

法律规定

《中华人民共和国行政处罚法》

第七条 公民、法人或者其他组织对行政机关所给予的行政处罚，享有陈述权、申辩权；对行政处罚不服的，有权依法申请行政复议或者提起行政诉讼。

公民、法人或者其他组织因行政机关违法给予行政处罚受到损害的，有权依法提出赔偿要求。

《中华人民共和国行政许可法》

第七条 公民、法人或者其他组织对行政机关实施行政许可，享有陈述权、申辩权；有权依法申请行政复议或者提起行政诉讼；其合法权益因行政机关违法实施行政许可受到损害的，有权依法要求赔偿。

《中华人民共和国行政复议法》

第二条 公民、法人或者其他组织认为行政机关的行政行为侵犯其合法权益，向行政复议机关提出行政复议申请，行政复议机关办理行政复议案件，适用本法。

前款所称行政行为，包括法律、法规、规章授权的组织的行政行为。

《中华人民共和国行政诉讼法》

第二条 公民、法人或者其他组织认为行政机关和行政机关工作人员的行政行为侵犯其合法权益，有权依照本法向人民法院提起诉讼。

前款所称行政行为，包括法律、法规、规章授权的组织作出的行政行为。

41. 企业拆迁中涉及环境保护的法律法规主要有哪些

企业拆迁中，涉环境保护的相关法律法规并不局限于《中华人民共和国环境保护法》，还包括《中华人民共和国大气污染防治法》《中华人民共和国水法》《中华人民共和国水污染防治法》《中华人民共和国土壤污染防治法》《中华人民共和国固体废物污染环境防治法》《中华人民共和国自然保护区条例》《畜禽规模养殖污染防治条例》《建设项目环境保护管理条例》等。因征收具有强制性，征收范围内的建筑物都将被拆除，以达到行政管理的目的。而在此过程中，因补偿问题谈不拢，相关行政机关以拆违促拆迁，以危房或环境整治的名义等方式逼迫拆迁有滥用权力之嫌，属于违法行为。企业拆迁中涉及环境保护的法律法规主要有以下几个。

《中华人民共和国大气污染防治法》

《中华人民共和国大气污染防治法》旨在保护和改善环境，防治大气污染，保障公众健康，推进生态文明建设，促进经济社会可持续发展。

如在某县某建材厂与某县工业和信息化局等强制拆除房屋或设施纠纷一案中，法院认为："《中华人民共和国大气污染防治法》第三条第二款规定：地方各级人民政府应当对本行政区域的大气环境质量负责，制定规划，采取措施，控制或者逐步削减大气污染物的排放量，使大气环境质量达到规定标准并逐步改善。《中华人民共和国环境保护法》第四十六条第一款规定：国家对严重污染环境的工艺、设备和产品实行淘汰制度。任何单位和个人不得生产、销售或者转移、使用严重污染环境的工艺、设备和产品。在《产业结构调整指导目录（2019 年本）》（中华人民共和国国家发展和改革委员会令第 29 号）中，'第三类淘汰类'项下列明：12．砖瓦轮窑（2020 年 12 月 31 日）以及立窑、无顶轮窑、马蹄窑等土窑。根据上述法律和规范性文件规定，为保护生态环境，国家对严重污染环境的工艺、设备和产品实行淘汰制度，案涉砖瓦轮窑列入《产业结构调整指导目录（2019 年本）》中'淘汰类'项目名录，应于 2020 年 12 月 31 日前自行淘汰关闭，拆除相应生产设备。"

《中华人民共和国水污染防治法》

《中华人民共和国水污染防治法》是为了保护和改善环境，防治水污染，保护水生态，保障饮用水安全，维护公众健康，推进生态文明建设，促进经济社会可持续发展制定的法律。

在广西壮族自治区某建筑材料有限公司与南宁市行政审批局等行政许可及行政赔偿一案中，法院认为："《中华人民共和国水污染防治法》第六十六条第一款规定，禁止在饮用水水源二级保护区内新建、改建、扩建排放污染物的建设项目；已建成的排放污染物的建设项目，由县级以上人民政府责令拆除或者关闭。根据查明的事实，涉案项目选址于 2017 年 4 月 14 日已纳入 ×× 镇 ×× 村 ×× 尺江水源地二级保护区，×× 生态环境局于 2019 年 9 月 30 日作出的 33 号批复同意涉案项目建设，明显违反了上述规定。"

《中华人民共和国自然保护区条例》

《中华人民共和国自然保护区条例》是为了加强自然保护区的建设和管理，保护自然环境和自然资源，制定的法规。

在河南省某水产养殖有限公司与三门峡市城乡一体化示范区管理委员会等强制拆除纠纷一案中，法院认为："根据《中华人民共和国自然保护区条例》第三十二条规定，在自然保护区的核心区和缓冲区不得建设任何生产设施。《河南省湿地保护条例》第二十五条第十项规定，禁止在湿地保护区擅自建造建筑物、构筑物。本案中××公司在河南省黄河湿地国家级自然保护区核心区、缓冲区内建设建筑物、挖筑鱼塘行为属于法规、地方性法规禁止的违法行为，其建设的鱼塘及其附属设施属于违法建筑，依法应予拆除。"

《畜禽规模养殖污染防治条例》

《畜禽规模养殖污染防治条例》的制定是为了防治畜禽养殖污染，推进畜禽养殖废弃物的综合利用和无害化处理，保护和改善环境，保障公众身体健康，促进畜牧业持续健康发展。

在黄某与信阳市某区人民政府行政强制及补偿纠纷一案中，法院认为："2017年3月23日××区政府发出的《关于依法取缔关闭畜禽养殖禁养区内规模养殖场户的通告》以国务院《关于印发水污染防治行动计划的通知》《畜禽规模养殖污染防治条例》等为依据，根据2016年划定的禁养区范围，明确禁养区范围内的规模畜禽养殖场户全部予以取缔关闭，同时考虑生猪养殖场的生产周期，将养殖场业主主动关闭的时间限定为2017年10月底，既有行政法规和规范性文件依据，也有利于减少养殖场经营者因养殖场取缔关闭造成的损失，该取缔关闭通告行为符合行政合法性及合理性要求。"

《建设项目环境保护管理条例》

《建设项目环境保护管理条例》是为了防止建设项目产生新的污染、破坏生态环境制定的法规，旨在规范建设项目的环境影响评价、报告、登记、审批和备案等管理，以维护环境和公众健康。

在广州市某区某纺织有限公司与广州市生态环境局环境保护行政管理一案中，法院认为："建设单位在建设项目竣工后，应当向环境保护行政主管部门申请对配套建设的环境保护设施进行竣工验收，经验收合格后方可将建设项目正式投入生产或使用。"

综上所述，企业拆迁中的环境保护涉及多个法律法规，有些地方还会发布一些地方性法规，包括但不限于《中华人民共和国大气污染防治法》《中华人民共和国水污染防治法》《中华人民共和国自然保护区条例》《建设项目环境保护管理条例》《畜禽规模养殖污染防治条例》等。这些法律法规旨在确保环境的可持续发展，促进经济社会与环境保护的协调；同时，规范企业的生产经营活动，确保企业妥善处理环境污染问题。

案例

1. 某县某建材厂与某县工业和信息化局等强制拆除房屋或设施纠纷案

法院认为，《中华人民共和国大气污染防治法》第三条第二款规定："地方各级人民政府应当对本行政区域的大气环境质量负责，制定规划，采取措施，控制或者逐步削减大气污染物的排放量，使大气环境质量达到规定标准并逐步改善。"《中华人民共和国环境保护法》第四十六条第一款规定："国家对严重污染环境的工艺、设备和产品实行淘汰制度。任何单位和个人不得生产、销售或者转移、使用严重污染环境的工艺、设备和产品。"在《产业结构调整指导目录（2019年本）》（中华人民共和国国家发展和改革委员会令第29号）中，"第三类淘汰类"项下列明：12．砖瓦轮窑（2020年12月31日）以及立窑、无顶轮窑、马蹄窑等土窑。根据上述法律和规范性文件规定，为保护生态环境，国家对严重污染环境的工艺、设备和产品实行淘汰制度，案涉砖瓦轮窑列入《产业结构调整指导目录（2019年本）》中"淘汰类"项目名录，应于2020年12月31日前自行淘汰关闭，拆除相应生产设备。故被上诉人对案涉砖厂进行淘汰关闭，符合法律和环保政策规定。

2. 某建筑材料有限公司诉某市行政审批局等行政许可及行政赔偿案

涉及某市某区生态环境局作出的33号批复是否合法的问题。《中华人民共和国水污染防治法》第六十六条第一款规定，禁止在饮用水水源二级保护区内新建、改建、扩建排放污染物的建设项目；已建成的排放污染物的建设项目，由县级以上人民政府责令拆除或者关闭。根据查明的事实，涉案项目选址于2017年4月14日已纳入某水源地二级保护区，某市某区生态环境局于2019年9月30日作出的33号批复同意涉案项目建设，明显违反了上述规定，一审法院根据《中华人民共和国行政诉讼法》第七十条第一款“行政行为有下列情形之一的，人民法院判决撤销或者部分撤销，并可以判决被告重新作出行政行为：（一）主要证据不足的”，以及第七十四条第二款“行政行为有下列情形之一，不需要撤销或者判决履行的，人民法院判决确认违法：（一）行政行为违法，但不具有可撤销内容的”规定，确认某市某区生态环境局作出的33号批复违法，符合法律规定，法院予以维持。

法律规定

《中华人民共和国大气污染防治法》

第三条 县级以上人民政府应当将大气污染防治工作纳入国民经济和社会发展规划，加大对大气污染防治的财政投入。

地方各级人民政府应当对本行政区域的大气环境质量负责，制定规划，采取措施，控制或者逐步削减大气污染物的排放量，使大气环境质量达到规定标准并逐步改善。

第七条第一款 企业事业单位和其他生产经营者应当采取有效措施，防止、减少大气污染，对所造成的损害依法承担责任。

《中华人民共和国水污染防治法》

第四条 县级以上人民政府应当将水环境保护工作纳入国民经济和社会发展规划。

地方各级人民政府对本行政区域的水环境质量负责，应当及时采取措施防治水污染。

第十六条 新建、改建、扩建直接或者间接向水体排放污染物的建设项目和其他水上设施，应当依法进行环境影响评价。

建设单位在江河、湖泊新建、改建、扩建排污口的，应当取得水行政主管部门或者流域管理机构同意；涉及通航、渔业水域的，环境保护主管部门在审批环境影响评价文件时，应当征求交通、渔业主管部门的意见。

建设项目的水污染防治设施，应当与主体工程同时设计、同时施工、同时投入使用。防治水污染的设施应当经过环境保护主管部门验收，达不到规定要求的，该建设项目不准投入生产或者使用。

《中华人民共和国自然保护区条例》

第三十二条 在自然保护区的核心区和缓冲区内，不得建设任何生产设施。在自然保护区的实验区内，不得建设污染环境、破坏资源或者景观的生产设施；建设其他项目，其污染物排放不得超过国家和地方规定的污染物排放标准。在自然保护区的实验区内已经建成的设施，其污染物排放超过国家和地方规定的排放标准的，应当限期治理；造成损害的，必须采取补救措施。

在自然保护区的外围保护地带建设的项目，不得损害自然保护区内的环境质量；已造成损害的，应当限期治理。

限期治理决定由法律、法规规定的机关作出，被限期治理的企业事业单位必须按期完成治理任务。

《建设项目环境保护管理条例》

第十七条第一款 编制环境影响报告书、环境影响报告表的建设项目竣工后，建设单位应当按照国务院环境保护行政主管部门规定的标准和程序，对配套建设的环境保护设施进行验收，编制验收报告。

《畜禽规模养殖污染防治条例》

第十一条 禁止在下列区域内建设畜禽养殖场、养殖小区：

（一）饮用水水源保护区，风景名胜区；

（二）自然保护区的核心区和缓冲区；

（三）城镇居民区、文化教育科学研究区等人口集中区域；

（四）法律、法规规定的其他禁止养殖区域。

（二）养殖场拆除

42. 养殖场拆除时的惯用套路有哪些

这里所说的养殖场可以是企业，也可以是个体工商户等非企业单位，按照规模可以分为家庭农场、小型养殖场、中型养殖场和大型养殖场等规模化养殖。随着农业现代化水平的不断提升，养殖场等设施农业生产日益增多，在征收过程中，有些养殖场也不可避免地被纳入征收范围，在实践中征收方往往会采取一些套路以达到低成本拆除养殖场的目的。养殖场拆除时有以下惯用套路。

耕地上建养殖场被认定为违建

在农村，多数养殖场建在耕地上。一般情况下，养殖户只是经过村集体的同意或者口头许可，自主建设，自主养殖，有的地方还有政策扶持和鼓励。在遇到征收时，为了压低拆迁成本，征收方往往会以违反规划或者违法占地为由，将养殖场定性为违法建筑，对养殖户下发《责令限期拆除决定（通知）书》，限养殖户在几日内自行拆除养殖场。很多养殖户法律知识比较欠缺，以为养殖场没有规划许可证或者用地手续就是违建，实则不然，这只是征收方为了给养殖户施加压力，迫使其接受低价补偿或者不予补偿。

养殖场不符合环保标准，影响生态环境

养殖业会产生大量的动物粪便及病死动物的遗体，会在一定程度上造成环境污染，需要养殖企业（户）关注污染问题，但是有人打着环保的名义随意侵犯他人的合法权益。比如，政府部门有以不符合环保标准为由拆除养殖场的现象，尤其是在有征收的情况下，这种打着环保旗号拆除养殖场的现象更多，已经成为征收方最常用的手段之一，目的就是低成本完成征收。

养殖过程中会产生粪便、动物尸体和大量刺激性气味，造成水源、土壤、大气环境等的污染，要求养殖户在建设养殖场之前完善相应的环保手续。规

模养殖场应按照《中华人民共和国环境影响评价法》、生态环境部办公厅《关于做好畜禽规模养殖项目环境影响评价管理工作的通知》，进行环境影响评价；未达到规模养殖场标准的小型养殖企业（户），也应当按照《中华人民共和国环境影响评价法》要求填报环境影响登记表。

在建设或者运行过程中产生不符合环评文件情形的，可以采取改正措施并向主管部门备案[①]；养殖场排放的污染物确实违反法律规定，或者在建设时没有提交环评文件报批的，由主管部门处以罚款或者责令改正，拒不改正的作出相应的处罚决定[②]。此外，原国土资源部、原农业部《关于促进规模化畜禽养殖有关用地政策的通知》规定“任何地方不得以新农村建设或整治环境为由禁止或限制规模化畜禽养殖”。由此可见，依据相关法律法规，是否符合环保标准，首先要经过一系列专业检测和评估；其次要经过专业论证确定是否需要办理环保手续，确需办理而没有办理的是否可以采取改正措施，而不是以养殖场影响生态环境为由直接拆除。

养殖场被划入禁养区

征收方想要低成本征收，手段和套路自然是花样百出，除了前面提到的认定违建、环保整治之外，还有养殖场被划入禁养区的套路。根据《畜禽养殖禁养区划定技术指南》，禁养区是由县级以上人民政府依法划定的，划定流程包括摸清底数、核定边界、征求意见、报批公布，而且禁养区划定以后原则上五年内不作调整，由此可见，禁养区的划定并非某个单位或个人随意决定的，而是有严格的法定程序。如果在征收过程中，征收方以养殖场被划入禁养区为由不给补偿，养殖企业（户）就要明确养殖场是否在禁养区，如果确实在禁养区，是否一律不给补偿。根据《畜禽规模养殖污染防治条例》的规定，即便养殖场被划入禁养区，也应当向养殖企业（户）依法给予补偿。

① 参见《中华人民共和国环境影响评价法》第十九条、第二十二条、第二十五条、第二十七条。

② 参见《中华人民共和国环境保护法》第五十九条、第六十条、第六十一条。

案例

1. 蚌埠市某鹿业养殖场诉蚌埠市某区人民政府行政赔偿案（第二届全国法院“百篇优秀裁判文书”）

本案第一个焦点即原告的养殖场是否是违法建设。被告在庭审中举证称，经过蚌埠市某区行政执法局的调查取证，证明原告在集体土地上所建房屋未经过规划许可和用地批准，属于违法建设；原告认为，根据当时国家政策，原告在集体土地上办养殖场应按照农用地进行管理，不存在违法建设问题，且被告未按照法定程序予以认定和拆除，故应予赔偿。经法院审理认为，《关于促进规模化畜禽养殖有关用地政策的通知》（国土资发〔2007〕220号）提出，规模化养殖按照农用地管理，不需要办理农用地转用审批手续，但必须向县级国土局（现自然资源局）办理用地备案手续，其中，“生产设施及绿化隔离带用地占用耕地的，应签订复耕保证书，附属设施用地涉及占用农用地的，应按照规定的批准权限和要求办理农用地转用手续”。《国土资源部　农业部关于完善设施农用地管理有关问题的通知》（国土资发〔2010〕155号），再次要求农业设施的建设与用地由经营者提出申请，乡镇政府申报，县级政府审核同意；《关于进一步支持设施农业健康发展的通知》（国土资发〔2014〕127号）中也强调经营者要签订用地协议，并要向国土局（现自然资源局）报备；“生产设施、附属设施和配套设施用地直接用于或者服务于农业生产，其性质属于农用地，按农用地管理，不需办理农用地转用审批手续”。从以上出台的养殖用地政策能够确定，经营养殖场的用地行为一般按照农用地进行管理，但仍需要向所在地国土局（现自然资源局）报备并经政府同意。涉案养殖场从2000年一直经营至拆除前，虽然其未向所在地国土局申报用地情况，但蚌埠市某乡人民政府对原告在辖区内租赁集体土地并进行经营养殖的事实是知情的，在养殖场所在集体土地被征收前，各级部门也从未对原告用地行为予以查处或要求其按照规定补办相关手续；从被告提交的证据来看，被告职能部门蚌埠市某区行政执法局在对原告养殖场进行拆除时，也未依照法定程序对原告养殖场的房屋及附属物的性质予以认定，更未按行政强制的要求依法予以拆除。此外，拆除前，被告职能部门蚌埠市某乡人民政府认可原告房屋及相应附属物品的合法性，并与原告共同选择评估机构对养殖场及附属物进行了初步评估。综上所述，根据以上国家出台的养殖用地政策，结合考虑原告长期养殖的过程等因素，不宜认定原告建造的养殖场为违法建设，被告认为原告养殖场是违法建设的意见不予采纳。

2. 北京某种养殖专业合作社诉北京市某区人民政府行政补偿决定案

法院认为，根据《畜禽规模养殖污染防治条例》第二十五条规定及北京市某区人民政府于2016年10月18日作出的《畜禽养殖场整治通告》，北京某种养殖专业合作社的涉案养殖场在北京市某区人民政府划定的禁养区内，属于养殖业腾退关闭范围，北京市某区人民政府具有依法审查北京某种养殖专业合作社所提补偿申请并作出决定的法定职责。北京市某区人民政府具有依法补偿的法定职责。

本案中，北京某种养殖专业合作社向北京市某区人民政府提出书面申请，请求北京市某区人民政府对其养殖场内养殖的畜禽进行补偿。北京市某区人民政府提交证据不能证明其或相关部门就北京市某种养殖专业合作社调运畜禽行为的具体原因等情况进行了调查核实，也未提供证据证明其或相关部门听取了北京市某种养殖专业合作社的相关陈述申辩意见。同时，北京市某区人民政府提交的证据不能证明北京市某种养殖专业合作社的法定代表人孟某森及其妻子等人员无故拒绝政府工作人员对养殖动物存栏数量进行登记，导致养殖动物的准确存栏数量无法确定。据此，北京市某区人民政府主张北京市某种养殖专业合作社以骗取补偿金为目的违法倒运动物，将符合清退补偿范围的动物数量认定为肉牛22头，认定事实不清、证据不足。另，根据《××区畜禽养殖场整治方案》要求，养殖户清退补偿的范围应当包括四部分内容，即养殖动物销售补偿、固定资产补偿、土地租金补偿、停产停业补偿。北京市某区人民政府作出的被诉决定仅针对北京市某种养殖合作社养殖动物的补偿数量，并未对北京市某种养殖合作社是否应当获得除固定资产补偿外的其他项目补偿的问题予以认定及处理，存在认定事实不清的情形。综上所述，一审法院认定北京市某区人民政府作出的被诉决定认定事实不清、证据不足，应当予以撤销并无不当，法院予以支持。

法律规定

《畜禽规模养殖污染防治条例》

第二十五条 因畜牧业发展规划、土地利用总体规划、城乡规划调整以及划定禁止养殖区域，或者因对污染严重的畜禽养殖密集区域进行综合整治，确需关闭或者搬迁现有畜禽养殖场所，致使畜禽养殖者遭受经济损失的，由县级以上地方人民政府依法予以补偿。

43. 养殖场建设用地需要审批吗

《自然资源部 农业农村部关于设施农业用地管理有关问题的通知》规定：“设施农业用地包括农业生产中直接用于作物种植和畜禽水产养殖的设施用地……畜禽水产养殖设施用地包括养殖生产及直接关联的粪污处置、检验检疫等设施用地，不包括屠宰和肉类加工场所用地等。”据此，养殖场用地应属于设施农业用地。该通知同时规定：“设施农业属于农业内部结构调整，可以使用一般耕地，不需落实占补平衡……养殖设施原则上不得使用永久基本农田，涉及少量永久基本农田确实难以避让的，允许使用但必须补划。”

《自然资源部办公厅关于保障生猪养殖用地有关问题的通知》规定：“生猪养殖用地作为设施农用地，按农用地管理，不需办理建设用地审批手续。在不占用永久基本农田的前提下，合理安排生猪养殖用地空间，允许生猪养殖用地使用一般耕地，作为养殖用途不需耕地占补平衡。”“生猪养殖设施用地可由养殖场（户）与乡镇政府、农村集体经济组织通过协商并签订用地协议方式即可获得用地。……同时，掌握用地情况，加强事中事后监管，防止改变养殖用途，确保农地农用。”

由上述两份通知的规定可知，养殖场用地属于设施农业用地，使用一般耕地无须办理建设用地审批手续，也无须落实耕地占补平衡；在难以避让的情况下，可以少量使用永久基本农田，但必须补划。

不过，上述两份通知的发布时间均为2019年，且设施农用地通知明确规定有效期为五年，2024年底即届满。

按照规律，国家关于设施农用地的政策经历了从审批到备案的过程，每次调整都会比之前放宽一些条件。行政备案不同于行政审批，行政审批、行政许可、行政备案三个行政行为之间是逐渐宽松的过程，事前审批、按照条件许可、事后备案，所以，没有行政备案不一定意味着该建设违法，更不应作出拆除的行政处罚。

前几年，大量开展大棚房的整治，设施用地不需要批准，不需要将农用地转为建设用地，这个规定简单而高效。由于我国实行土地用途管制，不允许打着养殖用地的旗号做一些永久建设的事情，比如，将设施农用地开发成农家乐、旅馆、饭店，都是和农用性质不相符的，超出了农用的范围，必然会受到相关行政执法部门的处罚。

案例

1. 卢某军、薛某宏与贺州市某镇人民政府强制拆除建筑物一案

法院认为，《中华人民共和国城乡规划法》第六十五条“在乡、村庄规划区内未依法取得乡村建设规划许可证或者未按照乡村建设规划许可证的规定进行建设的，由乡、镇人民政府责令停止建设、限期改正；逾期不改正的，可以拆除”规定了乡、镇人民政府可以对本辖区内违反规划的建设进行行政处罚。《自然资源部　农业农村部关于设施农业用地管理有关问题的通知》（自然资规〔2019〕4号）第四条“市、县自然资源主管部门会同农业农村主管部门负责设施农业用地日常管理。国家、省级自然资源主管部门和农业农村主管部门负责通过各种技术手段进行设施农业用地监管。设施农业用地由农村集体经济组织或经营者向乡镇政府备案，乡镇政府定期汇总情况后汇交至县级自然资源主管部门。涉及补划永久基本农田的，须经县级自然资源主管部门同意后方可动工建设”规定了设施农用地上的建设行为应当进行相应的审核报备程序。

上诉人于2018年12月改建和扩建的养殖大棚位于《贺州市××区××

镇××村村庄规划（2018—2035年）》范围内，至被上诉人查处时，其涉案养殖场大棚仍未办理设施农用地的报备手续，也未取得建设规划审批手续，其行为违反了上述规定。

2. 谷某某与北京市某区某镇人民政府、北京市某区人民政府限期拆除决定及行政复议一案

对于涉案建筑是否属于违法建设的问题，法院认为，谷某某经营的北京某养殖场曾取得规模化畜禽养殖项目的备案手续，但在案证据能够证明涉案建筑并未依据《北京市城乡规划条例》等规定取得规划许可审批手续，也未按照《国土资源部　农业部关于进一步支持设施农业健康发展的通知》（国土资发〔2014〕127号）及《自然资源部　农业农村部关于设施农业用地管理有关问题的通知》（自然资规〔2019〕4号）等相关规定，办理设施农用地项目审批或备案等手续，且涉案养殖场已经关停并存在非农利用的情形，故北京市某区某镇人民政府认定涉案建筑属于违法建设具有事实依据和法律依据。

法律规定

《自然资源部　农业农村部关于设施农业用地管理有关问题的通知》

一、设施农业用地包括农业生产中直接用于作物种植和畜禽水产养殖的设施用地。其中，作物种植设施用地包括作物生产和为生产服务的看护房、农资农机具存放场所等，以及与生产直接关联的烘干晾晒、分拣包装、保鲜存储等设施用地；畜禽水产养殖设施用地包括养殖生产及直接关联的粪污处置、检验检疫等设施用地，不包括屠宰和肉类加工场所用地等。

二、设施农业属于农业内部结构调整，可以使用一般耕地，不需落实占补平衡。种植设施不破坏耕地耕作层的，可以使用永久基本农田，不需补划；破坏耕地耕作层，但由于位置关系难以避让永久基本农田的，允许使用永久基本农田但必须补划。养殖设施原则上不得使用永久基本农田，涉及少量永久基本农田确实难以避让的，允许使用但必须补划。

设施农业用地不再使用的，必须恢复原用途。设施农业用地被非农建设占用的，应依法办理建设用地审批手续，原地类为耕地的，应落实占补平衡。

四、市、县自然资源主管部门会同农业农村主管部门负责设施农业用地日常管理。国家、省级自然资源主管部门和农业农村主管部门负责通过各种技术手段进行设施农业用地监管。设施农业用地由农村集体经济组织或经营者向乡镇政府备案，乡镇政府定期汇总情况后汇交至县级自然资源主管部门。涉及补划永久基本农田的，须经县级自然资源主管部门同意后方可动工建设。

《自然资源部办公厅关于保障生猪养殖用地有关问题的通知》（自然资电发〔2019〕39号）

二、落实和完善用地政策

一是生猪养殖用地作为设施农用地，按农用地管理，不需办理建设用地审批手续。在不占用永久基本农田的前提下，合理安排生猪养殖用地空间，允许生猪养殖用地使用一般耕地，作为养殖用途不需耕地占补平衡。

《自然资源部　农业农村部　国家林业和草原局关于严格耕地用途管制有关问题的通知》（自然资发〔2021〕166号）

一、严格落实永久基本农田特殊保护制度。

2. 永久基本农田不得转为林地、草地、园地等其他农用地及农业设施建设用地。严禁占用永久基本农田发展林果业和挖塘养鱼；严禁占用永久基本农田种植苗木、草皮等用于绿化装饰以及其他破坏耕作层的植物；严禁占用永久基本农田挖湖造景、建设绿化带；严禁新增占用永久基本农田建设畜禽养殖设施、水产养殖设施和破坏耕作层的种植业设施。

二、严格管控一般耕地转为其他农用地。

7. 严格控制新增农村道路、畜禽养殖设施、水产养殖设施和破坏耕作层的种植业设施等农业设施建设用地使用一般耕地。确需使用的，应经批准并符合相关标准。

…………

为守住18亿亩耕地红线，确保可以长期稳定利用的耕地不再减少，有必要根据本级政府承担的耕地保有量目标，对耕地转为其他农用地及农业设施建设用地实行年度“进出平衡”，即除国家安排的生态退耕、自然灾害损毁难以复耕、河湖水面自然扩大造成耕地永久淹没外，耕地转为林地、草地、园地等其他农用地及农业设施建设用地的，应当通过统筹林地、草地、园地等其他农用地及农业设施建设用地整治为耕地等方式，补足同等数量、质量的可以长期稳定利用的耕地。“进出平衡”首先在县域范围内落实，县域范围内无法落实的，在市域范围内落实；市域范围内仍无法落实的，在省域范围内统筹落实。

44. 禁养区的概念和禁养区划定范围

禁养区，是指县级以上地方人民政府依法划定的禁止建设养殖场或禁止建设有污染物排放的养殖场的区域。[①] 禁养区划定范围如下。

禁养区划定范围

饮用水水源保护区

饮用水水源保护区包括饮用水水源一级保护区和饮用水水源二级保护区的陆域范围。其中，饮用水水源一级保护区内禁止建设养殖场，饮用水水源二级保护区禁止建设有污染物排放的养殖场（注：畜禽粪便、养殖废水、沼渣、沼液等经过无害化处理用作肥料还田，符合法律法规要求以及国家和地方相关标准不造成环境污染的，不属于排放污染物）。

自然保护区

自然保护区包括国家级自然保护区和地方级自然保护区的核心区与缓冲区，按照各级人民政府公布的自然保护区范围执行。自然保护区核心区和缓冲区范围内，禁止建设养殖场。

风景名胜区

风景名胜区包括国家级和省级风景名胜区，以国务院及省级人民政府批

① 参考 2016 年 10 月 28 日环境保护部、农业部发布的《畜禽养殖禁养区划定技术指南》。

准公布的名单为准，按照其规划确定的范围执行。其中，风景名胜区的核心景区禁止建设养殖场，其他区域禁止建设有污染物排放的养殖场。

城镇居民区和文化教育科学研究区

城镇居民区和文化教育科学研究区根据城镇现行总体规划，动物防疫条件、卫生防护和环境保护要求等，因地制宜，兼顾城镇发展，科学设置边界范围。城镇居民区和文化教育科学研究区边界范围内，禁止建设养殖场。

依照法律法规规定应当划定的区域

依照法律法规规定应当划定的区域为法律法规规定的其他禁止建设养殖场的区域。

案例

某生态公司诉某市人民政府行政补偿纠纷案

法院生效判决认为，本案争议的焦点是某市人民政府是否应当向上诉人某生态公司承担补偿责任及补偿数额应当如何确认。根据《畜禽规模养殖污染防治条例》第二十五条规定，因畜牧业发展规划、土地利用总体规划、城乡规划调整以及划定禁止养殖区域，或者因对污染严重的畜禽养殖密集区域进行综合整治，确需关闭或者搬迁现有畜禽养殖场所，致使畜禽养殖者遭受经济损失的，由县级以上人民政府依法予以补偿。本案上诉人某市人民政府根据《畜禽规模养殖污染防治条例》《中华人民共和国环境保护法》《中华人民共和国水污染防治法》的规定，于 2017 年 5 月 1 日制发了《× × 市畜禽养殖禁养限养区划定及治理工作实施方案》，明确划定了禁养区、限养区及适养区范围。因上诉人某生态公司被划定在禁养区、限养区内，故上诉人某市人民政府应当承担对上诉人某生态公司的补偿责任。

法律规定

《中华人民共和国畜牧法》

第四十条　畜禽养殖场的选址、建设应当符合国土空间规划，并遵守有关法律法规的规定；不得违反法律法规的规定，在禁养区域建设畜禽养殖场。

《畜禽规模养殖污染防治条例》

第十一条 禁止在下列区域内建设畜禽养殖场、养殖小区：

（一）饮用水水源保护区，风景名胜区；

（二）自然保护区的核心区和缓冲区；

（三）城镇居民区、文化教育科学研究区等人口集中区域；

（四）法律、法规规定的其他禁止养殖区域。

45. 禁养区范围内养殖场拆除是否应给予补偿

禁养区范围内养殖场拆除是否应给予补偿，应从三个层面进行考量：一是养殖场所在地是否属于禁养范围，二是养殖场建成时间与禁养区划定时间的先后，三是养殖场（户）拆除是否应给予补偿。

养殖场所在地是否属于禁养范围

第一，禁养区应由县级以上人民政府依法划定。首先，从划定主体来说，这意味着乡镇人民政府、街道办事处、政府所属部门甚至村委会随意划定的所谓“禁养区”是无效的。其次，禁养区必须依据《中华人民共和国畜牧法》《中华人民共和国水污染防治法》《畜禽规模养殖污染防治条例》等法律法规进行划定，不能随意划定。最后，划定禁养区应依照程序进行。应按照摸清底数、核定边界、征求意见、报批公布等流程开展禁养区的划定工作。

第二，明确不同区域管理要求。禁养区并非禁止任何形式的养殖。饮用水水源一级保护区、风景名胜区的核心区、城镇居民区和文化教育科学研究区，以及法律法规规定的其他禁止建设养殖场的区域，禁止建设养殖场。饮用水水源二级保护区、风景名胜区的非核心区，禁止建设有污染物排放的养殖场。意即如果位于饮用水水源二级保护区、风景名胜区非核心区的养殖场，将畜禽粪便等废弃物依照《中华人民共和国环境保护法》《中华人民共和国固体废物污染环境防治法》《中华人民共和国水污染防治法》《畜禽规模养殖污染防治条例》等法律法规，以及《畜禽粪便还田技术规范》《畜禽粪便无害化处理技术规范》《沼肥施用技术规范》等标准规范进行还田等利用，不造成环境污染的，不属于排放污染物。这也意味着这类养殖场不是必须拆除的。

养殖场（户）根据自己养殖场所处位置确定是否属于必须拆除的范围。

养殖场建成时间与禁养区划定时间的先后

法是不具有溯及既往效力的，这在法理上被称为“法不溯及既往”原则。通俗地说，就是不能用今天立的规矩去约束昨天的行为。

在禁养区范围内养殖场拆除是否应给予补偿，一个重要的考虑因素就是养殖场在禁养区范围划定时是否已经建成。如果养殖场先于禁养区范围的划定，就不能用“今天”划定的范围去要求“昨天”已经建成的养殖场，否则，不利于信赖利益保护，也不利于社会关系稳定，更不利于维护法律权威。但是，禁养区的划定又是基于环境保护的需要，以及公共利益的考量，此时养殖场（户）的信赖利益与公共利益发生了冲突，出于保护大多数人利益的需要，牺牲养殖场（户）的个人合法利益，需要对其进行补偿。

养殖场（户）拆除是否应给予补偿

基于上述两点分析，从应然的角度来看，处于依法划定的禁养区范围内、先于禁养区划定建成的养殖场，应当给予合理补偿。但是，是否给予补偿还应考虑养殖场的建设是否符合相关法律规范。

养殖场（户）应考虑养殖场建设用地是否符合相关规定，是否符合畜禽养殖相关备案标准，是否办理营业执照、纳税证明，特种养殖是否办理许可证等，本身养殖手续齐备是获得相关补偿的有利条件。

《畜禽规模养殖污染防治条例》第二十五条明确规定：“因畜牧业发展规划、土地利用总体规划、城乡规划调整以及划定禁止养殖区域，或者因对污染严重的畜禽养殖密集区域进行综合整治，确需关闭或者搬迁现有畜禽养殖场所，致使畜禽养殖者遭受经济损失的，由县级以上地方人民政府依法予以补偿。”

案例

1. 黄某卿诉被申请人广东省某市人民政府行政赔偿案

法院认为,《畜禽规模养殖污染防治条例》第二十五条规定，因划定禁止养殖区域，确需关闭或者搬迁现有禽畜养殖场所，致使禽畜养殖遭受经济损失的，由县级以上地方人民政府依法予以补偿。本案中，根据原审查明事实及当事人提交的证据，黄某卿在广东省某市人民政府划定禁养区之前即已开始经营养猪场，广东省某市人民政府依法应当给予补偿。广东省某市人民政府办印发的《×× 市畜禽养殖禁养区限养区和适养区专项整治三年行动工作方案》(× 府办〔2016〕60 号)(以下简称《专项整治方案》)对禁养区内 2016 年 12 月 20 日前自行拆除的禽畜养殖场设定了具体奖补标准。广东省某镇人民政府对黄某卿作出的 2016 年 12 月 1 日《关于 ×× 镇禁养区禽畜养殖场限期关停拆迁的通知》和 2017 年 5 月 12 日《×× 市畜禽养殖禁养区限期拆除及逾期强拆通知书》以及广东省某市人民政府的强制拆除行为，已被广东省江门市中级人民法院〔2018〕粤 07 行初 60 号生效行政判决确认违法。针对黄某卿的赔偿请求，广东省某市人民政府应参照《专项整治方案》的奖补标准，对黄某卿因上述违法行为造成的损失给予公平合理赔偿或补偿，且从保护行政相对人合法权益的角度出发，该赔偿或补偿不得低于其他同类情形养殖场的补偿标准。原审判决对黄某卿的赔偿请求完全不予支持，理据不足，依法应予纠正。

2. 庄某升诉被申请人海南省某县人民政府行政补偿案

法院经审查认为,《中华人民共和国行政许可法》第八条规定，行政许可所依据的法律、法规、规章修改或者废止，或者准予行政许可所依据的客观情况发生重大变化的，为了公共利益的需要，行政机关可以依法变更或者撤回已经生效的行政许可。由此给公民、法人或者其他组织造成财产损失的，行政机关应当依法给予补偿。行政补偿，是指国家对行政机关及其工作人员在行使职权过程中因合法行为损害公民、法人或者其他组织合法权益而采取的补救措施。行政补偿以当事人的合法权益损失为前提，无合法权益损失不能获得行政补偿。本案中，庄某升在城镇居民区经营白鸽养殖场，违反了

《畜禽规模养殖污染防治条例》第十一条第（三）项关于禁止在城镇居民区建设畜禽养殖场的规定。2017 年 8 月，海南省某县动物卫生监督和疫病预防控制所对庄某升的白鸽养殖场作出《限期搬迁（整改）通知书》。2018 年 1 月，海南省某县环境保护局针对庄某升作出《责令停止环境违法行为通知书》，责令庄某升一个月内停止环境违法行为。此外，庄某升还自认其白鸽养鸽场未办理工商、税务登记，未办理环境影响评价备案手续，也未建设污染防治设施。2018 年 7 月，庄某升在海南省某县人民政府的人力、物力帮助下，自行拆除白鸽养殖场并迁至异地经营。可见，庄某升未经行政许可，擅自在城镇居民区经营白鸽养殖场，违反环境保护等法律、法规，属于违法养殖项目，且在海南省某县人民政府的协助下迁址继续经营，并不存在合法利益的损失。庄某升提起本案诉讼，要求海南省某县人民政府对其易地搬迁进行补偿，明显没有事实根据和法律依据。一审、二审判决驳回庄某升的诉讼请求，并无不当。庄某升的再审理由不能成立，法院不予支持。

法律规定

《畜禽规模养殖污染防治条例》

第二十五条　因畜牧业发展规划、土地利用总体规划、城乡规划调整以及划定禁止养殖区域，或者因对污染严重的畜禽养殖密集区域进行综合整治，确需关闭或者搬迁现有畜禽养殖场所，致使畜禽养殖者遭受经济损失的，由县级以上地方人民政府依法予以补偿。

46. 养殖场拆迁有哪些补偿项目

养殖场补偿，是指在养殖场遇到征收、拆迁或者其他原因需要关闭时，根据相关法律法规和政策，养殖场所有者应当获得的补偿。

养殖场补偿包括以下几个方面。

养殖场补偿项目

土地补偿

如果养殖场（户）拥有占用土地的承包经营权，那么在养殖场被征收时，可以获得土地部分的补偿，即按照土地管理法的相关规定进行补偿。如果占用土地从农户或者村（组）集体租用，那么土地补偿归实际承包经营权人或者土地所有权人。

养殖场建筑及附属物补偿

养殖场建筑及附属物，应根据实际建筑面积、结构、附属设施等综合评估计算补偿金额。地上附着物包括相关厂房、养殖设施、养殖工具和相关的附属设施等。补偿标准可以参照同一时期同一地段其他同类型养殖场建筑类型的拆迁补偿情况，或者通过评估等方式确定。

畜禽出清补偿

在拆迁过程中，养殖场内的畜禽需要出清，根据畜禽的实际数量、品种、大小、市场价格确定补偿金额。由拆迁行为导致养殖的畜禽无法妥善处理的，需要在合理范围内对畜禽的补偿金额予以酌定。

停产停业损失补偿

养殖场因征收而被迫停产停业，会带来经济损失。根据养殖场的经营收入、利润、停产停业的时间长短等因素，结合具体的行业情况和承包期限，给予停产停业损失补偿。可参照当地的房屋征收和补偿标准给予停产停业的损失补偿，并参考同一地段其他养殖场补偿情况对搬迁费予以酌定。关于停产停业损失和搬迁费属于征收补偿中应获得的利益，对上述损失也应予以补偿。

设备折旧及搬迁补偿

设备折旧及搬迁补偿包括养殖场内的设施设备在评估后折旧的补偿，以及养殖场剩余物料搬迁时产生的搬迁费等。

案例

1. 蚌埠市某鹿业养殖场诉蚌埠市某区人民政府行政赔偿案

关于本案第二个焦点，即养殖场厂房及附属物品补偿标准问题。

…………

本案在拆除前，原告与具体实施部门蚌埠市某乡人民政府已共同委托评估机构进行评估，评估公司对原告的房屋、养殖棚及附属物品等进行了清点，双方均签字予以确认。但由于原告一直未与被告达成补偿意见，被告仅将上述初评结论告知原告，未将正式评估结果予以送达，现由于评估机构已被注销，无法出具正式评估结论，虽双方同意再次评估，但由于涉案房屋、养殖场及附属物品均已拆除，已不具备重新评估的可能。鉴于原告、被告对初评结果均认可，故对该评估报告中涉及原告经营性用房及附属物部分计2634696元，被告应予以赔偿。

关于本案第三个焦点，即原告在养殖场拆除后已经领取了相关的补偿款200万元，原告诉请的赔偿项目、数额及利息损失有无事实和法律依据，是否属于被告履行补偿之责的范围。

……经审理认为，依据安徽省人民政府批复、蚌埠市人民政府发布蚌政通〔2011〕11号征地通告，原告养殖场在本次增减挂的征收范围内，因此，被告应当依据蚌政〔2009〕2号文件及蚌政办〔2010〕62号文件对原告履行全面补偿责任。依据以上规范性文件规定的补偿项目有：集体土地及附属物补偿、生产经营性用房补偿，征地造成停业、停产等损失的，应给予企业或单位一次性补助，补助费（含过渡费和搬迁费）的标准为其拆迁补偿额的10%等。由于原告未与被告签订安置补偿协议，被告对原告养殖场实施了两次强制拆除。在法定期限内原告虽未对被告实施的两次拆除行为进行复议或诉讼，但被告强制拆除方法不当，且未按照法定程序进行拆除，强制拆除行为实际已导致原告养殖的梅花鹿死亡，并造成屋内物品、用于养殖的生产设备等毁损，所以为减少诉累，原告要求在本案中一并解决不违反法律规定，也符合《中华人民共和国行政诉讼法》第一条中实质性解决行政争议的立法本意。

（1）关于梅花鹿的赔偿问题。被告虽对以上梅花鹿死亡数字予以认可，但认为原告未举证证实拆除行为与梅花鹿死亡有因果关系，故不应予以赔偿。经审理认为，从被告提交的拆除现场录像来看，被告在拆除养殖场的过程中行为粗暴，致梅花鹿迁移方法不当，因梅花鹿养殖属于特种养殖行业，梅花鹿的生长习性有别于一般养殖，不当迁移致使鹿群后期受惊吓而陆续死亡的事实存在，上述不当的拆除行为与梅花鹿陆续死亡有直接的因果关系。此外，被告也未充分举证证明该因果关系不存在，该拆除行为原告虽未起诉，但养殖场拆除后，蚌埠市某乡人民政府及某区人民政府相关领导出具说明一份，载明“王某户鹿厂在二次拆迁中造成的物品损失和鹿的损失，将按实际情况予以补偿”。故对于陆续受惊吓死亡的梅花鹿被告应予赔偿。对于低价出售梅花鹿情况，原告诉称因迁移的养殖场场地小，其剩余 77 头梅花鹿均每头少卖 2000 元，该损失应予赔偿。经审查认为，由于原告至今未提供其处置剩余梅花鹿的相关票据及其他证据，低价出售剩余梅花鹿的事实无法确认，故该诉请赔偿不予采信。由于原告、被告均未记载死亡梅花鹿的品名、大小等，一审法院前往东北梅花鹿产地对梅花鹿的价格进行了询价，并对一般养殖场梅花鹿群中公鹿、母鹿、崽鹿的比例进行了咨询。因本案原被告双方均无法证实公鹿、母鹿、崽鹿、种鹿的数量，在此情况下，酌定每头鹿价为 6000 元，即 167 头 ×6000 元 / 头 =1002000 元。

（2）关于养殖场财物损失的赔偿。原告认为，其提供了物品损失清单，上述物品系被告强制拆除过程中造成的，故应予赔偿。被告认为，其在拆除养殖场时对物品进行了清点，有第三方见证，且当场已经交付原告，故不应赔偿。经审理认为……被告对养殖场实施拆除时，虽对原告屋内物品进行了清点并制作了“固定资产统计表”，但原告对该表中罗列财物数目、品种等不认可，列表中物品在拆除后是否交还原告、何时交还，被告均未举证证实；列表中未包含原告部分衣物、澡堂用具、厨房内用具、电器等生活用品及部分生产设备、饲料等；被告又未充分举证证明原告罗列清单中的物品不存在，未在强制拆除时致使物品毁损、遗失，故被告认为不应赔偿的理由不予采纳。原告从 2000 年起实际经营养殖场至今，其清单中所列物品既有生活用品、办公设施，又有生产、养殖设备等，以上物品的存在是养殖企业生活生产必需的物品，因此，对于原告清单中用于生活生产的必备物品予以认定。由于毁损、遗失物品数量多，所列物品已无法评估，现综合考虑原告实际经营时间、物品保管使用年限及折旧等情况，酌情按 6 折计算赔偿数额。

其一，对于原告物品损失清单中载明生活用品209515元的认定。其中，紫藤5棵100000元（50年树龄）、大号景德镇龙缸5个4000元、六角宜兴紫砂盆5个10000元、宜兴紫砂圆盆4个1600元、盆栽万能紫茉莉3盆1500元、灵璧石1块1500元、青花金鱼缸1口2800元、金鱼100条2000元、黑花锦鲤1条800元，以上合计124200元暂予扣除；邮票3000元、纪念币2000元，因不属于生活类用品不予认定，家庭用电器类单列（在生活类用品中扣除）。对清单中一般生活用品即衣物、澡堂用具、厨房内用具等，因属于养殖场正常生活使用，原告要求赔偿的意见予以支持，酌情赔偿38829元（64715元×0.6）。

其二，对于原告物品损失清单中载明办公用品42200元的认定。此类物品为养殖场经营所必需，被告在“固定资产统计表”上有部分记载，原告要求赔偿的意见予以支持，酌情赔偿25320元（42200元×0.6）。

其三，对于原告物品损失清单中载明家用电器类物品，即太阳能2台50××元、格力空调柜机3台210××元、格力空调挂机2台64××元、保险柜大中小各1台152××元、冰柜4台145××元、洗衣机1台40××元等，合计66200元，原告、被告在评估前对该类物品有清点记录，故应予认定并酌情赔偿39720元（66200元×0.6）。

其四，对于原告物品损失清单中载明养殖生产经营物品889895元的认定。……

其五，关于原告提出的花木、观赏鱼、奇石合计124200元的认定。原告、被告在评估前对该类物品有清点记录，在初评报告的附属物中对各类树木已经进行了评估，计1110元，故应予从赔偿总额中扣除；对于观赏鱼及花缸、鱼缸等酌定20000元。

其六，关于鹿茸和酒的认定。原告称其冰柜内存放鹿茸170副计450市斤，单价每市斤2600元；被告认为仅有冷藏鹿茸70副，单价未查询。经审理认为，虽然被告职能部门区司法局作出鹿茸数量仅有70副的“说明”，但其提供的“固定资产统计表”上记载“鹿茸170副（女主人口述未清点）”，鉴于被告在拆除养殖场时未对室内物品清点、保管，并于其后返还原告，故其承担举证不能的不利后果，原告认为冷藏鹿茸有170副计重450市斤的意见应予采信。由于上述鹿茸是二杠、三杈的品类、等级等无法判定，一审法院对鹿茸的价格前往东北梅花鹿产地询价，酌定冷藏鹿茸170副计450市斤，每市斤1000元，计450000元。原告在其赔偿清单中列项为“酒”，数量300市斤，单价每市200元，共计60000元，但原告庭审中主张此为鹿血酒，鉴于系养殖鹿的过程中会产生此类副产品，酌定为30000元。

2. 任某某诉北京市某区人民政府行政处理案

本案争议的焦点在于，任某某是否具有可供补偿的利益，其请求是否具有事实依据。56号文件的补偿标准中明确的补偿项目为养殖动物销售补偿、固定资产补偿、土地租金补偿和停产停业补偿。57号文件予以进一步明确。本案中，任某某请求北京市某区人民政府依据56号文件、57号文件确定的补偿标准履行补偿职责。

关于养殖动物补偿。本案中，任某某并未提交清登时存在畜禽的充分有效证据，无法证实清登时存在养殖畜禽。被诉答复中有关动物补偿的内容并无不当，故法院对任某某要求养殖动物补偿的请求不予支持。

关于固定资产补偿。北京市某区人民法院、北京市第三中级人民法院分别作出14号判决、177号判决，判决某镇人民政府赔偿任某某经济损失。两审法院在上述判决中，对于任某某建筑物及附属设施、室内装饰装修的损失，考虑了涉案建筑建设的历史背景及曾用于养殖、未违反土地用途的实际情况，根据该案证据并结合双方当事人的陈述及生活常识等，参考当时的养殖政策，对于用于养殖的涉案建筑酌情确定了赔偿数额；对于室内物品、树木等损失，认为涉案室内物品、树木等财产属于任某某的合法财产，应受到法律保护。某镇人民政府未能提供充分证据证明其实施拆除行为前对任某某的可移动物品予以移出，进行妥善保管并完好无损地交给任某某，也未提供充分证据证明其实施强制拆除行为时尽到了审慎注意义务，故结合案件具体情况酌情确定该部分损失的赔偿数额。据此，已发生法律效力的14号判决、177号判决已对任某某的固定资产损失进行了赔偿，任某某的固定资产损失通过行政赔偿诉讼已得到弥补，故法院对任某某的该项补偿请求不予支持。

关于土地租金补偿。依据56号文、57号文及19号文的规定，畜禽养殖场（户）解除土地租赁合同，村集体退还已交付的剩余合同期的实际租金。现土地租赁合同仍未合法解除，任某某的该项补偿请求，法院不予支持。

关于停产停业补偿。因任某某不具备《××区禁养区内规模化畜禽养殖场（小区）综合整治地上物补偿实施方案》第五条第（四）项规定的相关要求，故法院对于任某某的主张不予支持。

法律规定

《畜禽规模养殖污染防治条例》

第二十五条 因畜牧业发展规划、土地利用总体规划、城乡规划调整以及划定禁止养殖区域，或者因对污染严重的畜禽养殖密集区域进行综合整治，确需关闭或者搬迁现有畜禽养殖场所，致使畜禽养殖者遭受经济损失的，由县级以上地方人民政府依法予以补偿。

47. 养殖场被认定为违建应该如何应对

在征收实践中，养殖场被认定为违建进而被拆除的现象比较普遍。养殖场被认定为违建的主要理由包括：养殖场用地未进行审批，不符合用地规划，不符合城乡建设规划。在被认定为违建时，养殖场需要循着认定、拆除的流程，对行政机关的行政行为作出应对。

养殖场在收到违建认定的相关材料，或者行政机关执法人员到现场进行调查时，就应该重视起来，关键要搞清楚如下几个问题，方便后续有针对性地进行应对。

违建认定的主体

违建认定的主体包括城乡规划部门、自然资源主管部门、农业农村主管部门、乡镇人民政府（街道办事处）、集中行使行政处罚权的行政机关、单行法规定的其他主体等（详见问题35）。上述主体以外的行政机关或者其他未经授权的行政机关及村（居）民委员会等非行政机关，都无权认定违建。

养殖场收到违建认定材料后，要确认送达人员的身份，张贴送达、留置送达或邮寄送达的，要注意相关认定材料落款（加盖印章）单位，以确定违建认定的主体。

有相关人员到养殖场进行现场调查的，应确认对方身份，要求其出示相关执法证件，在调查笔录上签字前认真确认调查笔录内容，与事实不符的可以要求改正，不改正的可以拒签。

违建认定的依据

一般来说，养殖场之所以被认定为违建，主要是因为用地或者建设违法，涉及的法律主要包括《中华人民共和国土地管理法》《中华人民共和国城乡规划法》《中华人民共和国环境保护法》及相关行政法规、规章等。

如果行政机关以违法用地的理由认定养殖场为违建，则可以利用“养殖用地为农业设施用地，无须办理农用地转用审批”的理由进行申辩。要结合养殖场建设的具体时间，根据当时的规定，确定是否履行了备案或者审批手续，向行政机关进行申辩。

行政机关以违反规划为由认定养殖场为违建，也不符合相关法律规定。《中华人民共和国城乡规划法》第四十二条规定“城乡规划主管部门不得在城乡规划确定的建设用地范围以外作出规划许可”，但设施农业属于农业内部结构调整，仍按农用地管理，并且设施用地一般在建设用地范围以外，无法也无须取得规划许可。因此，如果仅因为养殖场未取得规划许可，就认定为违法建设并强制拆除，是不符合法律规定的。

违建认定的程序

违建认定要经过立案、调查、确认等程序，缺少任何一个，都是程序上的瑕疵，当事人可以进行申辩，重大程序违法可以申请行政复议或者提起行政诉讼。

在调查取证阶段，参与调查取证的工作人员不得少于2人，并要以文字、音像等形式全过程记录，制作案件调查终结报告等。

在作出重大执法决定前应进行法制审核，并经集体讨论决定，依法制作行政处罚决定书，加盖执法机关印章，并依法送达。

在认定违建决定书中，应告知当事人申请行政复议或者提起行政诉讼的权利和期限。

违建拆除的应对

如果当事人在违建认定决定书告知的时限内既不申请行政复议、不提起行政诉讼，又不拆除违建，将进入违建拆除程序。

在拆除前，相关行政机关应先进行催告，当事人有权进行陈述申辩。如果当事人陈述申辩意见未被接受，则行政机关需要作出强制执行决定，但是在强制拆除时应遵循如下要求：不得在夜间、法定节假日、周末强拆，不得采取强制断水、断电、断路等方式强拆，并应提前五日现场公告强拆决定，在强制拆除时进行证据保全，对相关财物进行登记造册。

案例

1. 衢州市某农牧开发场、衢州市某区某生猪专业合作社诉衢州市某区人民政府行政复议案

法院认为，本案争议的核心问题为：第一，涉案被强制拆除的建筑是否属于违法建筑……针对再审申请人衢州市某区人民政府申请再审的请求和理由，现就所涉问题分述如下。

涉案被强制拆除的建筑是否属于违法建筑。再审被申请人法定代表人姜某良于2001年6月18日、2002年7月12日与衢州市某区某乡签订了《×× 乡生态养殖科技示范园区土地使用承包协议》，承包期限分别至2031年6月17日和2031年7月12日。2003年8月25日，经清查自纠，再审被申请人向土地行政主管部门申请补办占地1485.95平方米临时用地审批，临时用地期限为2年。姜某良与衢州市某区某乡农办签订的临时用地合同

第九条约定:“如果乙方临时用地期满，既未续办续用手续，又不按照合同约定条款自行拆除临时建筑恢复土地种植条件并归还土地的，则按《中华人民共和国土地管理法》第八十八条、《中华人民共和国土地管理法实施条例》第四十三条的有关规定处以每平方米 10 元以上 30 元以下的罚款，并责令乙方恢复土地种植条件，依法收回乙方临时用地权。”该临时用地期满之后，本案再审被申请人并未办理续用手续，衢州市某区某乡人民政府也未对其进行罚款，以及责令其恢复土地种植条件并依法收回临时用地权等措施，而是采取一种默示的方式允许其继续使用该块土地直至涉案房屋被认定为违法建筑前。此后，2007 年 5 月，衢州市某农牧开发场（以下简称“某农牧场”）被认定为衢州市农业龙头企业。2007 年 12 月，再审被申请人的法定代表人姜某良被浙江省科学技术协会评为第七批省级农村科技示范户。2008 年，经衢州市国土资源局某分局同意，并经衢州市某区发展改革委、农业局批复，某农牧场在原有规模基础上再扩建猪舍。由此可见，在再审被申请人的临时用地到期并未办理续用手续的情况下，衢州市某区人民政府相关职能部门并未以此为由强制再审被申请人停止养殖，相反，对于其生猪养殖给予了诸多政策帮持，帮助其扩大生产规模。同时，从现有证据来看，对于再审被申请人及其法定代表人的各项奖励，也表明了政府对于其发展生猪养殖产业的认可。诚然，再审被申请人的用地手续确实存在一定问题，但是由于相关政府部门并未及时作出处罚决定，再审被申请人基于对政府的信赖，在涉案土地上兴建了一批养猪设施满足其养殖产业发展的需要，以此认定其建造的建筑属于违法建筑，不具有合理性。此外，再审申请人提出按照《国土资源部　农业部关于促进规模化畜禽养殖有关用地政策的通知》（国土资发〔2007〕220 号）第三条第一款、第三款，《国土资源部　农业部关于完善设施农用地管理有关问题的通知》（国土资发〔2010〕155 号）第三条，《国土资源部　农业部关于进一步支持设施农业健康发展的通知》（国土资发〔2014〕127 号）第三条相关规定，认为被申请人建造的建筑物要合法均需要经过审批、备案或经乡镇人民政府、农村集体经济组织同意后签约，即设施农用地的使用需经过相关行政机关的同意。但是，相关规定最早出台时间也是 2007

年，并无溯及既往的效力，以此认定再审申请人建造的建筑物不合法缺乏合理性。

2. 蚌埠市某鹿业养殖场诉蚌埠市某区人民政府行政赔偿案

关于本案第一个焦点，即原告的养殖场是否是违法建设问题。被告在庭审中举证称，经过蚌埠市某区行政执法局的调查取证，证明原告在集体土地上所建房屋未经过规划许可和用地批准，属于违法建设；原告认为，根据当时国家政策，原告在集体土地上办养殖场应按照农用地进行管理，不存在违法建设问题，且被告未按照法定程序予以认定和拆除，故应予赔偿。经审理认为，《关于促进规模化畜禽养殖有关用地政策的通知》（国土资发〔2007〕220号）提出，规模化养殖按照农用地管理，不需要办理农用地转用审批手续，但必须向县级国土局（现自然资源局）办理用地备案手续，其中，“生产设施及绿化隔离带用地占用耕地的，应签订复耕保证书，附属设施用地涉及占用农用地的，应按照规定的批准权限和要求办理农用地转用手续”。《国土资源部　农业部关于完善设施农用地管理有关问题的通知》（国土资发〔2010〕155号）中，再次要求农业设施的建设与用地由经营者提出申请，乡镇政府申报，县级政府审核同意；《国土资源部　农业部关于进一步支持设施农业健康发展的通知》（国土资发〔2014〕127号）中也强调经营者要签订用地协议，并要向国土局（现自然资源局）报备，“生产设施、附属设施和配套设施用地直接用于或者服务于农业生产，其性质属于农用地，按农用地管理，不需要办理农用地转用审批手续”。从以上出台的养殖用地政策能够确定，经营养殖场的用地行为一般按照农用地进行管理，但仍需要向所在地国土局（现自然资源局）报备并经政府同意。涉案养殖场从2000年一直经营至拆除前，虽然其未向所在地国土局申报用地情况，但李楼乡人民政府对原告在辖区内租赁集体土地并进行经营养殖的事实是知情的，在养殖场所在集体土地未被征收前，各级部门也从未对原告用地行为予以查处或要求其按照规定补办相关手续；从被告提交的证据来看，被告职能部门蚌埠市某区行政执法局在对原告养殖场进行拆除时，也未依照法定程序对原告养殖场的房屋及附属物的性质予以认定，更未依照行政强制的要求依法予以拆除。此外，拆除前，被告职能部门蚌埠市某乡人民政府认可原告房屋及相应附属物品的合法性，并与原告共同选择评估机构对养殖场及附属物进行了初步评估。综上所述，根据以上的国家出台的养殖用地政策，结合考虑原告长期养殖的过程等因素，不宜认定原告建造的养殖场为违法建设，被告认为原告养殖场是违法建设的意见不予采纳。

（三）政策性拆迁

48. 企业政策性搬迁及相关规定

政策性搬迁，是指政府出于公共利益、城市规划、环境保护、生态修复、灾后重建等原因，采取强制或引导措施，要求特定人群或企业迁移到其他地点的政策。这种搬迁通常涉及的领域包括住房、工业、农业及其他经济活动。比如，《中华人民共和国长江保护法》生效后，出于对长江生态保护的考虑，长江沿线很多城市着手开展对岸线化工厂的政策性搬迁工程；又如，部分成立较早的工业园区，由于早期无系统性产业规划且招商门槛较低，加之当前土地资源紧张，各工业园区管委会以盘活土地资源、腾退低效企业、提升产业品质为目的，将不符合园区产业规划等企业迁出，对老旧工业园区进行系统性空间再造项目。

企业政策性搬迁不是一个严格意义上的法律概念，也没有统一的定义。国家税务总局于2012年发布《企业政策性搬迁所得税管理办法》，对企业政策性搬迁有了一个较为明确的规定。根据该办法，企业政策性搬迁，是指由于社会公共利益的需要，在政府主导下企业进行整体搬迁或部分搬迁。企业由于下列需要之一，提供相关文件证明资料的，属于政策性搬迁：

（一）国防和外交的需要；

（二）由政府组织实施的能源、交通、水利等基础设施的需要；

（三）由政府组织实施的科技、教育、文化、卫生、体育、环境和资源保护、防灾减灾、文物保护、社会福利、市政公用等公共事业的需要；

（四）由政府组织实施的保障性安居工程建设的需要；

（五）由政府依照《中华人民共和国城乡规划法》有关规定组织实施的对危房集中、基础设施落后等地段进行旧城区改建的需要；

（六）法律、行政法规规定的其他公共利益的需要。

从以上规定可以看出，政策性搬迁与《国有土地上房屋征收与补偿条例》规定的公共利益征收规定是一致的；政策性搬迁与自行搬迁、商业搬迁不同，属于公益性搬迁。

由于企业政策性搬迁涉及社会公共利益，企业往往需要配合政府进行整体搬迁或部分搬迁。而依据政策性搬迁的要求，政府会对被搬迁企业给予很大程度的补偿。若被搬迁企业认为补偿不足、利益受损，则可以通过合法的沟通及其他法律方式维护自身的合法权益。

法律规定

《国有土地上房屋征收与补偿条例》

第八条 为了保障国家安全、促进国民经济和社会发展等公共利益的需要，有下列情形之一，确需征收房屋的，由市、县级人民政府作出房屋征收决定：

（一）国防和外交的需要；

（二）由政府组织实施的能源、交通、水利等基础设施建设的需要；

（三）由政府组织实施的科技、教育、文化、卫生、体育、环境和资源保护、防灾减灾、文物保护、社会福利、市政公用等公共事业的需要；

（四）由政府组织实施的保障性安居工程建设的需要；

（五）由政府依照城乡规划法有关规定组织实施的对危房集中、基础设施落后等地段进行旧城区改建的需要；

（六）法律、行政法规规定的其他公共利益的需要。

《企业政策性搬迁所得税管理办法》

第三条 企业政策性搬迁，是指由于社会公共利益的需要，在政府主导下企业进行整体搬迁或部分搬迁。企业由于下列需要之一，提供相关文件证明资料的，属于政策性搬迁：

（一）国防和外交的需要；

（二）由政府组织实施的能源、交通、水利等基础设施的需要；

（三）由政府组织实施的科技、教育、文化、卫生、体育、环境和资源保护、防灾减灾、文物保护、社会福利、市政公用等公共事业的需要；

（四）由政府组织实施的保障性安居工程建设的需要；

（五）由政府依照《中华人民共和国城乡规划法》有关规定组织实施的对危房集中、基础设施落后等地段进行旧城区改建的需要；

（六）法律、行政法规规定的其他公共利益的需要。

49. 政策性原因关闭企业应该给予补偿吗

一般认为，“政策”是为了实现特定目标而规定的，调整各种关系的路线、方针、规范和措施的统称。法律是由国家制定或认可并由国家强制力保证实施的具有普遍效力的行为规范体系。从属性、实施方式方面来看，政策与法律存在较为明显的区别。法律具有鲜明的强制性和惩罚性，依靠强制力使人们普遍遵从。政策不一定以强制力为后盾，主要通过思想工作、宣传教育、纪律等方式贯彻执行。虽然国家政策具有一定的强制力，但强制力较弱，政府对违反政策的人只能通过行政手段予以处分。

具体到政策性搬迁，目前多是因公共利益、城市规划、环境保护、生态修复、灾后重建等开展，其存在较为明确的公共利益属性，在实践中也多是以强制的方式推进。

关于政策性关停企业的法律性质，需要区分不同情况进行认定：行政机关以企业违法为由给予关停的，按行政处罚定性；行政机关以企业建筑（厂房等）违法而强制拆除的，按行政强制执行定性；行政机关承认企业合法只是为了公共利益的需要而进行关停的，按行政征收定性；为了防疫或抗洪等紧急需要而关停企业的，按应急处置措施对待；按照协议规定到期收回项目的，按合同履行定性……要定性为某类行为，就必须对照对应性法律作合法性审查。[①]

对行政机关来说，如果确实需要关停某一企业，则要按照企业所处实际情况，对应地依法作出某一种行政决定，防止和避免作出“政策性关停”决定。

如果企业确实违法，应当依法关停，就应当由具有行政处罚权的行政机关依照《中华人民共和国行政处罚法》第九条第（四）项和对应单行法律的具体规定作出“责令停产停业”的行政处罚决定，并且严格遵循行政处罚法规定的程序。

如果企业的厂房等建筑属于违法建筑而必须强制拆除，就必须由行政机关依照《中华人民共和国行政强制法》第四章第一节规定（第三十四条至第四十四条），特别是第四十四条的特别规定，依法作出并送达一个责令限期拆除的“基础决定”；当事人逾期不自我拆除的，制作和送达《催告书》，催告当事人自我履行；听取当事人的陈述和申辩意见；经催告，当事人逾期仍不拆除违法建筑，并既不申请行政复议又不提起行政诉讼的，行政机关应当作出《强制执行决定》；实施强制拆除前的公告；由具有行政强制执行权的行政机关实施强制执行或者依法申请人民法院强制执行。

如果行政机关承认企业合法只是为了公共利益的需要而进行关停，就要按行政征收处理。按行政征收处理，必须符合三个条件：一是确实出于公共利益的需要，二是有明确的征收法律（狭义）依据，三是必须依法给予公平合理的补偿。

如果为了防疫或抗洪、处理社会突发事件等紧急需要而关停企业，就要按应急处置措施对待。按应急处置措施对待，应当依照《中华人民共和国突发事件应对法》第七条、第四十九条以及有关法律的对应规定，由县级以上人民政府确认和宣布应急状态，由履行统一领导职责的人民政府采取有关应急处置措施。

如果企业的生产经营属于行政机关与企业之间签订的行政协议，因协议

---

① 胡建淼．地方政府对企业的“政策性关停”属于什么行政行为？［EB/OL］．(2023-12-11)．https://mp.weixin.qq.com/s/ZqJD-XmVWbFA04QS24r5dQ.

到期需要收回项目而关停企业，那要按照行政协议纠纷进行处理，行政机关应当参照最高人民法院《关于审理行政协议案件若干问题的规定》办理：催告当事人履行行政协议；当事人仍不履行行政协议所规定义务，行政机关就作出一个书面决定，责令当事人履行协议；当事人仍不履行的，由行政机关申请人民法院强制执行。[①]

案例

湖南省某砖厂诉湖南省某县人民政府及湖南省某县科技和工业信息化局行政强制及行政赔偿案

法院经审查认为，关闭取缔不符合国家产业政策粘土砖企业，是事关安全生产、生态保护和环境资源有效利用的专项工作，有利于促进国民经济和社会的发展，应当依法开展并注重砖厂权人的权益保护。虽然现行立法未对不符合国家产业政策粘土砖企业的关闭退出工作及程序作出具体、明确的规定，但在实践中仍应遵守正当程序与法治秩序的基本要求。湖南省淘汰落后产能和企业兼并重组工作领导小组办公室《关于落实中央环保督察反馈意见全面取缔违反法律法规及不符合国家产业政策粘土砖企业的督办函》（湘淘汰落后办〔2017〕19号）、郴州市淘汰落后产能工作领导小组办公室《郴州市依法整顿取缔粘土砖企业专项行动工作方案》（郴淘汰落后办〔2017〕1号）等文件从实际出发，对不符合国家产业政策粘土砖企业退出条件、程序和步骤进行了规定，应当作为被诉行政行为合法性的判断标准。

…………

湖南省某砖厂因公共利益而关闭退出，因此，所受直接损失有权利主张公平合理的补偿。湖南省某县人民政府应在一定期限内与湖南省某砖厂就有关补偿问题进行协商，协商不成的，应尽快就补偿金额、如何采取补偿措施等相关问题作出相应的补偿决定。二审法院责令湖南省某县人民政府在判决生效后六十日内对华盛砖厂的补偿问题作出处理，并无不当。湖南省某县人民政府在

① 胡建淼．地方政府对企业的“政策性关停”属于什么行政行为？［EB/OL］．（2023-12-11）．https://mp.weixin.qq.com/s/ZqJD-XmVWbFA04QS24r5dQ.

下一步对湖南省某砖厂转型发展，以及土地与附属设施再利用再开发时，应当充分考虑其因维护公共利益配合关闭退出而客观存在的间接损失，积极落实关闭取缔砖厂后存量土地和企业转产政策，促进产业优化转型，多措并举，最大限度减少其间接损失。

法律规定

《国有土地上房屋征收与补偿条例》

第二条 为了公共利益的需要，征收国有土地上单位、个人的房屋，应当对被征收房屋所有权人（以下称被征收人）给予公平补偿。

第八条 为了保障国家安全、促进国民经济和社会发展等公共利益的需要，有下列情形之一，确需征收房屋的，由市、县级人民政府作出房屋征收决定：

（一）国防和外交的需要；

（二）由政府组织实施的能源、交通、水利等基础设施建设的需要；

（三）由政府组织实施的科技、教育、文化、卫生、体育、环境和资源保护、防灾减灾、文物保护、社会福利、市政公用等公共事业的需要；

（四）由政府组织实施的保障性安居工程建设的需要；

（五）由政府依照城乡规划法有关规定组织实施的对危房集中、基础设施落后等地段进行旧城区改建的需要；

（六）法律、行政法规规定的其他公共利益的需要。

50. 因产业政策调整企业被关停如何补偿

产业政策的基本思想发端于工业社会初期，是国家为了实现一定的经济和社会目标对产业形成与发展进行干预的一系列政策的总称。历史经验表明，尽管各国的经济发展模式千差万别，但在推动经济发展的过程中都离不开产业政策这个重要的工具。[①]

作为国家宏观调控的重要机制，相关产业政策出台后，行政机关会参与并鼓励、引导政策实施，基于对政府的信赖，会有大批相关企业出现、发展，并形成一定的产业规模。但是，从长期来看，随着社会、经济、科技的发展，部分产业不再适应市场需求、环保不达标、资源消耗过大，国家或地方政府出于保护资源、改善生态环境、促进科学发展等目的，会进行产业政策调整，对现有的产业结构和产能进行优化。这些调整可能涉及环保、资源利用、产业结构优化等多个方面，目的是促进经济的可持续发展。然而，产业政策的调整常常会导致一些企业被迫关停。对于这些企业及其员工来说，如何获得合理的补偿成为一个重要问题。

被关停企业可以从以下几个方面主张自己的权益。

土地使用权、厂房、建筑物、构筑物及装修补偿。行政主体在实施政策性关停过程中，应对土地使用权、厂房、建筑物、构筑物及装修残值等进行评估，以确定其价值。这类不动产权益的补偿是关停类补偿中最重要的部分，值得特别关注。

人员安置与补偿费用。企业关停产生的员工工资、社保医保、经济赔偿金、安置补偿等，需要基于劳动合同进行相应补偿。

资产损失补偿。企业关停可能导致固定资产、设备、库存等资产无法得到合理利用或者转换为现金，造成直接经济损失。

预期违约责任的承担及预期盈利补偿。政策性关停可能会导致相对人无法履行与第三人之间的合同，或者承担该类合同的违约责任，在实施补偿时应当加以考虑。对于预期利润的问题，相对人应根据过往十二个月的平均利润或者同行业的平均利润主张。

“政策性关停”过程中的奖励。在实施政策性关停过程中，行政主体为了及时、高效地完成该类行政行为，往往会给予行政相对人一定的奖励。行政相对人完全可以在遵照行政主体的时限和要求进行关停或者搬迁时，要求行

---

① 荆棘 . 为什么需要产业政策［EB/OL］.（2017-12-15）.http://www.qstheory.cn/dukan/qs/2017-12/15/c_1122089228.htm.

政主体给予相应的奖励。

综上所述，对于因产业政策调整而关停的相关企业的补偿，行政机关应当先与涉案企业进行协商，协商不成的，依法作出补偿决定；在补偿决定作出后，相关涉案企业对补偿决定不服的，应当依据《中华人民共和国行政复议法》《中华人民共和国行政诉讼法》等法律的相关规定，在法定期限内提起相关行政复议或行政诉讼程序，以维护自身合法权益。

在实际操作中，政府应当依法依规进行产业政策调整，确保补偿机制的公正性和合理性。同时，企业和员工应当依法维护自身的合法权益，通过法律途径解决争议。通过政府、企业和员工的共同努力，可以实现产业政策调整、社会经济发展与企业权益保护的多赢。

案例

1. 刘某桃诉湖南省某县人民政府及第三人夏某强地矿补偿决定案

法院经审查认为，煤炭是我国的基础能源，煤炭产业健康有序发展事关我国能源安全和经济发展大局。本案中，湖南省某县人民政府根据湖南省政府办公厅《关于郴州市煤矿整顿关闭兼并重组整合总体规划的复函》规定，以及郴州市深化煤矿安全专项整治工作领导小组《关于进一步完善各县市区煤矿整顿关闭兼并重组整合规划的意见》（郴煤深整字〔2010〕5号），作出《关于关闭湖南省××煤业有限公司和××煤矿矿井的通知》（×政发〔2011〕4号）及《关于关闭湖南省××煤业有限公司和××煤矿矿井的通告》（×政通〔2011〕6号），决定对湖南省某煤业有限公司（以下简称“某煤业公司”）予以关停，符合上述文件要求，属于政策性关停。

《中华人民共和国行政许可法》第八条第二款规定，行政许可所依据的法律、法规、规章修改或者废止，或者准予行政许可所依据的客观情况发生重大变化的，为了公共利益的需要，行政机关可以依法变更或者撤回已经生效的行政许可。由此给公民、法人或者其他组织造成财产损失的，行政机关应当依法给予补偿。本案属于政策性关停引起的补偿案件，应给予某煤业公司公平合理的补偿，但该补偿应仅限于关闭退出造成的直接损失。湖南省某县人民政府1号补偿决定是综合考虑资产初步评估价《评估报告征求稿》、煤炭资源市场价和周边县市政策性关停煤矿补偿标准作出的，该评估报告并非正式的评估报告，欠缺形式要件，存在瑕疵，但该评估报告系湖南省某县人民政府通过公开招标选定评估机构作出，相对独立客观真实，湖南省某县人民政府采取多种方式向某煤业公司及曹某珠送达《评估报告征求稿》，充分保障了某煤业公司的知情权、协商权；补偿决定确定的金额也与同县及周边县市政策性关闭煤矿的补偿标准基本相当，故湖南省某县人民政府1号补偿决定并无不当，可以作为补偿依据。且本案并非个案，涉及其他县市关停的矿产，刘某桃主张的再审事由不能成立，不应予以支持。

需要指出的是，关于采矿权价值补偿，某煤业公司和刘某桃可根据《湖南省关闭煤矿采矿权价款矿山地质环境治理备用金退付和处置商业性煤炭探矿权补助方案》（湘国土资函〔2014〕307号）的规定，依法申请退付；湖南省某县人民政府应予积极配合，支持申报。

2. 湖南省某煤矿与湖南省某县人民政府地质矿产行政强制纠纷再审案

法院经审查认为，落后小煤矿关闭退出，是执行《国务院办公厅关于进一步加强煤矿安全生产工作的意见》（国办发〔2013〕99号）等文件要求，事关安全生产、生态保护和环境资源有效利用的专项工作，应依法开展并注重矿业权人的权益保护。虽然现行立法未对落后小煤矿关闭退出标准与程序作出具体、明确的规定，但在实践中仍应遵守正当程序与法治的基本要求。根据国办发〔2013〕99号文件和《国家安全监管总局等十二部门关于加快落后小煤矿关闭退出工作的通知》（安监总煤监〔2014〕44号）要求，湖南省人民政府办公厅出台《关于进一步加强煤矿安全生产工作的实施意见》（湘政办发〔2014〕38号）、湖南省落后小煤矿关闭退出工作领导小组办公室作出《关于印发〈湖南省落后小煤矿关闭工作总体方案〉的通知》（湘煤关退办〔2014〕1号）等文件，对落后小煤矿关闭退出条件、程序和步骤作了明确规定。上述文件可以作为被诉行政行为合法性的判断标准。

本案中，依照上述文件规定，湖南省某煤矿为生产能力6万吨/年的煤与瓦斯突出矿井，属于直接关闭煤矿之列，该煤矿对此也予以认可。湖南省某县人民政府作出18号关闭决定前，制定并公示了某县落后小煤矿关闭退出评分标准（讨论稿），征求了各家煤矿的意见，湖南省某煤矿也参加了评分标准的讨论。湖南省某县人民政府根据正式公布的《××县落后小煤矿关闭退出评分办法》及《××县落后小煤矿关闭退出工作实施方案》，通过对小煤矿进行评分确定湖南省某煤矿属于被关闭之列并予以公示。湖南省某煤矿并未在公示期间对结果提出异议。而后，湖南省落后小煤矿关闭退出工作领导小组办公室作出《关于××市落后小煤矿关闭退出总体方案的复函》（湘煤关退办函〔2014〕22号），同意关闭某市人民政府上报的包括湖南省某煤矿在内69处煤矿；湖南省某县人民政府根据该复函精神，于2014年10月14日作出18号关闭决定并在该县电视台予以公示；随后，湖南省某县人民政府多次与湖南省某煤矿就有关补偿问题进行协商；在协商未果、催告督促无效且政策规定的关闭验收时间将至之际，湖南省某县人民政府根据省、市、县三级政府关于县落后小煤矿关闭退出工作实施方案中规定的程序和方式，实施了封闭矿井行为。因此，湖南省某煤矿的整个关闭退出过程是多环节的综合过程，涉及不同主体不同行为，历经不同程序不同阶段，总体上符合国务院和湖南省人民政府相关文件的规定。该煤矿主张湖南省某县人民政府在整个关闭退出程序中未充分听取其陈述和申辩意见，径行关闭煤矿，造成其财产损失，但湖南省某县人民政府已在实施关闭行为之前与该煤矿多次协商，在协商未果的情况下，仅对矿井地下设施采取封闭措施，尚未超出必要的限度。整个关闭退出行为总体上符合法律和相关政策性文件规定的精神，不宜认定违法。

湖南省某煤矿因公共利益而被关闭退出，其有权利主张公平合理的补偿，但该补偿应仅限于因关闭退出造成的直接损失。本案资产评估报告显示，关闭退出时，湖南省某煤矿的实物资产共计2538.84万元，其中，井下资产为1011.71万元，井上资产为1527.13万元。由于该煤矿的井上资产并未因关闭退出而毁损，其实物价值仍然存在，可自行搬迁或另行处置，不宜纳入直接损失范围。因关闭行为对井上资产等造成的间接损失，湘应急联〔2019〕7号文件等相关文件已给予相应的政策扶持，即通过产能置换和存量土地利用政策，支持被关闭矿区土地再开发再利用，鼓励煤矿转型发展。湖南省某县人民政府也允诺该煤矿可在一定年限内继续按原用途和土地权利类型使用土地，并支持其利用井上资产发展现代农业、休闲产业等项目。因此，二审法院依据涉案政策性关闭奖补资金的文件，判决湖南省某县人民政府支付湖南省某煤矿奖补资金1060万元，已经可以弥补其因关闭退出造成井下资产1011.71万元的直接损失。对于湖南省某煤矿主张合伙份额转让价款、技改负债本息以及评估费、鉴定费、诉讼费等损失问题，已经包含在井上、井下等资产评估价格中。就采矿权价值补偿的问题，湖南省某煤矿可根据《湖南省关闭煤矿采矿权价款矿山地质环境治理备用金退付和处置商业性煤炭探矿权补助方案》(湘国土资函〔2014〕307号)规定，依法申请退付；湖南省某县人民政府业已承诺将积极配合、支持申报。

当然，湖南省某县人民政府在下一步对湖南省某煤矿剩余资产处置工作、转型发展以及申请采矿权价款退付、矿区土地与附属设施再利用再开发时，应当充分考虑该煤矿因维护公共利益配合关闭退出而客观存在的间接损失，积极落实关闭煤矿后存量土地和企业转产政策，促进产业优化转型，多措并举，最大限度减少该煤矿的间接损失。

法律规定

《中华人民共和国行政强制法》

第八条第二款 公民、法人或者其他组织因人民法院在强制执行中有违法行为或者扩大强制执行范围受到损害的，有权依法要求赔偿。

《中华人民共和国行政许可法》

第八条第二款 行政许可所依据的法律、法规、规章修改或者废止，或者准予行政许可所依据的客观情况发生重大变化的，为了公共利益的需要，行政机关可以依法变更或者撤回已经生效的行政许可。由此给公民、法人或者其他组织造成财产损失的，行政机关应当依法给予补偿。

（四）商铺拆迁

51. 什么是商铺

商铺的演变

商铺，作为商业活动的重要载体，在现代社会中扮演着不可或缺的角色。无论是繁华的商业街区，还是社区中的小型便利店，商铺都在为社会经济的发展贡献着力量。然而，商铺不仅仅是一个简单的经营场所，它在法律上更有着明确的定义和规范。本部分详细解读什么是商铺，以帮助读者更好地理解这一概念。

商铺，由“市”演变而来，《说文解字》将“市”解释为“集中交易之场所”，也就是今日之商铺。唐宋是中国封建社会鼎盛时期。唐朝时期，都城长安是当时东西文化、商贸交流的中心，长安东、西两市，商贾云集，店肆无数，商业十分繁荣。北宋时期，商铺和市场是分开的，首都东京（今开封）是当时最大的商业中心城市。据历史记载，（东京）东大街至新宋门，鱼市、肉市、漆器、金银铺最为集中；西大街至新郑门有鲜果市场、珠宝玉器行；皇城东华门外，无所不有。《清明上河图》翔实地记录了古代商铺、商业街市的景况。

在现代社会，商铺通常是指用于商业经营活动的固定场所。一般，沿街业主自建商铺或者住房改为商铺经营，是较为传统的模式，但是随着房地产市场尤其是商业地产的发展，一种来自国外的产权式商铺模式逐渐成为主流。

产权式商铺是所有权和经营权相分离的一种房地产经营形式，主要包括售后包租、出售使用权、出售收益权、长期租赁等模式。产权式商铺在社会财富积累与经济增长乏力的矛盾中得到发展，但超出了市场的承受度，加之缺乏有效的行政监管，导致法律风险频发，特别是在权利定性、合同关系及责任承担上存在较大争议。

但是，基于现实情况，产权式商铺由于出现时间较晚，并未出现大规模拆迁的情况，本部分主要讨论自建商铺和住改商两种传统商铺经营模式。

商铺的法律属性

商铺作为一种特殊的不动产，法律特征主要包括以下几个方面。

固定性：商铺具有固定的地理位置和物理形态，不能随意移动。

用途特定性：商铺主要用于商业经营活动，如零售、餐饮、服务等。

权利多样性：商铺的权利包括所有权、使用权、租赁权等，这些权利可以依据《中华人民共和国民法典》合同编的规定，进行转让、出租等。

《中华人民共和国民法典》合同编是规范商铺租赁、买卖等合同关系的重要法律依据。根据该法的规定，商铺租赁合同、买卖合同等应当依法订立，并受法律保护。《中华人民共和国民法典》合同编还规定了合同的履行、变更、解除等事项，保障了合同当事人的合法权益。

《中华人民共和国城市房地产管理法》是规范城市房地产开发、经营、管理的重要法律依据。根据该法的规定，商铺作为城市房地产的一部分，开发、经营、管理应当符合城市规划和土地使用的相关规定。

可以证明商铺合法性的材料

房屋权属证明。房屋权属证明的表现形式一般为房产证或不动产权证，其中会载明房屋的用途是商业、住宅、办公等。如果房产证用途出现登记错误，则可以向不动产登记中心提供该房屋用于经营的证据，及时进行不动产更正登记。

营业执照、纳税证明。如果房屋权属证明中没有实际载明商用的字样，则可以通过提供营业执照、纳税证明，证明房屋实际用于经营用途，申请按照商业用房进行征收补偿。

如果该区域已经作出征收决定，商铺所有权人发现不动产权证 / 房产证登记有误（如登记用途为住宅或办公等），是否可以申请不动产更正登记？

《国有土地上房屋征收与补偿条例》第十六条规定：“房屋征收范围确定后，不得在房屋征收范围内实施新建、扩建、改建房屋和改变房屋用途等不当增加补偿费用的行为；违反规定实施的，不予补偿。房屋征收部门应当将**前款所列事项书面通知有关部门暂停办理相关手续**。暂停办理相关手续的书面通知应当载明暂停期限。暂停期限最长不得超过1年。”由此可见，法律明确规定了在房屋征收范围确定后再改变房屋用途的行为不予更正登记，但假设房屋一直用作商业用途，仅是登记错误，为了维护商铺所有权人、经营权的合法权益，还是可以依据《不动产登记暂行条例实施细则》（2024年修正）第七十九条规定，向不动产登记中心提供相关权属证书、证实登记确有错误的材料等必要材料，申请更正登记。在征收范围确定后，征收范围内所有建筑物都暂停办理相关手续系对上述法律规定的错误理解。

案例

袁某风、广州市某区人民政府城乡建设行政管理案

法院经审查认为，《中华人民共和国行政诉讼法》第二十五条第一款规定，行政行为的相对人以及其他与行政行为有利害关系的公民、法人或者其他组织，有权提起诉讼。也就是说，只要与被诉行政行为有利害关系，就具有原告资格。所谓“有利害关系”，是指被诉行政行为有可能对起诉人的权利义务造成区别于其他人的特别损害或者不利影响。房屋征收案件中，若承租人在被征收的房屋上有不可分割的添附或依法独立在其承租房屋开展经营活动，强制拆除房屋行为就有可能对承租人在房屋上的添附、承租人屋内物品或其正当行使的经营权造成不同于其他人的特别损害或不利影响，应当认为承租人与该行政行为有利害关系，具有原告资格。本案中，袁某风提起行政诉讼，请求确认拆除其租赁房屋的行为违法，其提供了承租房屋进行装修、用于经营活动的初步证据材料，证明广州市某镇人民政府、某区人民政府实施的强制拆除租用房屋行为，可能侵犯其合法财产权益。袁某风与被诉的拆除行为有利害关系，具有本案原告资格。一审、二审裁定认为，袁某风与被诉拆除房屋强制执行行为没有利害关系，不具有原告资格，属于适用法律错误，法院予以纠正。

此外，《中华人民共和国行政诉讼法》第四十九条规定，提起诉讼应当符合法定条件。本案中，袁某风具有本案原告资格；涉案房屋至2017年6月完成全区域的拆除，袁某风在拆除完成后的六个月内向一审法院提起诉讼，其起诉并未超过法定六个月的起诉期限；广州市某区人民政府设立的临时机构某征地拆迁建设指挥部征地拆迁组第3小组对该区域的拆除活动发出通知要求承租户限期腾空房屋，因该征地拆迁建设指挥部不具有行政主体资格，其作出的行政行为效力应当由广州市某区人民政府承担，而广州市某镇人民政府实施拆除活动，所以广州市某镇人民政府、广州市某区人民政府是本案的适格被告；以广州市某镇人民政府、广州市某区人民政府为被告提起行政诉讼，由广州铁路运输中级法院集中管辖，不违反《中华人民共和国行政诉讼法》中关于管辖的规定。因此，袁某风的起诉符合法定条件。

52. 商铺拆迁的补偿方式、标准和程序

商铺拆迁补偿方式

房屋征收，是指政府为了公共利益的需要，依法对公民、法人或者其他组织的房屋进行征收，并给予相应补偿的行为。在房屋征收过程中，商铺作为一种特殊的房屋类型，补偿方式具有一定的特点。

根据《国有土地上房屋征收与补偿条例》第二十一条第一款规定，被征收人可以选择货币补偿，也可以选择房屋产权调换。因此，商铺的安置补偿也应该依法提供货币补偿和房屋置换两种方式供被征收人选择。

实践中，在征收方发布的安置补偿方案中常常出现，非住宅房屋实行货币补偿的规定。换言之，不提供产权调换的选择。这主要是因为，修建商铺需要使用商服用地，而商服用地在总量、规划上都有相当的限制。如果提供现有商铺进行置换，又存在位置、预期收益等方面的差异，那么对于征收方来说是一件“吃力不讨好”的事，反而不如直接给货币补偿。但是，从严格意义上说，商铺拆迁仅仅提供货币补偿一种方式是不符合法律规定的。

需要提醒商铺被征收人的是，在一些地方，征收方为了尽快推进签约进

度，会对商铺产权人作一些虚假承诺，甚至在协议中约定给予产权置换，但是真正到建设项目推进过程中，会以规划调整等理由告知被征收人，商业项目不建设了，再进行货币补偿的协商，或者承诺的单独产权商铺变更为底商，等等。被征收人一定要注意征收人这种欺诈的方式与其签订协议。

补偿标准的确定

在房屋征收过程中，商铺补偿标准的确定是一个复杂的问题。《国有土地上房屋征收与补偿条例》第十九条第一款规定，“被征收房屋的价值，由具有相应资质的房地产价格评估机构按照房屋征收评估办法评估确定”。评估机构应当独立、公正地进行评估，确保补偿金额的合理性和公正性。

评估机构的选择

评估机构的选择应当遵循公开、公正的原则。《国有土地上房屋征收与补偿条例》第二十条第一款规定，房屋征收部门应当将评估机构的名单在房屋征收范围内公告，由被征收人协商选定评估机构；协商不成的，通过多数决定、随机选定等方式确定评估机构。

评估方法的确定

评估方法的确定应当符合相关法律法规的规定。《国有土地上房屋征收评估办法》规定，房屋征收评估应当采用市场比较法、收益法、成本法等评估方法，结合被征收房屋的实际情况，合理确定被征收房屋的市场价值。

评估结果的公示

评估结果的公示应当确保透明、公正。《国有土地上房屋征收与补偿条例》规定，房屋征收部门应当将评估结果在房屋征收范围内公告，公告期不得少于10日。被征收人对评估结果有异议的，可以在公告期内提出复核申请。

补偿程序

在房屋征收过程中，商铺补偿程序应当遵循合法、公正的原则。根据《国有土地上房屋征收与补偿条例》的规定，补偿程序主要包括以下步骤。

征收决定作出

房屋征收决定应当由市、县级人民政府作出。《国有土地上房屋征收与补偿条例》规定，市、县级人民政府作出房屋征收决定前，应当组织有关部门对征收补偿方案进行论证，并予以公布，征求公众意见。

征收补偿协议签订

房屋征收部门应当与被征收人签订征收补偿协议。《国有土地上房屋征收与补偿条例》第二十六条第一款规定："房屋征收部门与被征收人在征收补偿方案确定的签约期限内达不成补偿协议的，由房屋征收部门报请作出房屋征收决定的市、县级人民政府依照本条例的规定，按照征收补偿方案作出补偿决定，并在房屋征收范围内予以公告。"

补偿款支付

房屋征收部门应当按照征收补偿协议或者补偿决定支付补偿款。《国有土地上房屋征收与补偿条例》规定，房屋征收部门应当按照征收补偿协议或者补偿决定的约定，及时支付补偿款。

搬迁和安置

被征收人应当按照征收补偿协议或者补偿决定的约定，及时搬迁。《国有土地上房屋征收与补偿条例》第二十七条第二款规定："被征收人应当在补偿协议约定或者补偿决定确定的搬迁期限内完成搬迁。"

在房屋征收过程中，商铺的补偿方式具有一定的特殊性。根据《国有土地上房屋征收与补偿条例》的规定，商铺的补偿方式主要包括被征收房屋价值的补偿，搬迁、临时安置的补偿，停产停业损失的补偿，以及产权调换。在具体实施过程中，应当遵循合法、公正的原则，确保被征收人的合法权益得到充分保障。

法律规定

《中华人民共和国宪法》

第十三条第三款 国家为了公共利益的需要，可以依照法律规定对公民的私有财产实行征收或者征用并给予补偿。

《中华人民共和国民法典》

第二百四十三条 为了公共利益的需要，依照法律规定的权限和程序可以征收集体所有的土地和组织、个人的房屋以及其他不动产。

征收集体所有的土地，应当依法及时足额支付土地补偿费、安置补助费以及农村村民住宅、其他地上附着物和青苗等的补偿费用，并安排被征地农民的社会保障费用，保障被征地农民的生活，维护被征地农民的合法权益。

征收组织、个人的房屋以及其他不动产，应当依法给予征收补偿，维护被征收人的合法权益；征收个人住宅的，还应当保障被征收人的居住条件。

任何组织或者个人不得贪污、挪用、私分、截留、拖欠征收补偿费等费用。

《国有土地上房屋征收与补偿条例》

第十七条 作出房屋征收决定的市、县级人民政府对被征收人给予的补偿包括：

（一）被征收房屋价值的补偿；

（二）因征收房屋造成的搬迁、临时安置的补偿；

（三）因征收房屋造成的停产停业损失的补偿。

市、县级人民政府应当制定补助和奖励办法，对被征收人给予补助和奖励。

第十九条第一款 对被征收房屋价值的补偿，不得低于房屋征收决定公告之日被征收房屋类似房地产的市场价格……

第二十一条第一款、第二款 被征收人可以选择货币补偿，也可以选择房屋产权调换。

被征收人选择房屋产权调换的，市、县级人民政府应当提供用于产权调换的房屋，并与被征收人计算、结清被征收房屋价值与用于产权调换房屋价值的差价。

第二十三条 对因征收房屋造成停产停业损失的补偿，根据房屋被征收前的效益、停产停业期限等因素确定。具体办法由省、自治区、直辖市制定。

53. 商铺补偿为什么比住宅要多

在拆迁补偿中，商铺通常比住宅享有更高的补偿标准，主要是因为商铺作为经营用房，价值比住宅价值高。另外，商铺拆迁补偿不仅包括房屋本身的价值补偿，还涵盖搬迁导致的经营损失、设备搬迁损失、装饰装修费以及停产停业损失等多个方面的补偿。这些补偿项目的加入，显著提高了商铺的整体补偿金额。

在商铺的征收拆迁中，补偿款项分为四个部分。

一是房屋的重置补偿价，即房屋价值的补偿。一般来说，房屋的价值补偿根据被拆迁房屋的区位、用途、建筑面积等因素，参照房地产市场评估价格确定。值得被征收人注意的是，这里的“市场评估价格”是指不得低于房屋征收决定公告之日被征收房屋类似房地产的市场价格。而产权调换则是指依照规定，计算被拆迁房屋的补偿金额和调换房屋的价格，结清产权调换的差价。

二是房屋周转补偿费。房屋周转补偿费包括搬迁补助费、临时安置补助费（如征收方提供安置房除外）、超过过渡期的临时安置补助费等费用。搬迁补助费和临时安置补助费一般由各地确定具体数额及计算方式。

三是停产停业损失补偿。只要被拆迁人的商铺合法经营，有相关经营手续，如营业执照、纳税证明等能够证明有实际营业经营行为，在拆迁中就应当给予其停产停业损失补偿。

四是奖励费用。为了让被搬迁人尽快搬离，配合拆迁单位处理好拆迁事宜，工程能加紧进度，拆迁方往往会对提早搬离的被拆迁户给予一定的奖励。实际上，这里所说的“奖励”，只是为了让被拆迁人早日搬迁的一个名目而已，“羊毛出在羊身上”，实际上，就是应当给予被拆迁人的补偿数额。

总之，在实际拆迁过程中，在同等区位、同等地段，商铺拆迁的补偿一般要比住宅拆迁的补偿多，因为，其补偿考虑了商铺的商业价值、地理位置、经营损失等多重因素，这些因素共同构成了商铺高额补偿的合理性。

案例

陈某柱与湖南省长沙市某区人民政府、湖南省长沙市某区城市房屋征收和补偿管理办公室再审审查与审判监督案

关于一审判决驳回陈某柱室内物品损失的赔偿请求事实根据是否充分。一审判决认可陈某柱提出的赔偿请求，并引用了国家赔偿法，但将案由写为“房屋征收补偿纠纷”，只字不提湖南省长沙市某区人民政府、湖南省长沙市某区城市房屋征收和补偿管理办公室违法强拆导致的陈某柱财产损失的赔偿问题，遗漏了赔偿请求。

陈某柱系对涉案房屋有重大添附的承租人，其与涉案征收行为具有利害关系，属于政府实施征收补偿中的行政相对人。湖南省长沙市某区人民政府、湖南省长沙市某区城市房屋征收和补偿管理办公室不顾陈某柱的反对，以涉案征收补偿协议拆除涉案房屋，应认定为强制拆除。

根据《中华人民共和国行政诉讼法》第三十八条“在行政赔偿、补偿案件中，原告应当对行政行为造成的损害提供证据。因被告的原因导致原告无法举证的，由被告承担举证责任”的规定，本案中，征收部门在强拆时，拉了警戒线、封了围挡，并安排了大量人员严密把控，导致陈某柱无法充分有效地取证，在陈某柱已经提交了“记载室内固定装修项目、库存商品的公证书、围挡预通知、围挡通知及围挡照片以及盘点表、物品损失清单”等证据的情况下，应由湖南省长沙市某区人民政府、湖南省长沙市某区城市房屋征收和补偿管理办公室承担举证责任，提供拆除房屋时室内装饰装修及有关物品情况的证据。一审举证责任分配不当，判决驳回陈某柱室内物品损失赔偿请求，证据不足。

关于停产停业损失。征收导致承租人无法继续经营而产生的停产停业损失，应补偿给承租人。关于停产停业期限及损失的计算，《湖南省实施〈国有土地上房屋征收与补偿条例〉办法》第十四条规定，征收生产、经营性用房，造成被征收人停产停业直接损失的，每月按照被征收房屋评估价值的7‰给予补偿。停产停业期限，按照实际停产停业的月数计算确定。本案中，涉案补偿协议中停产停业费计算六个月。一审结合陈某柱经营规模及再次经营的时间损耗，认为“陈某柱承租的××东路（综合楼）×号×栋1、2层房屋评估价格为27977355元，酌情认定2350098元”有事实及法律依据，无明显不当。

关于搬迁奖及搬迁费。《长沙市轨道交通3号线一期工程城南路征收补偿方案》规定，在房屋征收决定公告发布之日起30日内，被征收人签订补偿协议并按约定时间腾空房屋的，按被征收房屋合法建筑面积奖励200元/平方米；在房屋征收决定公告发布之日起31日到60日内，被征收人签订补偿协议并按约定时间腾空房屋的，按被征收房屋合法建筑面积奖励100元/平方米。本案中，陈某柱不符合给予搬迁奖的条件，故对其该项诉请不予支持。关于搬迁费，一审根据经营规模及公证书中照片的内容，酌情认定为50000元，并无不当。

法律规定

《国有土地上房屋征收与补偿条例》

第十五条 房屋征收部门应当对房屋征收范围内房屋的权属、区位、用途、建筑面积等情况组织调查登记，被征收人应当予以配合。调查结果应当在房屋征收范围内向被征收人公布。

第十七条 作出房屋征收决定的市、县级人民政府对被征收人给予的补偿包括：

（一）被征收房屋价值的补偿；

（二）因征收房屋造成的搬迁、临时安置的补偿；

（三）因征收房屋造成的停产停业损失的补偿。

市、县级人民政府应当制定补助和奖励办法，对被征收人给予补助和奖励。

第十九条第一款 对被征收房屋价值的补偿，不得低于房屋征收决定公告之日被征收房屋类似房地产的市场价格。被征收房屋的价值，由具有相应资质的房地产价格评估机构按照房屋征收评估办法评估确定。

第二十一条 被征收人可以选择货币补偿，也可以选择房屋产权调换。

被征收人选择房屋产权调换的，市、县级人民政府应当提供用于产权调换的房屋，并与被征收人计算、结清被征收房屋价值与用于产权调换房屋价值的差价。

因旧城区改建征收个人住宅，被征收人选择在改建地段进行房屋产权调换的，作出房屋征收决定的市、县级人民政府应当提供改建地段或者就近地段的房屋。

第二十三条 对因征收房屋造成停产停业损失的补偿，根据房屋被征收前的效益、停产停业期限等因素确定。具体办法由省、自治区、直辖市制定。

《中华人民共和国土地管理法》

第四十八条第一款 征收土地应当给予公平、合理的补偿，保障被征地农民原有生活水平不降低、长远生计有保障。

54. 一层商业、二层及以上住宅拆迁怎么补偿

在实践中，特别是在一些小城镇和老旧城区，仍然大量存在住宅和经营性用房混合在一起的情况，多数是居民自建房或者祖宅，有的是临街商铺，后院居住；有的是一层商铺，二层及以上居住。商铺的用途不一，有的是对外出租，有的是自营，经营范围多为小餐馆、便利店、药房等。

在这些混合使用的建筑中，居民与商铺经营者之间的关系错综复杂。许多商铺的经营者本就是周边的居民，他们深知邻里之间的需求。这样的背景使商铺不仅是经济活动的场所，更是社区交流的纽带。居民和商铺之间形成了一种相互依存的关系。商铺提供了便利的服务，而居民的支持则是商铺生存的保障。

然而，这种混合使用的模式也面临着不少挑战。随着城市化进程的加快，很多小城镇面临拆迁改造的压力。政府希望通过集中开发提升城市形象和经济效益，但在这一过程中，许多家庭和小商铺可能面临失去居所和生计的

风险。

在拆迁过程中，如何平衡居民的安置与商铺的补偿，成了一个亟待解决的问题。许多小商铺因缺乏合法的经营手续，在补偿政策上处于不利地位。即便是那些有经营许可证的商铺，也由于补偿款项不足，无法弥补经济损失。

一层是用于商业经营、二层及以上用于居住的房屋，如何进行补偿更合理?

对于一层作为商铺的部分，应当依据《国有土地上房屋征收与补偿条例》的规定，向房屋所有者提供商铺置换和货币补偿两种方式供其选择，进行补偿。商铺置换应考虑商铺持续经营需要、客户分布情况、地理位置等因素，尽量提供回迁社区的商业配套房屋，便于其继续经营；货币补偿则需要依照一般商铺的补偿标准和内容，给予合理公平的补偿。

对于二层及以上作为住宅使用的部分，应按照普通住宅的标准进行安置补偿，同时尽可能考虑商铺后期经营的便利性，尽量安排和商铺在同一楼栋或者片区的住宅。

总之，针对一层商业、二层及以上住宅的混合使用模式，应充分考虑商铺的经营历史、市场价值和未来发展潜力，制定更细致、合理、人性化的补偿标准与机制，这不仅是对产权的尊重，也是对居民生活的关注。通过合法合理的补偿方案，既能保障居民权益，又能推动城市的健康发展，实现社会和谐。

案例

1. 彭某文诉宿州市某区人民政府行政赔偿案

关于房屋性质的确定。

《×× 安置区 1 # 区域房屋征收补偿实施方案》载明，沿街底层住宅，无合法证照但确属历史形成，连续经营十年以上，能提供营业执照、税务登记及纳税凭证的，沿街第一自然间按营业用房补偿安置；沿街二层房屋二层及以上，无论实际用途为何种性质，一律按住宅房补偿安置。国务院办公厅《关于认真做好城镇房屋拆迁工作维护社会稳定的紧急通知》(国办发明电〔2003〕42 号)规定，“对拆迁范围内产权性质为住宅，但已依法取得营业执照经营性用房的补偿，各地可根据其经营状况，经营年限及纳税等实际情况给予适当补偿”。本案中，彭某文认为，两处房屋的一层均为商业用房，A14号房屋的二层全部为住宅。彭某文虽未提交相关房屋的营业执照、税务登记及纳税凭证，但宿州市某区人民政府对其房屋的一层用于经营并无异议。从彭某文提交的测量图可以看出，A14 号房屋一层中的沿街一间为 80.56 平方米，A15 号房屋中的沿街一间为 69.2 平方米，因此，对 A14 号、A15 号房屋的一层沿街第一自然间的部分应认定为商业用房，即 149.76 平方米（80.56 平方米 +69.2 平方米），其余房屋 140.84 平方米（290.6 平方米 – 149.76 平方米）认定为住宅。

2. 舒某宇与长沙市某区人民政府房屋征收补偿决定案

舒某宇提出，其房屋二层也用于经营活动，应当按照商业用途标准予以补偿。原审法院认为，涉案房屋产权登记用途为其他。长沙市某区征收部门经向长沙市不动产登记中心咨询确定性质未果后，向该区规划部门去函核实确定涉案房屋性质为住宅。长沙市某区人民政府在作出涉案房屋征收补偿决定时，认定涉案房屋一层为商业，二、三层为住宅，并以此为基础委托评估确定房屋价值，并对房屋的商业经营给予停产停业损失补偿，该补偿方式对房屋用途的认定，虽与规划部门最终认定的房屋设计用途存在一定的出入，但考虑到长沙市某区征收部门进行调查时，一层房屋确实用于经营的实际，以及涉案房屋国有土地使用权存在经营、住宅的双重性质，房屋所有权证及内档资料记载房屋为二层等方面因素，从维护舒某宇基于信赖登记发证行为而产生的信赖利益、最大限度保障舒某宇房屋的补偿权益的角度来看，长沙市某区人民政府认定的房屋用途具备一定的合理性，该区下令以此为基础作出的补偿行为的法律效力，不宜予以否定。但舒某宇认为二层也应按商业用途标准补偿的理由缺乏事实和法律依据，不予采纳。

法律规定

《国有土地上房屋征收与补偿条例》

第二条 为了公共利益的需要，征收国有土地上单位、个人的房屋，应当对被征收房屋所有权人（以下称被征收人）给予公平补偿。

第十七条 作出房屋征收决定的市、县级人民政府对被征收人给予的补偿包括：

（一）被征收房屋价值的补偿；

（二）因征收房屋造成的搬迁、临时安置的补偿；

（三）因征收房屋造成的停产停业损失的补偿。

市、县级人民政府应当制定补助和奖励办法，对被征收人给予补助和奖励。

第二十条第二款 房地产价格评估机构应当独立、客观、公正地开展房屋征收评估工作，任何单位和个人不得干预。

第二十一条 被征收人可以选择货币补偿，也可以选择房屋产权调换。

被征收人选择房屋产权调换的，市、县级人民政府应当提供用于产权调换的房屋，并与被征收人计算、结清被征收房屋价值与用于产权调换房屋价值的差价。

因旧城区改建征收个人住宅，被征收人选择在改建地段进行房屋产权调换的，作出房屋征收决定的市、县级人民政府应当提供改建地段或者就近地段的房屋。

第二十五条第一款 房屋征收部门与被征收人依照本条例的规定，就补偿方式、补偿金额和支付期限、用于产权调换房屋的地点和面积、搬迁费、临时安置费或者周转用房、停产停业损失、搬迁期限、过渡方式和过渡期限等事项，订立补偿协议。

七、企业土地使用权收回相关问题

55. 企业土地使用权包括哪些类型

要了解企业土地使用权的类型，首先需要了解我国的土地制度及土地分类情况。根据不同的标准，土地有不同的分类，具体如下。

土地的分类

按照土地所有权，分为国有土地和集体土地

我国的社会主义公有制决定了土地所有权的主体只有两个，一个是国家，另一个是农民集体。任何其他个人或法人均不得拥有土地所有权。在法律上，城市市区的土地属于国家所有；农村和城市郊区的土地，除由法律规定属于国家所有的以外，其余属于农民集体所有；宅基地和自留地、自留山，属农民集体所有。

按照土地用途，分为农用地、建设用地和未利用地

农用地，是指直接用于农业生产的土地，包括耕地、林地、草地、农田水利用地、养殖水面等。

建设用地，是指建造建筑物、构筑物的土地，包括城乡住宅和公共设施用地、工矿用地、交通水利设施用地、旅游用地、军事设施用地等。

未利用地，是指农用地和建设用地以外的土地，如沙漠、冰川等。

按土地利用现状分为一级类 12 个、二级类 57 个（如表 7-1 所示）

表 7-1　按土地利用现状分类

三大类	一级类		二级类	
	类别编码	类别名称	类别编码	类别名称
农用地	01	耕地	0101	水田
			0102	水浇地
			0103	旱地
	02	园地	0201	果园
			0202	茶园
			0203	橡胶园
			0204	其他原地
	03	林地	0301	乔木林地
			0302	竹林地
			0303	红树林地
			0304	森林沼泽
			0305	灌木林地
			0306	灌丛沼泽
			0307	其他林地
	04	草地	0401	天然牧草地
			0402	沼泽草地
			0403	人工牧草地
	10	交通运输用地	1006	农村道路
	11	水域及水利设施用地	1103	水库水面
			1104	坑塘水面
			1107	沟渠
	12	其他土地	1202	设施农用地
			1203	田坎
建设用地	05	商服用地	0501	零售商业用地
			0502	批发市场用地
			0503	餐饮用地
			0504	旅馆用地
			0505	商务金融用地
			0506	娱乐用地
			0507	其他商服用地

续表

三大类	一级类		二级类	
	类别编码	类别名称	类别编码	类别名称
建设用地	06	工矿仓储用地	0601	工业用地
			0602	采矿用地
			0603	盐田
			0604	仓储用地
	07	住宅用地	0701	城镇住宅用地
			0702	农村宅基地
	08	公共管理与公共服务用地	0801	机关团体用地
			0802	新闻出版用地
			0803	教育用地
			0804	科研用地
			0805	医疗卫生用地
			0806	社会福利用地
			0807	文化设施用地
			0808	体育用地
			0809	公用设施用地
			0810	公园与绿地
	09	特殊用地	0901	军事设施用地
			0902	使领馆用地
			0903	监教场所用地
			0904	宗教用地
			0905	殡葬用地
			0906	风景名胜设施用地
	10	交通运输用地	1001	铁路用地
			1002	轨道交通用地
			1003	公路用地
			1004	城镇村道路用地
			1005	交通服务场站用地
			1007	机场用地
			1008	港口码头用地
			1009	管道运输用地
	11	水域及水利设施用地	1109	水工建筑用地
	12	其他土地	1201	空闲地

续表

三大类	一级类		二级类	
	类别编码	类别名称	类别编码	类别名称
未利用地	04	草地	0404	其他草地
	11	水域及水利设施用地	1101	河流水面
			1102	湖泊水面
			1105	沿海滩涂
			1106	内陆滩涂
			1108	沼泽地
			1110	冰川及永久积雪
	12	其他土地	1204	盐碱地
			1205	沙地
			1206	裸土地
			1207	裸岩石砾地

企业用地的归类

企业用地应为建设用地，所有权可能为国有，也可能为集体所有。

建设用地按用地性质一般分五类：商服用地、综合用地、住宅用地、工业用地和其他用地。企业用地可能是商服用地、工业用地，也可能是综合用地。

商服用地

商业用地，是指该宗地块规划的用地性质是用于建设商业服务业用房屋，出让后用地的使用年限为四十年。商业用地可细分为零售用地、住宿餐饮用地、商务金融用地、其他商服用地。

工业用地

工业用地，是指独立设置的工厂、车间、手工业作坊、建筑安装的生产场地、排渣（灰）场地等用地。工业用地进一步细分为一类工业用地、二类工业用地、三类工业用地。

一类工业用地：对居住和公共设施等环境基本无干扰与污染的工业用地，如电子工业、缝纫工业、工艺品制造工业等用地。

二类工业用地：对居住和公共设施等环境有一定干扰与污染的工业用地，如食品工业、医药制造工业、纺织工业等用地。

三类工业用地：对居住和公共设施等环境有严重干扰与污染的工业用地，如采掘工业、冶金工业、大中型机械制造工业、化学工业、造纸工业、制革工业、建材工业等用地。

综合用地

综合用地，是指不同用途的土地构成的土地，即同一宗地包含两种或两种以上不同用途的土地，例如，商业、居住综合用地，科研设计、办公综合用地等。

56. 国有建设用地使用权获取的方式有哪些

国有建设用地使用权的取得有划拨和有偿使用两种方式，其中，有偿使用方式包括出让、租赁和作价入股。目前，国有土地的供应方式以有偿使用方式为主，以有偿使用和划拨方式并存为基本思路。

国有土地的供应方式

国有土地划拨

土地使用权划拨，是指经县级以上人民政府依法批准后，在土地使用者依法缴纳了土地补偿费、安置补偿费及其他费用后，国家将土地交付给土地使用者使用，或国家将土地使用权无偿交付给土地使用者使用的行为。

建设单位使用国有土地，应当以出让等有偿使用方式取得。但是，下列建设用地，经县级以上人民政府依法批准，可以以划拨方式取得：国家机关用地和军事用地，城市基础设施用地和公益事业用地，国家重点扶持的能源、交通、水利等基础设施用地，法律、行政法规规定的其他用地。

划拨土地使用权的特点。第一，划拨土地使用权没有期限的规定。第二，划拨土地使用权不得转让、出租、抵押，即不得流转。如果需要转让、出租、抵押等，则应当办理土地出让手续或经政府批准。土地使用者不需要使用时，由政府无偿收回土地使用权。第三，对划拨土地使用权用途不得改变。要改变用途，需要经批准，并重新签订合同。不属于划拨范围的，要实行有偿使用。第四，取得划拨土地使用权不需要缴纳土地有偿使用费，只需要缴纳国家取得土地的成本和国家规定的税费。

综上所述，一般企业很难符合划拨取得土地的条件。

国有土地有偿使用

国有土地使用权出让。国有土地使用权出让，是指国家将一定年限内的土地使用权出让给土地使用者，由土地使用者一次性向国家支付土地使用权出让金和其他费用的行为。目前，国有土地出让方式一般有招标、拍卖、挂牌和协议四种形式。

招标出让土地使用权。招标出让土地使用权，是指在规定期限内，由符合规定的单位或个人（受让方），以书面投标的形式，竞投某块土地的使用权，土地使用权出让方评标决标、择优而取。招标的文件包括：招标通知书、投标指引（或招标须知）、投标书、中标证明通知书、土地使用权出让合同（含土地使用条件）等。

拍卖出让土地使用权。拍卖出让土地使用权，是指在指定的时间、地点，利用公开场合由政府的代表者——自然资源主管部门主持拍卖指定地块的土地使用权（也可委托拍卖行拍卖），由拍卖主持人首先叫出底价，其次竞买者轮番报价，最后价高者取得土地使用权。

挂牌出让土地使用权。挂牌出让国有土地使用权，是指市、县人民政府土地行政主管部门发布挂牌公告，按公告规定的期限将拟出让宗地的交易条件在指定的土地交易场所挂牌公布，接受竞买人的报价申请并更新挂牌价格，根据挂牌期限截止时的出价结果确定土地使用者的行为。

协议出让土地使用权。协议出让土地使用权，是指出让方与受让方（土地使用者）通过协商的方式有偿出让土地使用权。协议出让土地使用权，应先由用地者向政府提出用地申请，经批准后由出让方和受让方协商地价、出让年限、付款方式、付款期限以及土地使用条件，经双方协商达成一致后，签订土地使用权出让合同。

国家对土地出让的最高年限规定：居住用地七十年，工业用地五十年，教育、科技、文化、卫生、体育用地五十年，商业、旅游、娱乐用地四十年，综合或其他用地五十年。

国有土地使用权租赁。国有土地使用权租赁，是指国家将一定期限内的土地使用权让与土地使用者使用，而土地使用者按年度向国家缴纳租金的行为。这种方法解决了国有土地使用权出让中一些单位一次支付出让金有困难，或不需要长时期使用土地的难题，满足了中小投资者的需要。

国有土地使用权作价入股。国有土地使用权作价入股，是指将一定时期的国有土地使用权出让金作价，作为国家的投资计作国家的股份。这种方式在目前的国有企业改制改组中采用较多，既解决了国有土地资产流失问题，又为困难企业的改制改组创造了条件，主要适用于现有国有企业的划拨土地使用权需要改制的情况。

土地使用权的获得途径

哪些土地使用权可以通过划拨获得

对国家重点扶持的能源、交通、水利等基础设施用地项目，可以以划拨方式提供土地使用权。对以营利为目的，非国家重点扶持的能源、交通、水利等基础设施用地项目，应当以有偿方式提供土地使用权。

哪些土地使用权可以通过协议出让获得

根据《中华人民共和国土地管理法》《中华人民共和国城市房地产管理法》《协议出让国有土地使用权规定》等规定，以下土地使用权可通过协议出让方式获得。

商业、旅游、娱乐和商品住宅等各类经营性用地与工业用地以外用途的土地，其供地公告公布后同一宗地只有一个意向用地者的。

原划拨、承租土地使用权人申请办理协议出让，经依法批准，可以采取协议方式，但《国有建设用地划拨决定书》、《国有建设用地使用权租赁合同》、法律、法规、行政规定等明确应当收回土地使用权重新公开出让的除外。

划拨土地使用权转让申请办理协议出让，经依法批准，可以采取协议方式，但《国有建设用地划拨决定书》、法律、法规、行政规定等明确应当收回土地使用权重新公开出让的除外。

已出让、租赁土地申请改变用地规划条件的，经规划行政主管部门批准，可以采用协议方式，但《国有土地使用权出让合同》《国有土地使用权租赁合同》另有约定的除外。

出让的国有建设用地使用权人申请续期，可以采用协议方式。

在划拨供应的建设项目中，需要整体规划建设的配套项目，建设用地不能分割供应的，可以采用协议方式供应。

对无法单独确定规划条件实施供应的城市边角地、夹心地、插花地等，可以按规划部门批准的相邻建设用地规划条件，协议出让给该建设项目主体；利用地铁站（场）、公共服务设施、交通枢纽等公共空间进行上盖物业或多功能立体开发利用的，其建设用地使用权以协议方式出让给已经取得交通建设项目建设用地的使用权人；以协议方式取得的地铁站（场）、公共服务设施、交通枢纽等配套开发建设用地使用权，以自主开发为主，物业自持。

对营利性养老服务机构利用存量建设用地从事养老设施建设，涉及划拨建设用地使用权出让（租赁）或转让的，在原土地用途符合规划的前提下，可不改变土地用途，允许补缴土地出让金（租金），办理协议出让或租赁手续。

经营性文化事业单位转制为一般竞争性企业的，原生产经营性划拨用地可采用协议出让或租赁方式进行土地资产处置。

由于城市规划调整、经济形势发生变化、企业转型等，土地使用权人已依法取得的国有划拨工业用地补办出让、国有承租工业用地补办出让，符合规划并经依法批准，可以采取协议方式。

对因搬迁改造被收回原国有土地使用权的企业，经批准可采取协议出让方式，按土地使用标准为其安排同类用途用地。

企业改制（破产、兼并、合并等）时，未纳入企业改制资产的生产经营性建设用地使用权可以协议方式出让给改制文件确定的承接主体。

采矿、采石、采砂、盐田等地面生产和尾矿堆放用地，鼓励采取租赁方式，也可以协议方式出让。

历史违法用地，包括集体建设用地上已建成项目的，经行政部门处罚后，需完善国有建设用地供应手续的，可以采取协议方式出让。

人民法院生效法律文书和协助执行通知书要求办理国有建设用地手续，涉及出让的，可以采取协议方式出让给协助执行通知书明确的土地使用者。

法律、法规、行政规定明确可以协议出让的其他情形。

一共分为17类土地，土地使用权转让申请办理协议出让，必须经过相关部门的审批或者人民法院的执行通知书才可以进行，必须符合相关法律法规的规定。

哪些土地使用权必须通过招标、拍卖、挂牌获得

以下土地使用权必须通过招标、拍卖、挂牌获得：

商业、旅游、娱乐和商品住宅等各类经营性用地，以及有竞争要求的工业用地；

其他土地供地计划公布后同一宗地有两个或者两个以上意向用地者的；

划拨土地使用权改变用途，《国有建设用地划拨决定书》或法律、法规、行政规定等明确应当收回土地使用权，实行招标、拍卖、挂牌出让的；

划拨土地使用权转让，《国有建设用地划拨决定书》或法律、法规、行政规定等明确应当收回土地使用权，实行招标、拍卖、挂牌出让的；

出让土地使用权改变用途，《国有土地使用权出让合同》约定或法律、法规、行政规定等明确应当收回土地使用权，实行招标、拍卖、挂牌出让的；

法律、法规、行政规定明确应当招标、拍卖、挂牌出让的其他情形。

57. 企业国有土地被提前收回应该给予哪些补偿

企业国有土地使用权的取得方式有两种，一种为有偿出让取得，另一种为无偿划拨取得。对于有偿出让取得的国有土地使用权进行收回应当给予补偿并无异议，但是对于无偿划拨取得的国有土地使用权是否应当补偿、如何补偿，在实践中常常会出现争议。

哪些情形下可以收回国有土地使用权

国家依法保障土地使用者的合法权利，对土地使用者依法取得的土地使用权，在出让合同约定的使用年限届满前一般不得收回，但特殊情况下，国家可以依法收回国有土地使用权。根据《中华人民共和国土地管理法》第五十八条第一款规定，经有关人民政府批准，可以在以下情形下收回国有土地使用权。

一是为实施城市规划进行旧城区改建以及其他公共利益需要，确需使用土地的。为公共利益需要使用土地的，不管是划拨土地还是未到期的出让土地，经过政府批准后都可以收回国有土地使用权。

二是土地出让等有偿使用合同约定的使用期限届满，土地使用者未申请续期或者申请续期未获批准的。《中华人民共和国城市房地产管理法》与该规定进行了衔接，其第二十二条第一款规定，土地使用权出让合同约定的使用年限届满，土地使用者需要继续使用土地的，应当至迟于届满前一年申请续期，除根据社会公共利益需要收回该幅土地的，应当予以批准。

三是因单位撤销、迁移等原因，停止使用原划拨的国有土地的。按照法律法规的规定，国有划拨土地不得擅自出租、转让等，如果单位撤销，或迁移不再需要使用，则应当收回该土地使用权。需要注意的是，如果单位需要将土地和地上建筑物转让，则应当补办出让手续，对土地按有偿使用的办法处理。

四是公路、铁路、机场、矿场等经核准报废的。

收回国有土地使用权应该给予哪些补偿

关于收回国有土地，在法律上存在两种途径：一是存在地上建筑物或构筑物的，在征收地上建筑物或构筑物时，一并收回国有土地使用权；二是对于没有地上建筑物或构筑物的，只能单独收回国有土地使用权。在对存在合法建筑物或构筑物的国有土地使用权进行收回时，应按照《国有土地上房屋征收与补偿条例》的相关规定，循征收程序对相关建筑物或构筑物进行征收，并给予公平合理的补偿后，收回其占用的国有土地使用权。在对无合法建筑物或构筑物的国有土地使用权进行收回时，可以依据相关规定单独收回，而对提前收回的国有土地使用权，也应当给予相应的补偿。

国有土地使用权因取得方式不同，在收回时获得的补偿也会存在差异。

对于以出让方式取得的国有土地使用权，根据《中华人民共和国城市房地产管理法》第二十条规定，在特殊情况下，根据社会公共利益的需要，可以依照法律程序提前收回国有土地使用权，并根据土地使用者使用土地的实际年限和开发土地的实际情况给予相应的补偿。一般，应当根据土地面积、剩余土地使用年限、原批准用途、土地开发利用程度、城市规划限制等，参照市场地价水平经专业评估后予以补偿。

相较于出让土地使用权，划拨土地使用权的权利并不完整并受到一定限制。这点在对划拨土地使用权价格的评估中也有所体现。根据《城镇土地估价规程》的规定，该规程所指土地价格，其权利特征是出让土地使用权。划拨土地使用权价格是其特殊形式。划拨土地使用权价格与土地使用权出让金之和为出让土地使用权价格，也就是“划拨土地价格 = 出让土地价格 – 出让金”。

但是，有一种情况可以无偿收回国有土地使用权。根据《中华人民共和国土地管理法》第三十八条、《中华人民共和国城市房地产管理法》第二十六条及《闲置土地处置办法》第十四条规定，未动工开发满两年的，由市、县国土资源主管部门报经有批准权的人民政府批准后，向国有建设用地使用权人下达《收回国有建设用地使用权决定书》，无偿收回国有建设用地使用权。

案例

1. 辽宁省某市人民政府与张某贵及第三人某水库建设有限公司给付占地补偿费案

关于辽宁省某市人民政府收回案涉土地是否应当给予张某贵补偿的问题。《中华人民共和国土地管理法》第五十八条规定，有关人民政府自然资源主管部门报经原批准用地的人民政府或者有批准权的人民政府批准，可以收回国有土地使用权，为实施城市规划进行旧城区改建以及其他公共利益需要，确需使用土地的，对国有土地使用权人应当给予适当补偿。《中华人民共和国城市房地产管理法》第二十条规定，国家对土地使用者依法取得的土地使用权，在出让合同约定的使用年限届满前不收回；在特殊情况下，根据社会公共利益的需要，可以依照法律程序提前收回，并根据土地使用者使用土地的实际年限和开发土地的实际情况给予相应的补偿。据此，因社会公共利益需要收回国有土地使用权的，应当及时给予被征收人公平合理的补偿。国有土地使用权以出让方式供应的，应当根据土地面积、剩余土地使用年限、原批准用途、土地开发利用程度、城市规划限制等，参照市场地价水平经专业评估后予以补偿；收回的国有土地使用权以划拨方式供应的，参照评估的划拨土地使用权价格，核定土地使用者应有权益后予以补偿；确定补偿标准的基准日，原则上应当以行政主体作出收回决定的日期或者以收回土地事宜向社会公告的日期为准。中共中央、国务院于2016年11月4日发布的《关于完善产权保护制度依法保护产权的意见》第八条规定，土地、房屋等财产征收征用应遵循及时合理补偿原则，给予被征收征用者公平合理的补偿。划拨土地使用权也是土地使用者依法取得的土地使用权，不能仅以土地使用权系划拨方式取得为由，认定土地使用者无权获得土地使用权补偿。原审法院判决辽宁省某市人民政府收回张某贵依法取得的国有土地使用权，应当予以补偿，并无不当。

2. 曹某诉某市人民政府房屋征收补偿决定一案

关于涉案划拨土地使用权在征收程序中的评估及补偿问题。本案系国有土地上的房屋征收，作出征收决定的市、县级人民政府对被征收人曹某应依法给予补偿，其中包括被征收房屋价值的补偿。《国有土地上房屋征收评估办法》第十一条规定，被征收房屋价值是指被征收房屋及其占用范围内的土地使用权在正常交易情况下，由熟悉情况的交易双方以公平交易方式在评估时点自愿进行交易的金额，但不考虑被征收房屋租赁、抵押、查封等因素的影响。基于该规定，被征收房屋价值由两部分组成：一是被征收房屋本身的价值，二是房屋占用范围内的土地使用权价值。经查，曹某于1998年取得案涉房屋所有权和国有土地使用权。登记的土地权利人为曹某，面积为265.4平方米，用途为商业，使用权类型为划拨。本案的评估机构无论是中某公司还是苏某公司，在对曹某房地产价值的评估中均包含了土地使用权价值，发生争议的是如何对案涉划拨取得的土地使用权进行计价补偿。根据《中华人民共和国土地管理法》《中华人民共和国城市房地产管理法》等规定，我国目前城市规划区国有土地使用权的取得包括出让和划拨两种方式，相应地，可区分为出让土地使用权和划拨土地使用权。其中，《中华人民共和国城市房地产管理法》第八条和第二十三条第一款分别对“土地使用权出让”和“土地使用权划拨”作了明确规定。土地使用权出让，是指国家将国有土地使用权在一定年限内出让给土地使用者，由土地使用者向国家支付土地使用权出让金的行为。土地使用权划拨，是指县级以上人民政府依法批准，在土地使用者缴纳补偿、安置等费用后将该幅土地交付其使用，或者将土地使用权无偿交付给土地使用者的行为。出让土地使用权和划拨土地使用权，依据《中华人民共和国物权法》（已作废）的相关规定，都属于财产权，属于用益物权的一种。两者的主要区别在于，划拨土地使用权取得时没有向政府缴纳土地使用权出让金。因此，相较于出让土地使用权，划拨土地使用权的权利并不完整且受到一定限制。这点在对划拨土地使用权价格的评估中也有体现。根据《城镇土地估价规程》的规定，该规程所指土地价格，其权利特征是出让土地使用权。划拨土地使用权价格是其特殊形式。划拨土地使用权价格与土地使用权出让金之和为出让土地使用权价格。本案评估机构实际采取的就是“出让土地价格－出让金＝划拨土地价格”的方法。对于扣减的出让金，《划拨土地使用权管理暂行办法》第二十六条规定，土地使用权出让金，区别土地使用权转让、出租、抵押等不同方式，按标定地价的一定比例收取，最低不得低于标定地价的40%。标定地价由所在地市、县人民政府土地管理部门根据基准地价，按土地使用权转让、出租、抵押期限和地块条件核定。《江苏省城镇国有土地使用权出让和转让实施办法》作了类似规定，即补交土地使用权出让金不得低于地块标定地价的40%。本案是国有土地上的房屋征收，征收的实质就是国家为了公共利益的需要在法定情形下运用一定的行政强制性权力对私人财产的购买。因征收，本案被征收人的房屋所有权和土地使用权的权属主体将发生变更，被征收人失去相应的权利并因此获得补偿。因此，本案的征收属于《划拨土地使用权管理暂行办法》第七条第一款界定的“土地使用权转让”，即“土地使用者将土地使用权单独或者随同地上建筑物、其他附着物转移给他人的行为”。本案评估机构对划拨土地使用权作出的估计以及原审法院据此判决的补偿金额，具有法律依据。曹某的主张实际是要求将涉案划拨土地使用权与出让土地使用权等同对待，与我国法律和政策精神不符，法院不予支持。

法律规定

《中华人民共和国土地管理法》

第五十八条 有下列情形之一的，由有关人民政府自然资源主管部门报经原批准用地的人民政府或者有批准权的人民政府批准，可以收回国有土地使用权：

（一）为实施城市规划进行旧城区改建以及其他公共利益需要，确需使用土地的；

（二）土地出让等有偿使用合同约定的使用期限届满，土地使用者未申请续期或者申请续期未获批准的；

（三）因单位撤销、迁移等原因，停止使用原划拨的国有土地的；

（四）公路、铁路、机场、矿场等经核准报废的。

依照前款第（一）项的规定收回国有土地使用权的，对土地使用权人应当给予适当补偿。

《中华人民共和国城市房地产管理法》

第二十条 国家对土地使用者依法取得的土地使用权，在出让合同约定的使用年限届满前不收回；在特殊情况下，根据社会公共利益的需要，可以依照法律程序提前收回，并根据土地使用者使用土地的实际年限和开发土地的实际情况给予相应的补偿。

第二十六条 以出让方式取得土地使用权进行房地产开发的，必须按照土地使用权出让合同约定的土地用途、动工开发期限开发土地。超过出让合同约定的动工开发日期满一年未动工开发的，可以征收相当于土地使用权出让金百分之二十以下的土地闲置费；满二年未动工开发的，可以无偿收回土地使用权；但是，因不可抗力或者政府、政府有关部门的行为或者动工开发必需的前期工作造成动工开发迟延的除外。

《中华人民共和国民法典》

第三百五十八条 建设用地使用权期限届满前，因公共利益需要提前收回该土地的，应当依据本法第二百四十三条的规定对该土地上的房屋以及其他不动产给予补偿，并退还相应的出让金。

《闲置土地处置办法》

第十四条 除本办法第八条规定情形外，闲置土地按照下列方式处理：

（一）未动工开发满一年的，由市、县国土资源主管部门报经本级人民政府批准后，向国有建设用地使用权人下达《征缴土地闲置费决定书》，按照土地出让或者划拨价款的百分之二十征缴土地闲置费。土地闲置费不得列入生产成本。

（二）未动工开发满两年的，由市、县国土资源主管部门按照《中华人民共和国土地管理法》第三十七条和《中华人民共和国城市房地产管理法》第二十六条的规定，报经有批准权的人民政府批准后，向国有建设用地使用权人下达《收回国有建设用地使用权决定书》，无偿收回国有建设用地使用权。闲置土地设有抵押权的，同时抄送相关土地抵押权人。

58. 企业国有土地使用权到期后能否续期，如何续期

企业国有土地使用权的取得方式包括出让和划拨，划拨方式一般为国有企业或者大型公共项目，本身并不存在使用权期限的问题；一般企业的土地

使用权以出让方式取得，最高使用期限为五十年，一般工业用地为五十年，商业、旅游、娱乐用地为四十年。随着20世纪90年代出让的部分工业用地使用期限到期，企业必然面临着土地使用权续期的相关问题。因关乎企业的持续经营，土地使用权续期的问题也必须引起企业的关注。

企业国有土地使用权到期能否续期

《中华人民共和国民法典》第三百五十九条第二款规定，非住宅建设用地使用权期间届满后的续期，依照法律规定办理。

《中华人民共和国房地产管理法》第二十二条第一款规定，土地使用权出让合同约定的使用年限届满，土地使用者需要继续使用土地的，应当至迟于届满前一年申请续期，除根据社会公共利益需要收回该幅土地的，应当予以批准。经批准准予续期的，应当重新签订土地使用权出让合同，依照规定支付土地使用权出让金。

《城镇国有土地使用权出让和转让暂行条例》第四十一条规定，土地使用权期满，土地使用者可以申请续期。需要续期的，应当依照本条例第二章的规定重新签订合同，支付土地使用权出让金，并办理登记。

从上述法律法规的规定来看，企业国有土地使用权到期后可以申请续期，除非应公共利益的需要收回土地，一般应批准续期，重新签订土地使用权出让合同，支付出让金，并办理登记。

需要特别注意的是，鉴于非住宅建设用地续期与否对权利人利益影响巨大，法律、法规对续期都有规定和安排，土地使用者已经对续期具有信赖利益，因此，出让人对非住宅用地的续期应无自由裁量权，除社会公共利益外，必须允许续期。其对“公共利益”的界定可参照《国有土地上房屋征收与补偿条例》第八条的规定。

企业国有土地使用权到期后的处置

企业国有土地使用权到期后，处置方式主要有两种：一是批准续期，二是国家收回。

批准续期

国有土地使用权续期一般按下列程序办理。

申请：土地使用权人提出土地使用权续期申请。

联审：自然资源部门组织发改、经信、环保、街镇等部门进行联审，考察是否符合土地节约集约利用政策，是否存在违法违规或闲置土地行为等。

报批：联审通过的项目，报政府审批。

公示：经政府研究同意的，向社会公示5~10天。

签订合同：公示无异议的，双方签订《国有建设用地使用权出让合同》，受让人缴纳合同约定价款。

权属登记：受让人办理土地变更登记。

国家收回

出让期限届满，用地单位未按规定申请续期或者续期申请未获批准的，建设用地无偿收回。企业应当交回土地使用权证，并依照规定办理国有建设用地使用权注销登记。地上建（构）筑物采取残值方式补偿。

案例

宣某成等诉浙江省某市国土资源局收回国有土地使用权案

被告某市国土局（现自然资源局）在作出通知时，虽然说明了该通知所依据的法律名称，但并未引用具体法律条款。在庭审过程中，被告辩称系依据《中华人民共和国土地管理法》（2004修正）第五十八条第一款作出被诉具体行政行为。《中华人民共和国土地管理法》（2004修正）第五十八条第一款规定："有下列情形之一的，由有关人民政府土地行政主管部门报经原批准用地的人民政府或者有批准权的人民政府批准，可以收回国有土地使用权：（一）为公共利益需要使用土地的；（二）为实施城市规划进行旧城区改建，需要调整使用土地的……"某市国土局作为土地行政主管部门，有权依照《中华人民共和国土地管理法》（2004修正）对辖区内国有土地的使用权进行管理和调整，但其行使职权时必须具有明确的法律依据。被告在作出通知时，仅说明是依据《中华人民共和国土地管理法》（2004修正）及浙江省的有关规定作出的，并未引用具体的法律条款，故其作出的具体行政行为没有明确的法律依据，属于适用法律错误。

本案中，某市国土局提供的某市发展计划委员会（现发展改革委员会）《关于同意扩建营业用房项目建设计划的批复》《建设项目选址意见书审批表》《建设银行 ×× 分行扩建营业用房建设用地规划红线图》等有关证据，难以证明其作出的通知符合《中华人民共和国土地管理法》（2004 修正）第五十八条第一款规定的“为公共利益需要使用土地”或“实施城市规划进行旧城区改建需要调整使用土地”的情形，主要证据不足，故被告主张其作出的通知符合《中华人民共和国土地管理法》（2004 修正）规定的理由不能成立。根据《中华人民共和国行政诉讼法》及其相关司法解释的规定，在行政诉讼中，被告对其作出的具体行政行为承担举证责任，被告不提供作出具体行政行为时的证据和依据的，应当认定该具体行政行为没有证据和依据。

综上所述，被告作出的收回国有土地使用权具体行政行为主要证据不足，适用法律错误，应予撤销。

法律规定

《中华人民共和国民法典》

第三百五十九条　住宅建设用地使用权期限届满的，自动续期。续期费用的缴纳或者减免，依照法律、行政法规的规定办理。

非住宅建设用地使用权期限届满后的续期，依照法律规定办理。该土地上的房屋以及其他不动产的归属，有约定的，按照约定；没有约定或者约定不明确的，依照法律、行政法规的规定办理。

《中华人民共和国房地产管理法》

第二十二条　土地使用权出让合同约定的使用年限届满，土地使用者需要继续使用土地的，应当至迟于届满前一年申请续期，除根据社会公共利益需要收回该幅土地的，应当予以批准。经批准准予续期的，应当重新签订土地使用权出让合同，依照规定支付土地使用权出让金。

土地使用权出让合同约定的使用年限届满，土地使用者未申请续期或者虽申请续期但依照前款规定未获批准的，土地使用权由国家无偿收回。

《中华人民共和国城镇国有土地使用权出让和转让暂行条例》

第十二条 土地使用权出让最高年限按下列用途确定：

（一）居住用地七十年；

（二）工业用地五十年；

（三）教育、科技、文化、卫生、体育用地五十年；

（四）商业、旅游、娱乐用地四十年；

（五）综合或者其他用地五十年。

第三十九条 土地使用权因土地使用权出让合同规定的使用年限届满、提前收回及土地灭失等原因而终止。

第四十条 土地使用权期满，土地使用权及其地上建筑物、其他附着物所有权由国家无偿取得。土地使用者应当交还土地使用证，并依照规定办理注销登记。

第四十一条 土地使用权期满，土地使用者可以申请续期。需要续期的，应当依照本条例第二章的规定重新签订合同，支付土地使用权出让金，并办理登记。

八、企业拆迁常见套路与误区

59. 企业拆迁的常见套路及对策

相对于普通的自然人，企业作为被拆迁一方，在合规经营、依法应对拆迁方面，有着更完善的制度设计、更专业的人员配置，但是，在面对拆迁方的压力及各类套路时，仍然需要警惕。

用政策和红头文件向企业（主）施压

在企业拆迁的案例中，不少征收方以政策、政府安排为由，强调自己没有决策权，只是“跑腿送信的执行者”。企业想要在本地继续经营或者想要获得合理补偿，也不愿意顶着“违背政策”的“帽子”，往往会选择隐忍或者妥协，接受征收方不合理的补偿。

企业（主）在面临所谓的“政策施压”时，仍然需要站在自己的立场上权衡补偿是否合理。《中华人民共和国土地管理法》《中华人民共和国土地管理法实施条例》《国有土地上房屋征收与补偿条例》等法律法规对企业拆迁的补偿办法、补偿标准，都有着较为明确的规定，也为被拆迁企业提供了救济的途径。任何地方制定的所谓“政策”，也不能违背国家法律的规定，这是法治国家、法治政府、法治社会的基本要求。因此，企业（主）认为征收方给予的补偿标准过低，不能保障自己的合法权益时，要拿起法律的武器保护自己的合法权益。

通过断水、断电、断路等方式迫使企业（主）搬迁

尽管以断水、断电、断路等方式逼迫普通百姓搬迁的情况并不鲜见，也是很多企业（主）能够预料到的，但是在真正面对这些逼迁手段时，能坚持的企业（主）不多。这是因为，对普通百姓来说，断水、断电、断路还有应对的手段，自己运水、发电、翻墙通行，总是可以坚持一段时间的；但是，对企业来说，断水、断电、断路等于掐断了企业的生命线，如果无水、无电，

就无法进行正常的生产经营活动，等于宣告企业“死亡”，因此，企业（主）在面临断水、断电、断路的胁迫时，往往会选择妥协，接受征收方的补偿方案。

其实，《国有土地上房屋征收与补偿条例》明确规定，任何单位和个人不得采取暴力、威胁或违反规定中断供水、供热、供气、供电和道路通行等非法方式迫使被征收人搬迁。因此，企业（主）在遇到这种情况时可以立即打电话报警或及时启动法律程序，一味退缩与保持沉默，最终受损的只会是自己的合法权益。

以拆违代拆迁

以拆违代拆迁的情形，在企业拆迁中也很常见。企业（主）在早期创业时可能确实存在用地、建设不规范的问题，在后期扩产时也存在为抓住商机而匆忙上项目进而违反规划的可能，但很多情况未必是企业（主）本身的原因造成的，甚至有的是当地行政机关鼓励的。不过，征收方会抓住企业（主）在用地、建设方面的违规行为，以认定违建的方式逼迫企业（主）接受不合理的补偿，这不仅严重侵害了被拆迁人的财产，也让相关部门失去了公信力。

企业（主）在遇到这种情况时，首先，收集整理企业用地、建设方面的审批手续，自查是否存在违法违规情形；其次，如果有违法违规情形，则查清违法违规的原因，进而作出应对；最后，即使到了认定、拆除的阶段，也有权要求行政机关依照程序进行违建的认定、拆除，并明确自己的陈述、申辩、复议、诉讼等权利，拿起法律武器维护自己的合法权益。

在评估上面“做文章”

企业拆迁有别于普通的房屋征收，评估在确定被征收企业的补偿方面有着更重要的影响。一般的房屋征收补偿，评估主要体现在房屋价值的确定上，而在企业拆迁中，评估在企业不动产价值、停产停业损失、机器设备折旧的确定等方面都起着决定性的作用，因此，企业（主）必须特别关注评估机构的选择、评估的标准等关键性问题。

根据《国有土地上房屋征收与补偿条例》规定，评估机构由被拆迁人协商选定。如果被拆迁人未协商一致，则应按照少数服从多数的原则投票，或通过摇号、抽签等随机方式确定。然而，在实际的企业拆迁中，评估公司一般都是由拆迁方直接内定，且这些评估公司往往是与拆迁方长期合作的公司。拆迁方不让被拆迁企业参与选定，进而达到拆迁方控制评估结果的目的，最终可能导致评估价格普遍很低。

企业（主）要在得知选定评估机构的第一时间坚决主张选择权，若得不到满足，则可向市、县级人民政府进行举报，也可以以此为由针对征收补偿决定申请复议或者提起诉讼。

在企业拆迁中，常用的评估方法有市场法、收益法、假设开发法、成本法、基础地价法等。作为拆迁一方往往采用成本法，因为成本法会让其支付相对比较少的补偿款，从而达到利益最大化，但损害了被拆迁一方的利益。例如，一些被拆迁企业手续齐全且在正常营业当中，原则上是应通过收益法对其停产停业损失进行评估，然而拆迁方却采用成本法进行评估。这需要被拆迁企业经营者重点注意。

企业（主）要注意审查评估报告中对评估方法选择的表述及适用的对比参照对象，若无此方面信息或明显不公平、不合理，则要及时申请复核和专家委员会鉴定。

迂回战术，侧面施压

不少被拆迁企业都遭遇过伴随着拆迁而来的各种突击审查，如证照资质审查、税务审查、环保检查、消防检查、安全生产检查等。进行审查的部门总能从某个方面找出企业存在的问题，借此向企业施压，要求企业按照拆迁方给出的条件签字搬迁。

对于这种情况，一方面，被拆迁企业要做好预备工作，在专业人士的帮助下进行自我审查和查漏补缺的工作，尽量不给拆迁方留下把柄；另一方面，被拆迁企业要弄懂相应的法律规定，避免被拆迁方“忽悠”。

刑事手段介入拆迁施压

有些拆迁方会对评估机构施加压力，让其在入室丈量评估中，故意对被拆迁企业的房屋面积多计算一点，将本没有的机器设备添加上等。这样会使被拆迁企业落入拆迁方的圈套，拆迁方就以被拆迁企业与评估公司进行了串通合谋，要挟被拆迁企业，从而给被拆迁方造成压力，达到其低价位补偿的目的。需要指出的是，这种先给出一份高补偿协议作诱饵，进而通过追究被征收人“虚假提供材料以骗取补偿”法律责任相威胁，从而实现逼迁目的的做法在实践中并不鲜见。

因此，被征收人无论如何不可有贪念，且一定要盯紧评估机构提供的数据，避免签收事实认定不准确的报告，更不要基于这样的报告与征收方签订补偿安置协议。既不多拿也不少拿，才是征收维权之道。

法律规定

《国有土地上房屋征收评估办法》

第十三条第一款、第二款 注册房地产估价师应当根据评估对象和当地房地产市场状况，对市场法、收益法、成本法、假设开发法等评估方法进行适用性分析后，选用其中一种或者多种方法对被征收房屋价值进行评估。

被征收房屋的类似房地产有交易的，应当选用市场法评估；被征收房屋或者其类似房地产有经济收益的，应当选用收益法评估；被征收房屋是在建工程的，应当选用假设开发法评估。

《中华人民共和国行政强制法》

第三十四条 行政机关依法作出行政决定后，当事人在行政机关决定的期限内不履行义务的，具有行政强制执行权的行政机关依照本章规定强制执行。

第三十五条 行政机关作出强制执行决定前，应当事先催告当事人履行义务。催告应当以书面形式作出，并载明下列事项：

（一）履行义务的期限；

（二）履行义务的方式；

（三）涉及金钱给付的，应当有明确的金额和给付方式；

（四）当事人依法享有的陈述权和申辩权。

第三十六条 当事人收到催告书后有权进行陈述和申辩。行政机关应当充分听取当事人的意见，对当事人提出的事实、理由和证据，应当进行记录、复核。当事人提出的事实、理由或者证据成立的，行政机关应当采纳。

60. 企业拆迁中应该避免的误区

尽管相较于普通百姓，企业（主）在面临拆迁时有着更强的法律意识、应对策略，但是仍存在很多误区，比如，盲目相信关系、轻信口头承诺、高估自身影响力、缺乏必要准备、忽视法律重要性等。

盲目轻信所谓的“关系”

企业在前期招商引资、后期持续经营中，不可避免地要与当地的政府及各部门打交道。在“关系社会”中，很多企业经营者常常抱持“法律大问题解决不了，小问题用不上”想法，选择相信所谓的“关系”，认为自己和行政机关或者领导关系好，领导打个招呼，补偿问题就解决了。这种想法是要不得的。

当前的征收拆迁，无论是法律规定，还是程序规范，都已经相对完善，透明度也越来越高，自由操作的空间越来越小，相关征拆项目和负责人都会面临审计监督、监察监督，所以，所谓的“关系”能够起作用的空间越来越小。企业（主）应该依法维护自己的权益，切不可盲目相信“关系”。

轻信口头承诺

在企业拆迁过程中，征收方通常代表地方政府或相关管理部门，其首要任务是完成征收目标，为了快速达成协议而作出一些口头承诺，甚至可能在没有获得授权的情况下口头承诺一些优惠条件，而被征收的企业又因为信息不对称，不能作出正确判断。这种情况下，企业（主）务必冷静分析，理性判断，切勿盲目相信。

口头承诺虽然在某些情况下可以被视为一种有法律效力的承诺，但有着较高的证明标准。在后续出现纠纷时，口头承诺往往难以作为有效证据。在面对征收拆迁时，企业和个人应始终保持警惕，避免轻信口头承诺导致自身权益受损。

为了避免口头承诺导致的纠纷，企业应坚持将所有承诺和协议以书面形式明确记录。无论是补偿金额、安置条件，还是时间节点，都应在正式的合同中列明，并确保双方签字盖章，以形成法律效力。这不仅能保护自身权益，还能在后续出现问题时，作为依据进行维权。

高估自身影响力

在征收拆迁的过程中，一些在当地有一定影响力的企业，常常认为企业为当地税收、就业等作出了较大贡献，征收方会忌惮社会影响，不敢将自己怎么样，进而忽视了征收方的决策权和法律程序。这种想法也是不可取的，很可能导致企业在拆迁过程中面临更大的风险。

地方政府在进行征收拆迁时，首要目标往往是推动项目的顺利进行，进而实现经济发展和城市规划目标。虽然某些企业在税收、就业等方面对地方经济有贡献，但政府的决策往往受到更广泛的政策导向和经济目标影响。在这样的背景下，企业的影响力有时并不能成为保护自身权益的有效手段。

无论企业在当地的影响力如何，征收方不会因为某家企业的影响力大而放弃征收。企业高估自身的影响力，可能导致其在面对征收方时态度傲慢，忽视了合法程序的重要性。征收程序启动后，并不会因某家企业的影响力大而轻易终止。

企业应当意识到，维护自身合法权益并不是靠影响力实现的，而是需要通过法律手段、专业咨询和合理的谈判策略达到目的。过于依赖影响力可能使企业错失有效维权的机会，从而在拆迁过程中处于不利地位。

缺乏依法维权的必要准备

在征收拆迁的过程中，许多被征收企业因盲目相信关系、轻信口头承诺，忽视了依法维权的必要准备。这种做法不仅降低了企业的风险防范能力，还可能在面临强制拆除时，使企业陷入被动局面，甚至加剧自身损失。

缺乏对法律知识的了解和准备，会使企业在面对征收方时处于不利地位。征收拆迁法律纠纷不同于普通的民事纠纷，很多企业尽管有自己的法务人员、有常年法律顾问，但是在面临此类纠纷时仍然缺乏必要的知识储备，导致企业在维权时并不了解自身的合法权益，缺乏必要的法律支持和有效的维权手段。在这种情况下，企业可能在谈判中无法提出合理的诉求，甚至在强制拆除时不能有效应对。这时，及时寻求法律专业人士的帮助至关重要。专业征收拆迁律师不仅能帮助企业全面分析征收方案、评估补偿标准，还能在谈判中提供专业支持和建议，确保企业的合法权益得到维护。

企业（主）应该避免上述认识误区，在面临征拆安置补偿纠纷时，正确运用法律手段维护自身合法权益。

附　录

企业拆迁维权证据清单

证据类别	具体内容	重要性说明
1. 权属证明	土地使用权证 / 土地出让合同	证明土地合法性，征收补偿计算依据
	房屋所有权证 / 建设工程规划许可证	避免被认定为违建的关键证据
	不动产权属登记信息查询单	用于核实产权状态
2. 经营合法性证明	营业执照（含历年审验记录）	确认合法经营主体资格
	税务登记证及近三年完税证明	反制“偷税漏税”指控，计算停产停业损失依据
	环保 / 消防 / 安全生产验收文件	应对行政机关突击检查的防御性证据
3. 资产证据	建筑物 / 设备 / 存货清单（附照片、视频）	防止强拆后资产灭失争议
	资产评估报告（自行委托或政府委托）	补偿谈判基准依据
	设备采购发票 / 租赁合同	证明资产价值及权属
4. 拆迁项目文件	征收决定公告 / 补偿方案公示照片	确认征收合法性及程序瑕疵
	评估机构选定通知及评估报告	质疑评估结果的重要抓手
	政府招商引资协议 / 承诺书	对抗“违建”认定的关键证据（如有）
5. 沟通记录	谈判录音 / 录像（需包含时间、参与人信息）	证明协商过程是否存在胁迫
	书面往来函件（催告书、限期拆除通知等）	确认行政行为程序违法依据
	短信 / 微信沟通截图（需公证）	电子证据法定化要件

续表

证据类别	具体内容	重要性说明
6. 损失证明	近三年财务报表 / 审计报告	计算停产停业损失的核心依据
	员工劳动合同及社保缴纳记录	主张员工安置补偿必备
	搬迁费用票据（运输、设备拆装等）	直接损失索赔依据
7. 救济文件	行政复议决定书 / 法院判决书	后续行政赔偿诉讼关键证据
	财产保全申请书及法院裁定	防止资产被恶意处置
	政府信息公开答复文件	发现征收程序违法点

使用说明：

1. 按类别归档，原件密封保存，扫描件备份云端；
2. 视听证据需保留原始载体，不得剪辑；
3. 关键文件（如评估报告）建议办理公证。

部分省级行政单位停产停业损失计算标准对比表

省份	计算方法	补偿期限	月补偿基数	浮动系数/特殊规定
北京	（月租金＋月净利润 × 修正系数＋员工月补助）× 期限	根据附表确定	月租金以评估报告确定	修正系数不超过 20%（《北京市国有土地上房屋征收停产停业损失补偿暂行办法》第五条）
上海	被征收房屋市场评估价的 8%	/	被征收房屋市场评估价	按照被征收房屋市场评估价的 8% 确定（《上海市国有土地上非居住房屋征收停产停业损失补偿办法》第三条）
广东	征收决定作出前 1 年内实际月平均税后利润 × 停产停业期限	货币补偿，按 6 个月计算；产权调换的，实际搬迁之日起至产权调换房屋通知交付之日	征收决定作出前 1 年内实际月平均税后利润 / 本地区行业平均利润或同类房屋市场租金	（《广东省住房和城乡建设厅关于实施 < 国有土地上房屋征收与补偿条例 > 有关具体问题的通知》第四条）
浙江	被征收前的效益 × 停产停业期限	/	被征收房屋价值	补偿的标准不低于被征收房屋价值的 5%（《浙江省国有土地上房屋征收与补偿条例》第二十九条）

续表

省份	计算方法	补偿期限	月补偿基数	浮动系数/特殊规定
江苏	被征收前的效益 × 停产停业期限	货币补偿，实际搬迁之日至以原生产方式或者经营方法恢复到原生产经营规模所需的社会平均时间；产权调换的，实际搬迁之日起至产权调换房屋通知交付之日止；使用周转房的，使用时间相应扣减。	征收决定作出前 3 年的平均效益计算	（《江苏省贯彻实施<国有土地上房屋征收与补偿条例>若干问题规定的通知》第十二、十三条）
山东	由设区的市人民政府制定	货币补偿，给予一次性停产停业损失补偿费；产权调换，按照补偿协议约定的过渡期限支付；使用周转用房，不支付	由设区的市人民政府制定	（《山东省国有土地上房屋征收与补偿条例》第二十九条、第三十六条）
湖北	协商；协商不成的评估确定	产权调换，按征收补偿协议约定的过渡期限计算；货币补偿，按不超过六个月计算	根据房屋被征收前的纳税情况、经营规模、停产停业期限等因素确定	根据房屋被征收前的纳税情况、经营规模、停产停业期限等因素确定（《湖北省国有土地上房屋征收与补偿实施办法》第三十八条、第三十九条、第四十条）

续表

省份	计算方法	补偿期限	月补偿基数	浮动系数/特殊规定
四川	（一）评估总价的一定比例计算；（二）按净利润损失计算；（三）按从业人员工资收入计算；（四）按被征收房屋租金收益计算；（五）市、县级人民政府制定的其他补偿办法	（一）产权调换，从签订征收补偿协议并交付被征收房屋之日起，到安置房屋交付的次月止；（二）货币补偿，按照补偿方案确定的期限	评估总价/净利润损失/从业人员工资收入/租金收益	商业用房取上限（《四川省国有土地上房屋征收与补偿条例》第三十七条、第三十八条、第三十九条）
河南	被征收人的月平均利润值确定	商业、服务性行业不低于3个月，工业生产行业不低于6个月	月平均利润值	（《河南省实施〈国有土地上房屋征收与补偿条例〉若干规定》第十三条、第十四条、第十五条）
湖南	按照被征收房屋评估价值的7‰给予补偿	实际停产停业的月数	被征收房屋评估价值	按照被征收房屋评估价值的7‰给予补偿（《湖南省实施〈国有土地上房屋征收与补偿条例〉办法》第十四条条）
福建	根据经营者近3年平均净利润确定	产权调换，按照实际停产停业期限计算；货币补偿，按照6个月计算	近3年平均净利润；不足3年以全部生产经营期间平均净利润确定	（《福建省实施<国有土地上房屋征收与补偿条例>办法》第二十三条）

续表

省份	计算方法	补偿期限	月补偿基数	浮动系数/特殊规定
贵州	(一)能够提供应纳税所得额证明的，按照上一年度月均应纳税所得额计算；不能提供应纳税所得额证明的，经营性损失补偿标准由市、县人民政府根据当地经济发展水平、房屋被征收前的经济效益等因素制定。(二)能够提供缴纳社会保险费凭证的，按照上一年度本单位职工月均工资总额计算每月的职工失业补助。	货币补偿或产权调换并提供了非住宅临时安置房的，计发3—6个月的经营性损失补偿和职工失业补助；自行过渡的，逐月计发经营性损失补偿和6个月的职工失业补助	月均应纳税所得额和失业补助	(《贵州省国有土地上房屋征收停产停业损失补偿指导意见》第四条、第五条)
辽宁	协商；协商不成的评估确定	/	被征收前的效益、纳税情况	辽宁省人民政府办公厅关于贯彻落实《国有土地上房屋征收与补偿条例》有关问题的通知
陕西	按被征收房屋评估价值的比例	产权调换，结合停产停业期限按月支付。货币补偿，给予一次性停产停业损失补偿费	被征收房屋评估价值	(《陕西省国有土地上房屋征收停产停业损失补偿办法》第五条)

提示：

本表仅为部分省级行政单位停产停业损失计算依据，且各省级行政单位内存在不同地方具体标准不一的问题，请以各地具体规定为准。